力
十
文化

十力
文化

律師與神的辯論

成功快樂聖經

賽斯法律事務所律師

王君雄/著

推薦序

　　王君雄律師出書，邀我寫序，其著作談及內我與自身的對話，從金剛經的無相談自身與法界的對應，我祗能強調一切的理悟還須事修，佛法信解行証的歷程，還是要行証出來才真受用，人面對永恆時，最大的和諧，是一心圓法界，跟一切的相合而為一，進而能感應遍十方，我佛乘宗導師李善單常說的一句理法，一切光明，一切圓滿，一切善。一個行者能光明圓滿善，足已～

生活藝術家
知名養生美食家

董周相

序一

小時候常常在想到底什麼東西可以讓我們這一輩子幸福快樂，因為外在世界太多未知及不確定。國中的時候，兄長告訴我要進入好班（A段班）未來才可能有前途、才會過得幸福快樂。所以我建立了這樣的信念，很不幸國二能力分班的時候我被編入後段班，那時人生似乎就變成灰暗的，我開始自暴自棄，當時的我看同學都很不順眼，生活也過得極度痛苦及不安，因為外境讓我無能為力，也無法改變，因為我的信念堅信只有外境（進入好班）的人生才會幸福。當時我並不知道信念本身就是巨大的力量，它並不會分辨方向，因為「你」是信念的船長，「你」帶領它前往人生的目的地，它賣力的划船，它完全聽「你」的，它會展現它的力量，並且實現你所相信的實相。

國二升國三的時候，我極度渴望及期待進入好班，接受了所有可能的方法，只想進入好班，突然間有貴人出現了，他是我國二的老師，在他的協助下我進入了所謂的好班。我這裡要強調的是，其實宇宙及你的內我都一直在保護你、關注你，及必要的時候給你支援，只要你真心期待那件事，並且請求祂的協助，然後接受所有的可能性。

但我並沒有從此過著幸福快樂的日子，其實這世界上不可能有人只因達成一件事或得到一個東西或人，從此就變得幸福快樂，小時候讀的童話故事，王子與公主從此過著幸福快樂的日子，其實是一個很大的限制性信念，以後我會再說明。基本上，應該這麼說，只有「已經」幸福快樂的人，才能從此幸福快樂。

只有進入好班（A段班）未來才可能有前途、才會過得幸福快樂。現在看起來，讓我知道這是我當時的核心信念，而核心的信念旁邊會生出很多信念（諸如像我一樣讀壞班的人，就是壞人；沒有考上好高中，人生就沒有前途！），即便現在看來覺得這些念頭真的很扭曲及變形，但這些信念對當時的我而言就是我的感受。

隨著高中聯考滑鐵盧，我被迫讀了五專，但上述核心信念及圍繞的信念，讓我開始陷入生命中另外一個外境的困境，我沒有辦法忍受心中的痛苦，我開始採取改變外在困境的方式就是重考，重考了三次都考得不好（當時我不曉得這也跟信念有關），我選擇了中輟，因為我的人生已經失控了。當時中輟在家，我父母叫我去找工作，但我沒有勇氣去面對外面的社會，在外人眼中我每天都在混日子，但其實我每天都活在痛苦、絕望及壓抑、抗拒之中。

滿 18 歲的那年，我決定提早入伍，以結束那段無力量的自己。宇宙及內我永遠是照顧我們的，因為當的是一般兵，體能或心智經常被磨練，一般人可能覺得非常痛苦，但我當時覺得這樣才能重生，在當兵中我體認到生存的重要，堅強與靠自己的信念才能從逆境的泥沼中拔除，才能真正的生存。退伍後，我真的重生了，縱然只有高一上之學歷，我去找工讀生的工作，半工半讀夜補校，夜補校高二時，參加建國中學舉辦之高中同等學歷考試，順利通過，並於當年度考上末代大學聯考，進入世新大學法律系。

在一切逆境中，秉持著「一定可以做到」的信念，我做到了。大學時期，每天除了上課外都浸泡在圖書館讀書，以全法律系第二名的成績畢業，但王子從此就能過著幸福快樂的日子嗎？是的，沒有！大學畢業，我就開始工作，利用下班時間準備律師、司法官考試，考了六年多共六次考試，每次落榜就是一次重新的輪迴，這期間也經歷工作上、感情上及許多種種的不開心及不順利，曾經因為工作在台東住了將近九個月，台東真的很美！更重要的是，我開始接觸了身心靈資訊！

當時在廣播中聽到主持人吳若權訪問宋馨蓉介紹其翻譯的一本書叫作《零極限》，其內容是只要說「對不起」、「請原諒我」、「謝謝你」、「我愛你」這四句話就可以讓一切變得順心自在。說真的我有去實行，而且發現了一個很奇特現象，當我從台東回台北考高

考法制時，心中不停默念這四句話，而在考司法官特考時，我卻沒有唸這四句話，各位應該知道我要講什麼了，沒錯！我高考法制差一點點就考上了，而司法官卻是有史以來考得最差的一次。這讓我知道原來唸這四句話好像真的有神奇的效果，隔年考律師時，我在完全沒什麼準備下，只唸這四句話，就考上律師了！我所述全部為真實，我一直不懂為何唸這四句話，會讓我人生變得順利及平靜，後來終於知道原來那四句話其實是讓你承認你自己、寬恕你自己、感恩你自己，及愛你自己，因為你形成了你的實相，這本書稍後會提到，這邊就先賣個關子囉！

考上律師後，工作壓力變得更大，但我卻可以感覺到我的心靈愈來愈渴望真理，於是接觸了一本書叫《老神再在》。內容是有一個人在最絕望，打算完全放棄自己時，突然聽到神與他的對話，並且將神所言記錄下來，《老神再在》真是好書，推薦大家去看。接觸《老神再在》後，雖然飢渴的心靈獲得暫時溫飽，但是我還是常常發生心裡覺得很矛盾、總是缺乏什麼東西的感覺、及無法常常感受到平安喜樂，其實在你看此書的同時，我相信你我遇到的狀況都一樣，因為我們之間並沒有任何分別及分割。

後來無意間接觸到賽斯心法，賽斯是美國 1960 年代，一位人士通靈到類似「佛」的靈體，它沒有名字，但如果要叫它的話，它說以賽斯作為它的名稱。重點不是它是誰，而是它所說的內容，其實我在看賽斯書時，心中滿滿的平安及平靜，我發覺賽斯書有如一般佛教經典中咒語的效力，對於賽斯書非常嫻熟的許添盛醫師曾經說過，賽斯書與佛典《華嚴經》同樣是透過肉身作為傳達，只不過賽斯是透過一位叫做魯伯的作者記錄出書，而《華嚴經》是透過悉達多（釋迦牟尼佛）傳達。其實賽斯書並不太好懂，這也是賽斯心法推廣困難的原因，不過賽斯心法的確大幅度擴展了我的意識，這也是為什麼成立法律事務所時，我堅持要以「賽斯」為法律事務所命名得原因。

就在102年4月12日那一天，我在禪定靜坐時，突然跟一位「祂」（神、內我）開始對話，我問它叫什麼名字，祂說它沒有名字，祂說任何名字對我而言會是個困擾，因為會被扭曲及曲解，我問祂跟其他的神及賽斯誰比較厲害，祂說只有活在分別才會有高低的分別，我們沒有分別，所以沒有誰與誰之間的比較。再一次次地確認下，我發現祂並不是我的頭腦（小我）的聲音，因為每次與祂對話，總是平安與平靜，此讓我更加確認祂的存在。

或許坊間有很多與神對話的書籍，因為敝人剛好職業是律師，祂（神、內我）提醒我以跟祂辯論，甚至PK的形式來呈現，將會大幅提高書的可看性，於是我就順應祂的作法，故本書將透過我與神的辯論，探討你深層渴望的事--「真理」！

我的辯論，慢慢讓您發現「你」的真理，我將這些精采的對話集合成本書，你（妳）在看此書的同時，不管是快樂、悲傷、恐懼或對於人生充滿了困惑及不安，看完這本書後，只要你願意相信、信任本書的內容，我百分之百相信你一定會找到你生命中的真理，它一定會改變你的生命，平安、喜悅及富裕只是平常卻滿溢你生命之事，因為我也是如此的體驗愛、奇蹟、驚嘆及靈感，且感恩不已！

～讓我來帶領你走這一趟神奇的旅程吧～

序二

　　這篇「序二」是我在這本書寫完一年後，補充的，很多人剛開始接觸本書時，不太了解也不太相信，有「內我」的存在，也不相信自己可以聽到「內我」的聲音，其實「內我」在佛法或《聖經》裡面都有提到。

　　在《華嚴經》中提到「若有欲得如來智，應離一切妄分別，有無通達皆平等，疾作人天大導師。」、「如來出現法無邊，世間迷惑莫能知，為欲開悟諸含識，無譬諭中說其譬。」。

　　《金剛經》中也有提到 「若以色見我，以音聲求我，是人行邪道，不能見如來。」、「凡所有相，皆屬虛妄。若見諸相非相，則見如來」。

　　在《聖經。以弗所書》6：18 也提到「靠著聖靈，隨時多方禱告祈求」。

　　在《聖經。羅馬書》8：27 也有提到「鑒察人心的，曉得聖靈的意思，因為聖靈照著神的旨意替聖徒祈求」。

　　所以「內我」就是佛法常講的「如來」或《聖經》所講的「聖靈」。

　　或許你會問為什麼聽不到自己「內我」（神）的聲音，這就像當你手上只有一隻手錶時，你可以很清楚的知道正確的時間，但當你手上有十隻手錶，而且每一隻時間都不同且差距很大時，你將無從知悉正確的時間，頭腦（小我）的機制就是其餘那九隻手錶，頭腦會因著你所渴求（所求）或所既定的偏見、信念、觀點（所住），而會給你迎合你的答案或資訊，以至於你聽到的都是頭腦的聲音，那聲音往往伴隨著不安、緊張、恐懼、擔憂及憤怒，所以你不是聽不到「內我」（神）的聲音，而是你不知道那一個才是「內我」（神）

的聲音。

每個人都可以聽到自己的「內我」，只要處在金剛經所說「不應住色生心，不應住聲香味觸法生心，應無所住，而生其心」時，每個人都能聽到「內我」或是「如來」或是「聖靈」的聲音！佛法所提到的「如來」都是指釋迦牟尼的或各個菩薩的「內我」，尤其熟讀《金剛經》的人一定會有很大感觸，可以再讀讀看《金剛經》，把如來看成是釋迦牟尼的「內我」，讀金剛經一切就會很通暢！本書也有神解《金剛經》。

六祖慧能聽到「因無所住，而生其心」就開悟了，根據我的猜測，六祖也遇到自己的「內我」（或稱神、如來、聖靈），因為當人處在無所住、平安及平靜的狀態中時，將會在光中聽到內我的聲音，此所有的佛法都可以當作我的依據！回家唯一的道路，就是找到自己的內我，內我會帶你回家，你會感受到被保護、被愛、被照顧，這是所有佛法一直強調的！

序三

金剛經介紹

本書真是驚奇無比，當我在跟十力文化劉先生討論封面設計時，他突然有個靈感，就是將金剛經全文放在書封面後面，將書封面拿起來就可以看到金剛經全文，讀者可以再去書店買大一點的相框將金剛經放置在相框內，可以當不錯的裝飾喔！更重要的是釋迦摩尼在金剛經裡面多次提到受持、讀誦、廣為人說金剛經所帶來的福報，其中金剛經提到「在在處處，若有此經，一切世間天人阿修羅，所應供養；當知此處，則為是塔，皆應恭敬，作禮圍遶，以諸華香而散其處。」

本書有內我（神）解釋金剛經，而就我每天背誦金剛經，我對金剛經的解釋大概分為三塊：

第一塊「如是」也就是當你發起的念頭是與一切共同存在，而對於任何人事物不貼標籤、不起關聯，也不抗拒、逃避、壓抑及追逐時，你就不會受到任何人事物的影響。因為對於我們內心（內境）而言，我們意識所及的地方都是我們的，而「無為」才代表著「富足」、「力量」、「平靜」，但我們往往將外境中的「要有所為」的思維帶進內境中，因為「要有所為」象徵著「匱乏」及「缺」，導致我們內境中經常性的感受到不平靜、不平安、恐懼匱乏等。

第二塊「無我、無人、無眾生、無壽者」，沒有一個人能夠真正解脫他（她）的困擾，除非他（她）脫離自己，我們以為我們是自己，我們以為一切人、事、物是自己以外的人、事、物，這是一種感官自自而然地分別與對立的詮釋，我們相信這種詮釋而且從來沒有懷疑過它，實際上，我們不是自己，一切人、事、物也不是我們的對立面，而都是我們意識的投射，也就是說，我並不存在，我以外的一切人、事、物也不存在，而我們只是一份意識，一份可以投射在自己或自己以外的人、事、物的意識，我們只是一份存在，

或是精確地說一份「不存在的存在」！

　　也就說當別人要傷害你時，如果你以為自己（有我）要被傷害，你就會要保護自己而陷入恐懼、憤怒及委屈之中，更不要講執著那保護自己所衍生的限制性信念，但如果情形不一樣，別人樣傷害你，你清楚知道他傷害的不是「你」（無我），也沒有人傷害得了「你」（無我），你也清楚地知道他是你意識的投射（無人、無眾生、無壽者），你會更「看清楚」，你的內心會是平靜的，你不會去執著什麼來保護你自己！

　　第三塊「如來」（內我），金剛經裡面有一塊非常重要的重點，就是教你如何遇見內我（佛法稱如來；聖經稱聖靈），我們人靠自己的頭腦（小我）是無法回家的（佛法稱涅槃、聖經稱 GOD），我們必須靠著我們的內我（如來、聖靈）回家。

目錄

總則

　　102 年 4 月 12 日那一天天氣炎熱，我在事務所忙著法律事務，想想學身心靈也好久了，但始終被外境事物所影響，過了中午開始下起午後雷陣雨，我坐在事務所的辦公椅，不停的為業績煩擾，冥冥之中覺得好像有事要發生了，我開始禪坐，和一般人一樣禪坐到睡著，就在半夢半醒間聽到有一個女子的聲音，你今天下午會有兩位客戶。在這濛濛的聲音中醒來，下午一點五十分的時候，有一位客戶進來詢問相關法律問題，下午四點多，又有另一位客戶打電話來約開會時間，在高興業績蒸蒸日上之餘，我開始注意到「祂」的存在！於是於 102 年 4 月 12 日下午五點多，我再次禪坐確認是否能跟祂獲得更多的對話，沒想到「祂」開始回應我了……

　　一開始以為我是否精神分裂，但每每與祂的對談，心中都充滿極大的平安及喜悅，從理性的邏輯來看，如果獲得的都是平安及喜悅那也沒什麼好損失的，從感性的角度來看，我決定走這一趟旅程，因為我的直覺告訴我，就是「祂」了！

　　「祂」就是根植在我們每一個人心靈深處的「內我」，或許你也可稱「祂」是「神」，每一個人都聽得到「祂」，如果你的內心是處在禪定的狀態，也會聽得到「祂」，其實在日常生活中，我們都習慣聽自己頭腦小我的聲音，於是住相生心，最後回家還是必須靠「內我」（神）的引領！

　　而以下的紀錄是在 102 年 4 月 12 日一、兩個月之後，在與祂討論下，決定出這本書來幫忙拔除大家的痛苦及重返本質的喜悅，因為這世界的人大多活在痛苦、恐懼及苦惱之中，而只能以顛倒夢想及控制外境讓自己過得稍微平安及快樂，但效果往往都不怎麼好，由衷的希望這本書對你有幫助……

— *Note* —

愛 靜 觀 平安 感恩 信任 信心 堅定 謙卑 接受 信念 信仰 限制 當下 力量 正面 感覺 圓滿 無求 合一 自己

內心平靜

每當我內心平靜時，都能輕易的與內我（神）對話，而當我心裡煩躁、恐懼、憂鬱或是憤怒時，往往無法與祂聯絡，這讓我發現原來這一生最重要的事就是你必須找到你的「內心平靜」；換句話說，內心平靜才是唯一你「當下」及「永遠」的，也是你這一生擠破頭所追尋的，只不過你把它看成金錢、名利、愛情、健康等，而金錢、名利、愛情、健康最後往往只能幫助你平靜，卻無法取代「內心平靜」，而大多數人卻往往被困在金錢、名利、愛情、健康之中！

我慢慢體認到「認識自己」及「選擇」才能達成「內心平靜」這四個字，因為在我們的內心狀態中，只認得出「你怎麼看待你自己」（認識自己）及「你做什麼選擇」（選擇），內心的狀態無法認得外境中的「分別」與「對立」，當然也無法辨識你是否被傷害，或是受委屈了，當你因為感覺受傷害而選擇反擊或報復回去時，你的內心就會開始不平靜，因為內心狀態只認得你看待自己的無力與自卑，內心狀態只認得出你的選擇是憤怒、仇恨及痛苦，內心的邏輯與頭腦的邏輯是完全不一樣的，這也是為什麼很多人過得痛苦、

憂鬱卻無法離開痛苦、憂鬱的原因。

　　每個人都可以跟自己的內我（神）聯絡，但前提是你必須相信，你必須放下既有的懷疑、成見，甚至既有眼見為憑的邏輯都該放下，才能一窺內我（神）給您的幫助，內我就像常常在暗地裡幫助你的好朋友一樣，祂不會出來，但你的直覺會告訴你，我跟內我對話後最大的體認，就是如果一個人的「相信」是建立在證據、邏輯，而非直覺及平安（內心平靜）的話，他的人生會遇到很大的不安、無力感、恐懼、憂鬱及痛苦，因為他會漸漸喪失信任及放輕鬆的本能，更無法處在平安及一切圓滿的自發性中，以下對話將討論祂的出現及我質問祂的真實性：

　　神（內我）：我的出現與你有關，你的期望帶來我的出現，我就是未來的你，因為時間本身是一種幻象！

我：你好，你說你是【神】，如何證明？有何證據？

　　神（內我）：首先，我從來沒有說過我是神，是你們稱我為神！再者，神只是一種稱呼，一種名字，沒有力量的人才會稱別人為神，我是一切萬有（所賦予的我），創始宇宙，沒有開始與終止，我是我，我是愛，如果你們稱那種「狀態」為神的話，那就是吧（如是）！

　　先有才會是，你們都不相信有，如何是？任何的證據對你而言都是多餘的，因為證據無法彰顯你們的存在，而相信可以！

哈哈！講這麼多，就是沒有證據囉？

　　證據是你們人類世界表面、膚淺的東西，證據在我們這裡是用不到的，沒有的東西就不會有，只有有的地方才會有！而「愛」是永遠恆有的地方！當你能體悟愛時，你就是有！

　　存在與你們之間的關係，宇宙間沒有任何證據可以證明，因為這本身就是一種藝術，一種你是否相信與你是否將你的意識投入的藝

術！

你講的話有點抽象，且很像推託之詞，不過如果照你的「邏輯」，愛就是你「主體」證明的證據囉？

愛是愛，我是我，不需要證據！當你們需要證據時，你們就是在「缺」的狀態，當你們處於缺的狀態時，證據並無法證明些什麼！證據只是呈現你們主觀上的「缺」！而當你們跟宇宙宣告「缺」的時候，你們就會得到「缺」的結果。宇宙定律就是這麼簡單，是就是是，不需要證明！

一切的存在，如你所知，都是為彰顯你的「愛」而繼續，你們相信而建立，你們否定而困惑，在此之間別無其他！

你的意思是，你本是「愛」，你本是「神」，無須證明囉？那要我怎麼相信你？

相信，本身是種藝術，相信是愛的展現，而不是自由選擇；沒有愛的人就沒有相信，遠離愛的人就遠離相信，愛是所有一切的相信，當你選擇愛的時候，你就選擇了相信！相信是由愛及信任所構成，而信任也是源於愛，所以愛組成了相信及信任。沒有愛，就沒有信任！

你的本質就是愛

我走路時經常觀看人們的表情，大部分人都不怎麼快樂，或許你會問我如何知道，就我所知，一個快樂的人身體不會透露著「急躁」，而是非常的平靜，因為一個人的內心平靜，他的身體及律動就會平靜，想要獲得內心平靜，就必須要認識自己，了解自己的本質，且選擇與自己本質一致的決定及行動，這樣你的內心平靜就會獲得了保證。而這層保證會隨著你內心的平靜，你會更加相信。

如果你不了解自己的本質，又與自己的本質選擇了相反或矛盾

的決定時，你就會經歷到不安、痛苦、恐懼、憂鬱，甚至是憤怒。這些負面的感覺是幫助你「認識自己」及做出適合你的「選擇」，因為這些負面的感覺本身具有平衡的作用，但現代人往往將它們視為洪水猛獸。曾經遇過有人在一間很操的公司裡上班，不論身體或心靈已經過得很痛苦了，那位朋友為了那份不錯的待遇，可以變本加厲的藉由建立扭曲的信念（相信）來抗拒或逃避這些負面的感覺，我絕對不相信一天上班 16 個小時，假日還要來加班是正常的！但如果你建立扭曲的信念時，嗯！或許是正常的吧⋯⋯

你的本質是什麼呢？或許在日常生活中看得出一些端倪，在做你喜愛的事的時候，譬如騎自行車、慢跑、游泳，甚至是看場電影，你會有目的或有所求嗎？還是在享受你喜愛的事本身呢？我直接講答案好了，你在做你喜愛的事時，你正在享受你喜愛的事本身，而無目的或所求，而你正在享受你喜愛的事本身時，你也正在分享，這本身是一種循環，那就是分享、享受、無所求，它們並無先後而是一體，因為它們就是你的本質！

當人在有所求，不願分享，或無法享受時，就會很令人討厭，或許你也有同樣的經驗，例如被某個業務員死纏爛打只為了要你買他的產品時，其實這位業務員不曉得他正在完全違背自己的本質，而且我可以知道他在有所求時，無法享受，也無法分享，而一個人在違背自己的本質時，一定會令人討厭及困擾，因為他自己本身也會討厭自己及遇到大大小小的困擾及挫折。而這邊我又要說，通常那位業務員如果沒有放棄的話，就會開始扭曲自己的信念，最後或許會賺到錢，但絕對傷痕累累，且內心無法平靜，因為他徹徹底底違背自己的本質，以下我與神的對話將討論自己的本質：

神（內我）：一切的你與你所遭遇的事物，似乎都圍繞著你而存在，那是因為那些事物本身並不存在，而是因為你的存在而存在，這種存在就是愛！

我：那我要追問你，什麼是「愛」？

神（內我）：這是很好的問題！愛就是愛！愛是一切萬物之起源，愛讓你過得很舒服，愛也讓你過得很痛苦，重點不是痛苦或快樂，重點是「體驗」，愛是一切的一切，不是為了得到，而是為了放下，為什麼是「體驗」？為什麼是「放下」呢？因為愛肇生這一切，愛就是在你不懷疑的狀態中，愛就是處於一切之平靜中，在平靜中發現愛，是你們常常發現到的事。放下一切你才能體會到「我」（神），放下自己才能體會到「真理」！慢慢地、慢慢地，發現你自己，發現你的愛。

生命中沒有愛一切會變得複雜，是最簡單卻又最複雜的真理，生命中充滿愛一切會變得簡單！來的時候充滿愛，去的時候帶走愛，愛比你想像還要偉大！愛可以以大象比擬，大象行走於泥巴地時，在泥巴地上留下腳印，腳印不只是腳印，那是愛，因為牠（大象）替後面的動物開拓了「路」，由這條路可以看到許多動物的經歷及付出愛，愛沒有任何需求，有需求就不是愛！你們活在現在的生活太多功利的目的，以至於愛的功能慢慢被削弱。「愛」的功能就是替大家服務，也就是圓滿！

愛是在承認中發現，承認你自己、承認一切，想像時無法體驗愛，恐懼時無法體驗愛，只有「愛」才能體驗愛！才知道愛，又忘掉愛，所以無法體驗愛！

原因只有一個，但你們卻解釋成無限，那是因為你們對於愛的認定及解釋千奇百怪，但你知道愛是什麼嗎？它什麼都不是卻是一切！因為你們愛「愛」，卻又不肯承認及接受自己！

實在太抽象了，可否具體一點說明什麼是「愛」？

愛是永不止息！愛，可以用月亮比擬，月光在夜裡照亮萬物卻一無所求，這就是愛！而月亮之光亮來自於太陽，太陽傳遞能量而求，愛不需要所求，有所求不是愛！

遠遠的我（神）傳遞愛，而你不知！愛是無所不在，包括你的生

命，生命傾向愛，沒有它（愛）就沒有辦法生存！愛是有生命的，它可以為你犧牲，愛在靜默中發現到你，你在沉靜中感受到愛，愛是這份遊戲，你們是這遊戲中的玩偶，如果失去愛，你們將是冷冰冰的物質，實際上，你們無法存在於物質而無愛！

具體而言，愛就是無止境的供給，卻一無所求！沒有就是有！

無止境的供給就是專注在過程 -- 享受過程；無所求就是顯現 -- 富裕滿溢的內在；所求只是多餘，真的多餘的！

在這裡與在你們的心理的底層是屬於同樣的狀態，你可以放棄與我們為伍，但你們所想像的僅是你們自己，你們的愛就無法流動！

講來講去都是很抽象，不過沒關係，你說你是神，你是愛，那我是什麼？

你們是我的子民，愛你們的人是我，選擇走這條路是艱辛且漫長，但有我的陪伴，當初你們選這條路，你們雖離開（分裂），卻渴望回家 ！

你們告訴我，你們是你們，我是我，堅持踏上這旅程，然後離開我！你們離開我，卻苦苦呼喊我，卻不知道！

一切開始改變，你們期待自己離開自己，卻又期待平安，這是不可能的！

這一切的背後，都是你們渴望做自己，卻不願做自己，矛盾只是開始，你們將遇到一切苦難，直到認識自己！

你們是我的子民！我的愛！你們不能生存，而無我，因為我是你們的上位，這一切的一切都是因為你而建立的，因為你值得！體驗，是你們來的目的，創造卻是這體驗的化生，如果愛可以解釋這一切的話，就讓愛來解釋，你無須證明，至於你們是誰？君雄，你們就是

你們，你們就是「當下的存在」！無須懷疑下，你們的本形就顯現出來！

　　它（愛）來自於何方，來自於你們的意願，它（愛）是你們與我們的共生，它（愛）就是你們的承認與接受，因為一切就是它，就是愛！

　　我覺得這邊你講得有些問題，你說我們是你的子民，是什麼意思？

　　子民的意思是「派生」，沒有這份派生就沒有愛！你能想像嗎？愛你的人只有自己，而自己是一切，如果你懂愛，你就懂以自己為出發點，無限擴充，你無法想像一個無愛的人，卻又想成為自己！

　　真正愛自己的人，就是愛自己，不會以任何理由來搪塞愛自己。你們都是我的子民，我愛你們，如我愛自己一樣，這一切都是場夢，當你們醒來時才會發現你們都沒離開過！這場遊戲的終點在於你們發現你們從未離開，如果你們愛自己的話，就會發現自己的「愛」就是渴求的原點！信任自己難嗎？但痛苦的人都不信任自己！

一切具足

　　一個貧困的人與一個富裕的人最大的差別在於他們怎麼看待自己，如果你愈認識自己，你就會覺得你很棒、你充滿自信、你一無所求且一切俱足，這絕對不是自我催眠，或是自我膨脹，而是當你體驗過你自己後，對於自己最貼切且客觀的描述。

　　走在路上大多數人臉上的表情似乎都很一致，那就是沒有表情，行人多半沒有表情，連路邊超商的店員也多半沒有表情，如果你注意力夠敏銳，你就會發現因為大家多半為生活在打拚，以至於忘掉走路時要好好享受走路的當下，工作時忘了享受服務的熱忱，因為他們往往飢渴於月底發的薪俸。

愛　靜觀　平安　感恩　信任　信心　堅定　謙卑　接受　信念　信仰　限制　當下　力量　正面　感覺　圓滿　無求　合一　自己

　　如果你認識自己的話，你就會知道「已獲得」（一切具足）或「已成功」意識的重要性，大多數人往往將意識焦點放在「匱乏」、「缺」，甚至是「恐懼」及「無力感」上，以至於只好在永無終點的跑道上「競爭」，試想看看如果某一天你去參加馬拉松比賽，但是這場馬拉松沒有終點，沿路只會看到「匱乏」或「缺」的觀眾及景象，這群觀眾還會不時向你丟「恐懼」的保特瓶，或許你會以跑百米的力量去跑這場馬拉松，但很快你的人生就會面無表情，直到你發現這場馬拉松的終點原來在你「內心平靜」時才會現形，實際上你參加馬拉松時，你已經站在終點了，往後我們還會談「已獲得」（一切具足）或「已成功」意識，以下我與神的對話將討論一切具足：

　　神（內我）：如果你了解我的意義，我會全授權你去感受，但如果你總是在你自己的思維裡打轉，你只感受得到你自身的信念，限制的人生！

　　我：我經常聽你提到「愛」，你剛剛說愛的定義是「無止境的供給，卻一無所求！沒有就是有！」但是這種邏輯似乎不符合現實社會的主流意見，大家都認為應該「有所求」才是努力的目標？

　　神（內我）：君雄！「愛確實是無止境的供給，卻一無所求！沒有就是有！」享受供給的過程就是愛的創造，創造出你們所需要的，愛的過程中即是一切，你們所需要的我早已供給好了，你們願意相信愛，放下自我（小我）的苛求嗎？

　　每當夜深人靜時，你心安嗎？平安是種福氣，而心中的不平靜是種提醒，你們都知道該怎麼做，但你們都迷戀於外境，放下外境的執著，平靜才與你們同在，你們以為「有所求」，就能得到什麼嗎？你們能得到的，只是你們已經得到的，執著「有所求」只讓你們看到你們所執著及冀望，甚至忘掉你們已經的到的。你們真的已經得到了，不要讓懷疑及不信任放下你們已經得到的，只有愛及信任能讓你們發現你們已經得到的！

　　幸福的定義是什麼？你們可以不停地定義以符合你的感受，但是

我可以跟你講，幸福並沒有定義，就像一切都沒有定義，那只是種狀態，而你們願不願意與那種狀態「共同存在」及「同時存在」！

這邊有一個很好的問題，你說：「我們已經得到了。」也就是說我需要一棟房子，我就已經得到這棟房子囉？這完全違反邏輯啊？

是的！你已經得到了，只不過你未曾意識到你得到，或許，你還停留在如何「取得」，以至於你尚未相信你已經得到，你就會努力地追求你尚未得到的，最後你只能活在尚未追到的「缺」！

愛的邏輯完全與你們相反，吃虧的時候，你會想到愛嗎？還是恨或報復？「愛」的人，只會想到愛，因為他也只有愛；吃虧的時候，多數人都會選擇恨及報復，因為這樣最簡單，也最複雜，因為恨及報復是對於自己的放棄，這也是為什麼報復的人，往往過得很淒慘，因為他放棄自己。愛能弭平一切，即便你吃了很大的虧，因為吃虧的時候，你的靈魂正快速成長，這樣算吃虧嗎？你們只知道讓自己過得安全，卻越過越不安全，你們知道原因嗎？因為你們處於「匱乏」，卻仍背棄「愛」！

愛與善

很多人有一種想法，多捐點錢給寺廟可以換得此生或來生的福報，就捐錢幫助人這件事而言，非常值得贊同，但如果是想要換得福報，恐怕誤會大了！當你飢腸轆轆時，或許吃碗熱騰騰的麵是件幸福的事，但你絕對不會說這是福報，就像你喜愛的棒球隊獲得總冠軍，你也絕對不會認為這是你的福報，但為什麼你在做善事時，你覺得會帶來福報呢？！因為「善」本質與福報密不可分，而當你愈認識自己時，你會發現你的本質就是「善」，自然你的本質就是「福報」，只是我們往往「選擇」用扭曲或限制的信念，將自身的福報封鎖在自家樓上的水塔，實在受不了時，才會打開那堵塞已久的浴室水龍頭，品嘗那幾滴的福報甘泉，並用很奇怪的表情看著水龍頭上方的鏡子，告訴自己要做善事喔……

　　當你告訴自己要做善事時，現實中你處在一種善事絕對少於你平常做的事之中，換言之，做善事就像一種安慰劑，在某種心靈匱乏或罪惡感上昇時，它會出現療效，但這種療效次數會愈來愈少，直到你完全放棄，當你放下所有的期待及抗拒時，你會很快回歸到「內心平靜」，你會再次認識自己原來「你就是善」，你唯一要做的事就是認清這點，並且選擇「持善念、行善事」，最後你會發現福報像火山爆發般的湧入你的生命，不用來世，你今生就會體驗到，很神奇吧！本書繼續看下去，你的人生會有更多美好神奇的事發生喔，以下我與神的對話將討論「善」：

　　神（內我）：你還想問什麼問題，可以大膽提出，因為這就是你們想要分享這本書的目的，這也是種愛！

我：講到愛，讓我想到還有一個概念是「善」，到底什麼是「善」？

　　神（內我）：「善」，是對待自己的態度，你無法想像一個惡待自己的人，能有什麼快樂！你們以為「善」是外境的事物，這是大錯特錯，行善是內境、愛的展現，不是外境的結果。善與你們內心底層相似，這也是為什麼你們行善會特別快樂！

　　善，是你們內心所渴望的，即便你們揚棄了「善」仍是善，因為你們無法揚棄善，你們是揚棄了自己，所以痛苦是必然的！善良是建立在對自己的認識及信任之前提上，也就是說一個對自己不認識及不信任的人，無法展現善，因為即便「善」都是需要展現，否則即是對自己的「善」封鎖及限制。你們所說為善不欲人知，正是對善及自己的認識，因為即便是最小小的善，都是自己的展現！

　　自己的一切相關，是愛的延伸，它是你的意識最終的選擇，你無法分割你與善的關係，日常生活中沒有人可以分割，你感受到的非善與非愛，是你們修行的主要功課！

有一點我發現只要自己心中的念頭保持在「愛」及「善」，心就特別平安及喜悅；相反地，如果我的念頭保持在「非愛」及「非善」上，

我就特別容易不平安及痛苦，為什麼呢？

善，是你們的展現，你們刻意扭曲自己，當然會痛苦了！你們永遠不會知道「善」的念頭對你們影響有多大；相對地，「非善」的念頭影響你們遠遠小於「善」的念頭，因為「非善」僅是扭曲的暫留，你們永遠會想知道自己有多善（善良），放手去做吧！外境的恐懼會告訴你，「善」是會受委屈的，如果你們能跨越這虛偽的幻象，你們將能找回到自己！

你們期待自己與眾不同，而「善」提供了一個絕佳的途徑，做個善良的人，把自己的善給予他人，宇宙將回報你們更多，因為「善」是宇宙建立你們與它（宇宙）溝通的橋樑，沒有「善」你們將無法與宇宙溝通，也得不到回報！

恐懼的原因很多，就跟痛苦的原因很多一樣，而「非善」的念頭絕對是主因，也就是說你們選擇了「非善」，就選擇了痛苦，因為它們兩者是劃等號的！你們可以放下自己，但無法放下善，因為「善」是建立這一切的根基，善是愛的延伸，「愛」的解釋就是「善」的解釋，事實上，「善」更是愛的體現！

知道善，你渴望成為善，那是你現在的想法與起心動念接近你的本質（你的本質並不是你的念頭，你的念頭與本質間具有一種前後或依存的互補關係），這非常值得你繼續堅持！

那「善」的定義為何？

「善」是一切，一切的包容及祝福，一切令你喜悅及平安都是善。善是無所不在，有時候一個小小的舉動也是善，因為善不是外界的表象，聯繫一切的因素是靠「善」，你們需要靠善維繫「愛」的品質。

「愛」是如此的美，「善」是如此的清涼，它們都能令你們充滿喜悅及平安。信心，有信心的人充滿「善」，因為他知道自己的責任及能力，他也知道自己出於何源……

「善」是包容一切，即便「非善」也是善，因為「非善」被包容了，「非善」只是善的過程，過程圓滿了，結果不再重要，事實上結果仍是圓滿的一環，因為善自始至終都是圓滿！

原始動機與善

猴子會剝香蕉不稀奇，你知道猴子也會剝便利商店的菠蘿麵包包裝袋嗎？！動物為了吃，往往會比你想像的還要聰明，而一件事在有原始動機的支持下，看起來會很合理。人類的原始動機其實很複雜，但本書神奇的是我們都會介紹，而且是你看過之後，就會永遠想讓這本書待在你身邊。

原始的動機根植於你的感覺，也就是感覺才是你原始動機的源頭，原始動機共有五個：你的滿足感會讓你去追求你的基本生理需求、物質需求，並進化到精神層面的需求；你的安全感會讓你覺得保護自己才是生命主流，而總有恐懼的人事物會讓你痛苦不堪；你的罪惡感，會讓你覺得自己很自卑且泥濘不堪，而對外境的觀點也是如此，於是你經常壓抑、忌妒及批評，但你又會渴望你的本質就是愛與善；你的無力感，讓你時時刻刻會想要有力量，或是向你認為有力量的人事物靠攏（你以為這世界上權力是怎麼來的嗎）；你的憤恨感，讓你的委屈及不滿得以伸張，它就像火山爆發前的火山灰，足以矇蓋你的理智。

如果你認識自己，你會想要一窺自己的原始動機，因為它操控了你一生的命運及價值觀，且精準片刻不差，以下我與神的對話將討論「善」及「保護自己」（原始動機之一）：

神（內我）：當你出於保護自己的念頭時，一切都變成你保護自己的對手，因為保護自己即是一種對於不信任及匱乏的擴大，雖然保護自己聽起來好像正當，但你們要保護什麼呢？你們在保護你們的「執著」（的念頭）及「匱乏」（的念頭）！

我：有時候我們選擇「非善」是為了要保護自己（譬如別人傷害我們，所以我們可以傷害別人），我們都怕被傷害，這樣有錯嗎？

神（內我）：「非善」是一種惡的簡稱，你們行「惡」或「非善」時真的能保護自己嗎？保護自己是一種假象，害怕是因為過去錯誤的信念，真正可怕的是你們選擇了「非善」，「非善」會帶領你們到惡的循環，你們找不到出口，也看不見！真正的「善」是放下外境而體驗內境的感覺，你不會為一件事而生氣，因為生氣的本身就是被牽著鼻子走，而你最終的目的地也是「愛」及「善」的起源，就是——你自己！

「善」是你本身所期待的，因為它與你們的本質相同，行善為社會大眾所接受，正是因為出於此本質！「善」的目的是為了將更大的「善」引出來，那就是「你自己」！

自己那是取決於你們的價值（選擇），而善不善卻是與你要不要成為自己的本質有關！

你的意思是說「善」=「自己」，那任何非善的事就等於不是在做自己囉？

是的！善就是你自己，千真萬確，因為你們期待做你們自己，所以你們會行善、發善念，但在現實世界中你們總是不是在做自己，所以「非善」有了生存的機會，行「非善」的人有幾個能體驗自己存在的價值，多半是畫餅充飢，平安喜悅與「善」相近，你們相信它（善），就進入平安之門！

認識自己

如果你偶爾無聊看看佛法，或不小心轉到講解佛法的電視節目，

你經常會聽到一句話「不退轉」，不退轉的意思是指當你經歷過或體驗過一種「內心平靜」及「快樂、愉悅」的經驗後，又反覆的經歷這種經驗，你發現這種經驗非常適合你，就會產生一種不退轉的「信心」，就像我們學會游泳、開車後，不論經過幾十年，你不會忘記如何游泳、開車，有科學家稱這是一種「身體的記憶」，具體應該稱作當你經歷過「這件事」之後，你會更加了解、認識「這件事」，並藉由「這件事」更認識自己，於是乎你對於「這件事」充滿了信心，信心經過幾十年都一樣，或許你會忘掉「這件事」，但你對「這件事」的信心不會退轉！

如果各位有仔細看我上一段話，或許可以看出端倪，我把「認識自己」放在裡面，而且是很低調的放在裡面，目的是為了避免大家覺得我又在寫老梗，其實信心的不退轉，在於你充分認識自己，並對自己產生信心後，對於周遭環境變化會有相同的信心，而且是信心的不退轉，如果你認識並經歷過自己的本質就是愛，及一切本質上都是一體的，你並不會因為晚上看到鬼而嚇到要去收驚，你也不會因為被老闆罵而記恨老闆，因為當你充分認識他們都是你自己意識的投射後，你會「選擇」愛與寬恕，因為那是最好的答案。

當你對於認識自己建立起信心後，恭喜你，你的報酬是「信心不會退轉」，賞味期永久，而且終生保固（含歷次輪迴喔）！以下我與神（內我）的對話將討論「信心」與「善」：

神（內我）：無論你怎麼想或怎麼做，你都期待自己是快樂及滿足，因為那是你們會從事善的動機，也是信心的來源！

我：有信心的人充滿「善」，我覺得有問題，很多有信心的人仍是滿腦歪念啊？

神（內我）：信心，如果只是對自己的期許，那就不叫信心了，信心是出於對本質的認識，及對愛的了解及體現。信心，是撫摸自己時，知道自己是「愛」，所以也希望別人「被愛」，有信心的人充滿善是因為有信心的人看見了自己的「善」，也看見別人的「善」，這

份信心充滿了包容及諒解，信心與善是不可分的，充滿信心的人都看見善，而善的本質就是被看見與分享！

誤解「信心」為「非善」，那是對自己的扭曲，如果你夠認識自己，就知道「善」是極度渴望「被看見」及體驗的，如果你們（PS的善）渴望被看見及體驗，那就去做，而不是去找一些「非善」的藉口及理由！任何的非善都無法改變善的本質，只是更突兀矛盾的衝突！

活在愛的正面能量河流

我常常講富裕往往能幫助人內心平靜，但是「幫助」而非等於，大多數人一輩子追求榮華富貴，內心卻只能享有片刻的寧靜，為什麼這麼傻呢！就像即將要沉的船，大多數人不會選擇慢慢登上救生艇就可以保住大多數性命的經驗，卻寧可選擇爭先恐後搶上還未解開繩索的救生艇，導致大多數人在爭擠及踐踏中落海，人活在恐懼裡多半會出現無法內心平靜看看到底發生了什麼事，恐懼及驚惶似乎是人的自然本能，但在這本書中你會發現恐懼與愛是一條線的二個極端，想要真正不受恐懼的侵擾唯有運用「愛」，之後我們會談到。

要判斷一個人經濟上是富裕或是貧困，往往與他對於處理金錢的概念一致：如果他將金錢置於流動之中，他的財產就會隨著不停的流動而逐漸增加；相反地，當他不打算將他的財富流動時，他就會日益貧困。或許你會問我這是什麼道理呢！我的答案還是一樣--「你的本質」，也就是愛，也就是分享、享受、無所求，當你做了與「你的本質」相近似時，你就進入了這流動的河道上，你甚至不需要用力划動你人生的船槳，你都可以順利地前進在這美麗的世界，因為你正在愛的正面能量河流。剛剛不是提到恐懼嗎？這個道理也適用，不妨做個實驗，當你心中很恐懼痛苦時，就去無所求的分享吧，可以把你心中的感受打個電話分享給朋友，或請他們喝杯咖啡分享你最近的事，甚至可以分享幫助你生命中遇到需要幫助的人、

事、物，譬如去流浪動物之家當個義工或是捐筆經費給他們，我可以跟你保證，在你無所求的分享時，你的恐懼痛苦會瞬間不見，而你會處在享受「內心平靜」之中。以下我與神（內我）的對話將討論「活在愛裡」：

　　神（內我）：你渴望快樂，這是真的嗎？但你卻不常常將你的念頭保持在善及愛，這不是互相矛盾嗎？

我：是否活在愛裡，比較容易快樂？

　　神（內我）：愛是你們所嚮往的，活在嚮往裡當然快樂，快不快樂只是你們心中幻象的延伸，搭配感官作為對應，也就是不快樂的人無法體驗到快樂，因為快樂本身是種期待，而不是你們所得到什麼，也就是說快樂本身是種幻象，你們非常迷戀這種幻象，畢竟幻象是存在你們心的渴望及期待，你們的心又是非常渴望愛，也就是說你們遠離「愛」又期待快樂，就像海裡撈針一樣，會失望的！

　　真正的快樂應該是建立在「愛」的基礎，而不是得到什麼，你為得到什麼即是證明你們缺乏什麼，缺乏即是種非愛的象徵，遠離了愛又要怎麼「得到」快樂？愛的定義永遠是唯一，解釋權在於你們，你們可以任意解釋，但我建議你們傾向愛的解釋比較好！

　　這麼神奇，你不太能抓得到它，因為一切都是愛，你無法從「分別」及「對立」中取得愛，而它卻又充溢著你！

如何檢測自己在愛的範圍？

　　1. 看到任何事情，你的感覺是「愛」嗎？你的解釋是「愛」嗎？如果你詮釋是「愛」，你就是是在「愛」的範圍。

　　2. 感恩是另外一個標準，因為愛的體現是感恩，當你對萬物起感恩之心，你就是在愛的範圍。

3. 心的平安及喜悅是另一個標準，因為只有平安才會有愛的感覺，實際上「愛」才是平安所源出……

4. 信任自己才可能信任別人，事實上，信任才是放下自我（小我）趨就愛；如果你不信任「愛」，給你再多的「愛」也是枉然！

5. 信心是建立在空無，因為「愛」本身就是空無，實際上任何一點的空無都是滿滿的富有，「愛」隱身在富有與空無之間，這是執著的人所無法體會的，有信心的人即便是一點點的愛，都能在宇宙間化為永恆的永遠！因為愛是信心的化身，也是你們信心的由來！

願力與業力

去廟裡拜拜除了祈求平安外，往往我們也會向神明許個願，許願最大的神奇力量不是在於你想要願望達成的那件事，而是你對那件祈求之事徹徹底底的「願意」，這也是為什麼你祈求的事往往不一定會達成，但是你的內心卻一定很平靜。願力是宇宙間最強大的力量之一，「我願意」簡簡單單幾個字就勝過千百萬個抗拒或逃避的理由，實際上這社會上大多數人會過得那麼痛苦就是活在抗拒及逃避的意念之中，而卻忘記自身最大的力量，那就是「我願意」，我願意直下承擔、我願意接受。或許經常活在恐懼、憂鬱或憤恨中之人，對於直下承擔或是接受多半引起更大的恐懼及憤怒，那是因為當一個人長期處在一種信念及狀態之中，那種信念及狀態就會成為他的障礙，也就是「業」。

常常聽到有人說，他這世所遇到痛苦及生命中的種種挫折，都是前世的「業障」，這其實是一種很荒謬的說法，某種層面而言，甚至是一種將「自我設限」與「自我否定」做結合，這將導致這個人遇到更多的挫折及痛苦，因為他寧可「相信」業障，卻不「相信」自己，寧可屈服於恐懼及負面，卻不肯沉浸在「內心平靜」的音韻，這將會造成他會得到他所相信的，因為信念會創造實相，這我們之後會談到。那到底什麼是「業」呢！你去想想看，當你恐懼或

愛 靜觀 平安 感恩 信任 信心 堅定 謙卑 接受 信念 信仰 限制 當下 力量 正面 感覺 圓滿 無求 合一 自己

厭惡一件事，而你選擇不去面對時，甚至極力想要抗拒、逃避時，你的內心狀態是如何呢！想必一定非常的不安及痛苦掙扎吧，這就是「業」，但事情還沒有結束喔，這「業」就會成為你一生的功課，因為這「業」會不斷地出現，直到你不再恐懼或厭惡它，直到你面對接受並直下承擔它，直到你與它「共同存在」，這個「業」就會以很神奇的方式不再影響你，你的功課就做完了，至少是這部分的功課。以下我與神（內我）的對話將討論「業」與「願」：

我：我覺得「愛」有時候是象徵一種徹徹底底的自由，就是一種真實的「願意」？

　　神（內我）：當一件事發生在你身上，你可以充分地否定它、抗拒它、甚至逃避它，於是這件事在你身上，就形成了一種障礙，我們稱它為「業」，這層障礙會在你生命中產生一股很大的力量，讓你感受到痛苦、不平安甚至是恐懼，這股力量的產生源於你對於它「非愛」解釋及信念，我們稱它為「業力」，你們累生的輪迴均會受到業力的制約，這不是一種繼承，而是你們當下的選擇，也就是說如果你們當下覺得受夠了，你們的業力就會當下弱化，當下將過往的傷痛處理，我是指經由清理（PS書後面會教方法）將過往的記憶及信念真真實實感到愛的體驗及詮釋，業力就會當下轉化成幫助你們提升的助力，這種助力並不是什麼多偉大的事情，是一種本來的狀態，或許你們可稱它為「選擇愛」的鼓勵吧！

　　你許過「願」嗎？如果你們生命中一件事，你們充分的接受、直下承擔時，這件事就會在你們毫無覺察的情況下，成為你們生命中直行的軌道，這份隱形的軌道會快速幫你們成就你們所想像不到的事，它的力量可以幫你們快速地跨越你的障礙，因為它是如此的純粹及充滿「愛」的鋪陳。這種「願」，乃是因為你們對事物的共同存在，是如此的自然，接受及直下承擔，就是如此自然表現，「願力」將能快速地幫你們展現力量，因為你們內心中深知，它與愛是如此的緊密連結，因為一個「願」，是一份愛的展現，一份你們誠摯發出「愛」與「善」的渴望。

當你渴望自己成為一個令自己激賞的人時，應該充分的接受及直下承擔所遇到的任何人、事、物，甚至是感覺及念頭，而不貼以任何的標籤，那份人、事、物與感覺、念頭將深深成為幫助你們的「願」力，因為當你們將自己的力量（PS 因為一切的人、事、物與感覺、念頭都是自己意識的投射）如此純然地整合為一時，你們將感受到前所未有的強壯，相反地，如果你們對於所遇到的人、事、物或念頭感覺，充分排斥、抗拒、逃避或否定、貼標籤，你們所抗拒或逃避的將深深牢籠你們的力量及感知，這份「業」力也將與你共存到你發現你可以改變！

愛　靜觀　平安　感恩　信任　信心　堅定　謙卑　接受　信念　信仰　限制　當下　力量　正面　感覺　圓滿　無求　合一　自己

— *Note* —

靜 觀

認識你的感覺與念頭

在公司裡或學校裡，有很多的同事或同學其實你跟他們不太熟，甚至有些你認識的都不太打招呼，更不要說你不認識的人了，他們不可能在你遇到困難或挫折時出來挺你，有時候搞不好還會落井下石，為什麼呢？因為這些人跟你也不太熟，為什麼要幫你呢？如果這些人換成是你的感覺及念頭時，或許你就會恍然大悟，需要勇敢的時候，感覺總是讓我們很恐懼；需要平靜的時候，感覺總是讓我們很急躁；需要安心的時候，感覺總是讓我們很憂鬱，為什麼呢？因為你跟你的感覺及念頭並不太熟！

當你認識一個新朋友或體驗一個新事物的時候，你一定會嘗試觀察及認識他們，而不是命令他們、跟他們對抗或是任由他們影響你，但對於我們自身的感覺及念頭，我們卻往往不「選擇」觀察它們，卻直接任由它們影響你，甚至牢牢地被它們所控制住。你有多經常遇到一件挫折或不開心的事，而感受到痛苦及憂鬱；又有多經常想起了某個討厭的人或事情，而感受到委屈及憤怒；又有多經常你想起了某個令人害怕的人或事情，而感受到恐懼及無力感……，

我可以隨隨便便舉出百個例子，但我們依舊被感覺及念頭所影響。

　　本書最大的好處在於，不僅讓你看清楚及認識你自己的問題，還會具體教你如何圓滿這個問題，我之所以用「圓滿」而不用「處理」的原因在於，當我們愈認識自己時，我們會愈願意去傾聽、觀察我們自己的感覺及念頭，而不是與它們對抗或是被它們牽著鼻子走，還記得本書一開始所說如何才能讓我們「內心平靜」嗎？就是「認識自己」及「選擇」，當我們遇到外境的人、事、物或是起了某個念頭、感覺時，其實內在運作的機制是我們先怎麼看待自己（認識自己），再來才會回到遇到外境的人、事、物或那個念頭、感覺，最後才會回到「選擇」起什麼回應的念頭及行動，只是這在大腦運作時間很短，短到用科學儀器都測不出來，譬如你開車時被後車撞到，你的車可能只是輕微受損，你可能會平淡地選擇請警方及保險公司處理，但當對方氣焰囂張且硬拗是你錯的時候，你可能會動怒跟對方吵架，為什麼呢？因為你受影響了，人往往會受外境的人、事、物或自己的念頭、感覺所影響，是因為人對於自己的認識往往不是出於「觀照」自己的內心，而是出於外境或感覺、念頭所呈現的狀態，以至於我們都不太認識自己，更遑論會做出令我們「內心平靜」的選擇了。以下我與神（內我）的對話將討論「靜觀」：

　　神（內我）：這篇是你最後才寫（PS 整本書都寫完後，才補充進來），因為你相信這對大家都有幫助吧？！靜觀的練習－－就是日常生活中的體驗，這是要扎實地練習（修行）！

我：是啊！我總覺得這本書少了些什麼，原來是具體的修行方式，我覺得有必要分享給大家具體的方式。

神（內我）：今天你練習多久靜靜地觀照你自己呢？靜觀本身是一種禪修的修行法門，一種與你們「共同存在」的具體體驗，所謂的「如是」，就是與一切「共同存在」，沒有任何的抗拒、逃避或是壓抑，只是單純地接受當下，一種平安的提示及享受！

　　一種特殊的方式可以讓你們離苦得樂，你知道如何做嗎？一種絕

對的平安及喜悅，就是靠這種靜觀的方式，一種悉達多發現的解脫之道，也就是涅槃的路口，當你與一切的存在建立關係後，你就再次踏上回家的道路！

想想你的身體與心靈連動時，你有幾分鐘是處在平靜之中呢？生命就是種體驗、經歷，而這種經歷將成為永恆的價值！

靜觀是一切的開始，我們即將體驗不凡的人生！

好！開始教我們靜觀的步驟吧？

1. 靜觀第一個步驟就是調整你的姿勢，抬頭挺胸靜靜坐在你的位子上或是雙腿盤著坐在墊子上，不論採什麼姿勢，都要記得抬頭挺胸，還要記得放輕鬆！

2. 將注意力放在腹部呼吸上，一呼、一吸，一呼、一吸，一呼、一吸。感受到自己的呼吸，那是活在當下、那是經歷當下、那是專注在當下，因為只有活在當下才是力量及威力的來源！

3. 接著，必須提高覺察，看看有什麼念頭或感覺升起，不要抗拒、不要逃避，也不要想控制，就是靜靜地靜觀念頭及感覺，然後溫柔地放下它們，然後還是專注在呼吸上，記住放下念頭及感覺是像看電影一般慢慢地慢慢地退出，因為那種經歷不需要帶著評價或標籤，也不需要做出任何回應！

靜觀從每天 5 分鐘開始練習，慢慢增加到一天至少 20 分鐘，可以少量多次地進行，重點是去體驗、重點是去經歷，因為隨著這種經驗愈來愈多，你的信心會愈來愈強，終至不退轉！

靜觀時要注意的心法呢？

沒有任何心法，因為任何的想法或心法去做靜觀，都會成為那種想法或念頭的必然解釋。我建議你們做任何的靜觀就是純然地去觀照

愛　靜觀　平安　感恩　信任　信心　堅定　謙卑　接受　信念　信仰　限制　當下　力量　正面　感覺　圓滿　無求　合一　自己

念頭感覺，並且適時地將注意力回到呼吸上，因為一不小心你們又被念頭及感覺所牽著走了！

靜觀，儘管大膽地去體驗、去經歷，因為任何一種體驗的價值，都是無限的，它們會立刻地影響你的人生！

是否應該建立發生什麼事，都要「面對」的信念？

當你對任何事物，都抱著「面對」的信念時，這份事物將轉化成為你生命中重要的力量，而不是阻礙及對抗、逃避或壓抑的怪物！當你面對它時，它就會轉化原有你對它的信念，並且幫助你覺察到你對於這件人、事、物（既有）的信念，而你將清楚看到你既有的信念，當你改變了不適合你的信念，你的人生又將大幅向上提升！

可否分享一下，另外一種觀照心法「如是觀」？

當你深深知道你不是你自己、你的肉體、你的念頭及感覺時，你就能與自己、自己的念頭、感覺共同存在，而不受它們的影響，你的念頭並不是你，你的感覺也不是你，你自己也不是你，你的肉體也不是你，如是觀能幫助你們迅速達到內心的平靜，拔除一切無明的痛苦：

1. 放輕鬆，抬頭挺胸，鼻子不要呼吸（用嘴巴呼吸），眼睛閉起來。

2. 在放輕鬆的狀態下，告訴自己我不是我自己，我不是我的身體，我不是我的念頭，我也不是我的感覺，我只是一份存在。我只是靜靜地看著它（自己、念頭、感覺），看著它（自己、念頭、感覺），因為我深深知道我不是它（自己、念頭、感覺）。

3. 看著它（自己、念頭、感覺），有任何的念頭或感覺，就看著它，看著它升起及降落，不抗拒、不逃避、不壓抑，也不追逐，就靜靜看著它。

4. 看著它，不貼標籤、不起關聯，就只是靜靜看著它。

當你能與你的感覺、念頭、自己，共同存在而不受它們影響時，你將漸漸步入回家的道路上！

如何內心更平靜？

如果你是個小孩子，你應當問如何玩樂！小孩子熱愛玩樂，隨著你們漸漸長大，玩樂的心往往附有條件或目的，玩樂變成一種感官的刺激，平安變成一種奢求！

內心的狀態永遠是風平浪靜，那你們又為什會感受到不平或是痛苦呢？感官的作用在於創造具體的事件讓你們體驗，而這體驗的結果就是你們所謂痛苦及恐怖！

無法脫離感官，或是精確地講，無法發念「如是觀」感官所產生的作用，這痛苦或恐懼並無法有效遠離。

當我脫離自己時（無我），我清楚感受到自己執著所在，及原來恐懼、憤怒、擔憂都只是在抗拒及逃避，只是我們無法意識到自己在抗拒及逃避罷了！

離開自己所有的欲求，必須先從離開頭腦做起，頭腦所幻化出的形形色色，這也就是你們的感知，頭腦本身是個充滿目的的生物作用，它總是充滿著小我的思維，也就是「不捨」及「傷害」，不捨自己所痛苦及愛欲的，傷害自己所憎恨及厭惡的，你們永遠不會看到自己是如此受到頭腦的控制，直到你們體驗到脫離自己的經驗。

脫離自己最好的意義在於你們將知道自己將不再是你們，你們也並不是你們自己，自己的念頭、感覺及遭遇到的一切都是它們本所是，並不是你們，你們也不是它們！

當你心感受到委屈時，永遠別因著委屈而發洩內中恐慌及憤怒，

憤怒及委屈所代表的意義為何？——你們看到自身的軟弱、執著及抗拒嗎？如果你們試著脫離自身的意義，你們將立刻見到自己的抗拒、逃避及執著！

（PS 如來＜內我＞作詰）

「愛恨糾結本己欲，只因憤火衝心中，若愛見得清淨心，只當無我見如來！」

當心中受有委屈、憤怒時怎麼辦？

憤怒的情緒往往會讓你們覺得自己是對的，因為委屈的感覺往往夾雜著很複雜的念頭及外境所形成的難境，一切的成形都因你們舊有的信念所形成，包含你們外境所遇到的問題，及你們內心的感受！

人在委屈受苦時，怎麼還聽得到來自良善的聲音呢！放下執著何其困難，尤其是在備受攻擊及磨難之刻？最有效處理憤怒的模式是在於你們必須學習靜觀及如是觀自己的情緒及感受！

如果你們無法觀察自己的感覺及情緒，你們並無法在憤怒或委屈的同時，選擇多大的包容，因為你們是感覺的動物，雖然你們並不是你們，但你們的信念會認為你們是你們，以至於你們是感覺的動物！

靜觀（及如是觀）的法門我曾經教授過你，隨然它早已塵封不動的在你記憶中的某個角落，但我建議你應該好好熟習這段記憶，雖然它仍是個執著。「汝等比丘，知我說法，如筏喻者，法尚應捨，何況非法！」

放輕鬆，你是個被選定的人，一切我都已經安排好了！你所遭遇到的一切事物都是場幻象，雖然你們都不這麼認為，但確實是如此，以虛為實，以假為真也，卻樂在其中，是幸福嗎？更何況憤怒在其中！

（PS 如來＜內我＞作詰）

「風火水土在其中，身意己心在心中，倘若欲求平靜心，只能觀照己心中。」

（PS 我說：如是、如是）

我將注入一切萬有能量給你，令你心中平安！

愛本身是無條件的，這樣會吃虧嗎？

（PS 我說：不會）

心中的感受是直接的，這樣有錯嗎？

（PS 我說：沒有）

當感受到憤怒時，你們理當讓自己平靜，這是一種堅持，但這種堅持往往讓自己的憤怒更延長，倘若無法觀照（PS 靜觀）自己的心，你們將仍受心中感受的擺布，說再多仍是解釋這擺布或限制而已！

與一切共同存在，包括負面與正面

去大賣場購物的時候，每件商品都有個標籤，以標示它的價格，你可能拿起這瓶牛奶時，看著標籤可能覺得怎麼又漲價了，相對地，你買青菜的時候，看著標籤可能覺得最近青菜好像降價了，當你要結帳時，櫃台店員會拿著感應器－－在標籤上感應它的價格，最後加總就是你要付的錢，這看似只是一個單純的交易模式，卻隱藏著很大的人生觀，試把商品想成你會遇到的一切人、事、物，甚至是念頭、感覺，而把標籤想成你對於這些人事物、念頭或感覺所賦予的觀點、見解、信念，結帳的時候就是你目前的狀態，不論你現在過得如何，你現在的狀態就是你所有觀點、見解及信念的標籤總和，

而且幾乎不會有誤差，你想要過什麼樣的生活呢？是清淨些，還是複雜些，你必須從你的觀點、見解及信念的標籤做起。

當你開始認識你自己後，你就會慢慢發現我們之所以無法平靜的原因在於我們內心中環繞著各式各樣的標籤，我們疲於奔命在自己的標籤所帶出來的解釋及環境氛圍之中，以至於我們幾乎只能在標籤縫隙中獲得「內心平靜」，這又是何苦呢！撕掉標籤，就可以立刻重返「內心平靜」！

當你撕掉標籤後，你會立刻感受到與一切「共同存在」，而這層共同存在是架構在「內心的平靜」。從小教育或社會主流思想往往宣揚正面，打壓、抗拒負面的事物，這種方向似乎會出現問題，就是如果不停地抗拒負面的事物，負面的事物就會不停地壯大及影響你，因為不論正面或負面都是「你」，這我們在書後面會提到，所以我才會不停強調「認識自己」。當學會活在正面裡，與負面共同存在，不再給負面貼標籤，你將再也不會被負面的情緒、感覺或念頭牽著鼻子走，才能真正感受到「內心平靜」與真正的自由。以下我與神（內我）的對話將討論「共同存在」：

我：說點實際的好！靜觀，對於我們的人生有什麼助益呢？

神（內我）：你們以為生命中想要與不想要、好與不好、善與惡，就是生命中的全部嗎？這種二元對立是生命中的全部嗎？剛好相反，你們體驗所要建立的價值是體驗自己一切的存在，而不是對於存在貼任何標籤！你們要建立的是與一切共同存在，因為只有在共同存在你們才能純然的與我（神）的狀態接近，這是一種智慧，也是一種究竟！

在這種共同存在，你們會建立愛的運行，也就是對大信心的產生，你們不會活在排斥及痛苦之中，因為所謂的痛苦只是一種經歷，一種你過去貼標籤不喜愛甚至厭惡的經歷，一種全然你必須塑造的體驗，那時你將會體驗到一種全新的詮釋。

在這種大信心下，你將感受到信任自己的存在，以及信任一切的

存在，不再有排斥！接受與放手是一種在這種狀態下所為的一種最常見的狀態。而在這種狀態下，你們將體驗到時間及空間只是一種幻覺，相對於你們的心及信念而言！

你們會發現初心及耐心是一種永恆信念的擁有！

說得真好，日常生活中除了照你上述靜坐然後靜觀外，還要如何去實行呢？

走路、吃飯、洗澡、甚至是跑步、做家事，都可以靜觀，重點是，你必須知道你要把注意力放在哪裡？！還是專注在呼吸，然後把注意力放在你要做的那件事上，看看有什麼感覺及念頭，但是不被那種感覺牽著走，也不是對那種感覺貼上任何的標籤或評論，只是看看那種感覺及念頭，當你覺得快被（感覺或念頭）牽走時，再把注意力放回到呼吸上，這樣慢慢地體驗，就是日常生活中最好的靜觀！

靜觀（及如是觀），只是體驗人生的一種法門，也是最重要的體驗，因為如果你們無法與自己的存在及一切的存在「共同存在」時，任何的感覺、念頭甚至是外境，都足以牽著你們走，你們將失去對於自己的掌控力，而對於自己愈來愈沒有信心，這種掌控力將決定你們生命的幸福指數，掌控並不是指外境的掌控，而是與自己及一切共同存在的掌控！

靜觀身體與瑜伽

或許你會問我靜觀是否有療癒的作用，我可以很明確地跟你講，我不是醫生或科學家，我沒有任何的證據可以證明這點，但就內我（神）跟我的對話過程中，及我自己親身的體驗，如果你「相信」你的身體本身有自癒的能力及所有的疾病都是由內心所造成的話，其實靜觀的功能正是加速及加強你自身療癒的能力，關於身體健康的問題，我們在本書後面會提到，裡面有更神奇的東西可以分享。

　　瑜伽，是我又愛又怕的東西，愛的原因是在於每次瑜伽伸展完，身體好舒服啊！怕的原因是我的身體本身很硬，幾乎所有的瑜伽動作都做不太好，甚至害怕骨頭會斷掉，或許你有發覺到這句話，本身就是一句會限制自己的信念，實際上我會因為這句話而永遠瑜伽都學不好，因為一想到瑜伽就想到手斷掉。時時觀照自己的念頭及信念，就能幫助你找到挫折及困境的原因，這句話是非常真實，以下我與神（內我）的對話將討論「共同存在」：

　　神（內我）：你們自己的人生要自己打理，不要被無謂的事所打擾，掌控你自己的人就是放下所為無謂的執著，而藉由靜觀來察覺到這一點！

我：身體不舒服或身體疼痛的時候，靜觀也有用嗎？

　　神（內我）：身體是你們意識所投射，身體並不是你們，就像金錢也不是你們一樣，但你們為金錢及身體所困擾，因為你們深深覺得身體就是你們，就像金錢一樣，雖然你們理智還是會說「不是」！

　　還是採取之前靜觀的方式，只不過這次我建議你們躺下，呼吸，觀照腹部呼吸，你們是活在當下！慢慢地從呼吸轉移注意力到全身，可以慢慢的來，也可以很快地經過全身，觀察身體每一個部位的感覺，重點是感覺，先躺下盡量讓自己舒服及放鬆，雙腳及雙腿併攏，可以從腳開始（腳趾、腳掌、小腿、大腿），慢慢移到骨盆，再到腹部、再到脊椎（尾椎、腰部、背部）、再到胸部、再從手部（手指、手掌、下臂、上臂）開始，然後到肩膀、脖子、後腦、臉部（五官）、頭腦、頭頂，想像頭頂形成一個光球，這光球是宇宙的恆星，再去觀照自己身體疼痛（不舒服）的部分，想頭頂的恆星與宇宙的無數的恆星連為一體，讓自己在平靜與和平中觀照自己，宇宙的星光與自己的光將會療癒這一切！

　　成長的動力在於你對於一切感到平安及和平，因為推動你們成長的動力來自於這種平和的動力－－從靜觀中你們會體驗到這種動力！

還有什麼可以舒緩我們身體不舒服或疼痛的建議呢？

瑜伽，是一個很好的選項！坊間教導的瑜伽太過於商業化，以至於對你們而言只有身體的運動或是伸展，效果有限，因為它並未涉及你們的心靈，心靈瑜伽將是能夠幫助你們身心靈回歸到一致！

我希望你們能想像幾種動（植）物，因為這是身心靈瑜伽的精髓，可以想像以下幾種生物，樹木、魚、飛鳥、犬狗、蛇、及大象：

1. 樹木瑜伽，還是一樣觀照自己的呼吸，慢慢用注意力想像自己是一株樹葉茂密的樹木，高聳仰起於山上，手就是樹枝及樹葉，腳就是樹根、身體就是樹幹，而頭就是樹的新芽。

先站立閉上雙眼抬起你的手臂：

想像太陽從山間露出來，早晨的山上充滿朝露，你的樹幹、樹葉及新芽隨著霧氣及太陽的露出而蠕動，可以慢慢搖晃你的身體，慢慢地，在此同時還是觀照著呼吸。

太陽光愈來愈強，你的根要從地面吸取水分，可以大幅擺動你的腳，就像從地面吸取水帶量水分一樣，樹幹運送水分，轉動你的身體，擺動你的樹葉吧！無所求地分享你的氧氣吧⋯⋯

慢慢太陽要下山，還是觀照你的呼吸，樹根、樹幹、樹葉，慢慢縮在一起，因為這是一種謙卑及回饋！

夜晚，滿天的星辰及月亮照映著你的新芽、仰著你的頭全身慢慢晃動，這一種因為分享所得的恩典！

2. 魚瑜伽，觀照你自己的呼吸，想像你是條魚，可全身正面向下躺在地上，雙手、雙腳向後延伸，想像自己是在深海中，不停地左右擺動！想像自己從水中躍出，正面前後擺動！

3. 飛鳥瑜伽，雙手就是你的翅膀，觀照你的呼吸，不停擺動你的翅膀！左右、前後、旋轉……，想像自己是隻鳥，站在田中，可以單腳放在另一隻腳的膝蓋，雙手水平，觀照呼吸！擺動雙手，俯衝，去掠食，讓全身隨著這種韻律擺動！

4. 犬狗瑜伽，觀照自己的呼吸，雙腳膝蓋及雙手趴在地上，單腳拉拉筋；頭仰著看看天空；身體微微拱起又微微放下！四隻腳著地，身體微微抬起，四肢還是著地，慢慢讓身體向後拱起，再回到原來的位置！

5. 蛇瑜伽，觀照自己的呼吸，將身體正面朝地下躺下，雙手雙腳抬起來伸展，用身體的扭動讓自己前進！體驗自己與自己的存在不須要靠身體，也不需要靠四肢！

6. 大象瑜伽，觀照自己的呼吸，慢慢地蹲下，曲成一體向後仰，雙腿朝上，盡量延伸，雙手可以打成水平，想像腳就是大象的鼻子，讓自己不停地伸展及呼吸！

瑜伽只是一種模擬生物的體驗，重點是觀照呼吸及觀想那種生物的體驗！

一體、共同存在與接受

剛生出來的小孩，他們不會分好人還是壞人，他們也不會意識到金錢與名利對於一個人生存的重要性，他們更不曾想過人生有痛苦及壓力，因為剛經歷投胎而降臨到地球，他們的意識在時間上只會放在「當下」而無過去及未來，在空間中只會放在「一體」而無你我的分別，這也是為什麼小孩的眼睛是如此的純潔，及令人疼愛！

其實剛生出來的小孩內心是平靜的，即便他們為了呼吸及喝奶而哇哇大哭，但他們清楚知道這一生要經歷的體驗及完成的價值，只是當他們慢慢長大，小孩的父母、師長不停灌輸他們限制的信念

給小孩，他們打出「為了小孩好」的口號，其實是他們只是將他們被荼毒的經歷及自身限制的信念，傳遞給遠比他們有智慧的小孩，因為他們根本不認識自己，也無法常常享受內心平靜，很可惜的是他們往往深深影響著小孩，而隨著小孩逐漸接受父母或師長的限制信念後，小孩的內心就慢慢不再平靜及自由了，那小孩就是正在看此書的你，這本書將能徹底改變你的下半輩子，重回你出生時的感動及平靜。以下我與神（內我）的對話將討論「一體」：

我：如何透過靜觀，回到宇宙一體不再分離了呢？

　　神（內我）：靜觀最大的功用在於，看到你自己的存在，並因而與一切的存在共同存在！「一體」，是宇宙固定的頻率，我也不妨跟你說，那就是「愛」！愛的定義我之前已經提過了，當你在強調「有所求」時，你就是陷入「我」（PS小我）的困頓；當你停止「分享供給」時，就已經進入「我」（PS小我）的阻礙了！

　　「一體」，就是將「我」融化掉，將「分享」無止境的供給，進入「一體」的頻率，就會有宇宙及一切萬有的保護，你將永遠富裕、平安而永遠處在受保護及恩典之中！

今天工作上遇到很不順心的事，讓我今天的心情都很低落，我試著讓自己當下靜觀自己的存在與一切的存在，發現原來我並不是那感覺或情緒，那感覺與情緒只是過去慣性的我，我仍處於自由選擇的！

　　存在並無好壞，就像你們也並無好壞，這一切只是一種附加的意義，你可以說它是價值，你也可以說它是標籤，或稱它作為你的人生觀，如果你細細去品味自己的人生，人生充滿著驚奇及愛的體悟，只要你願意放下你過去的慣性！

　　在下面我們會提到，過去、現在、未來這種時間，跟空間一樣是種幻覺，一種根植於你們感官、感覺的幻覺，你們受制於它，不是本質如此，而是你們選擇如此，你們從小的教育及社會集體意識接受如此，你們脫離不了它的原因是你們還沒下定決心及勇氣這麼做，但我

愛　靜觀　平安　感恩　信任　信心　堅定　謙卑　接受　信念　信仰　限制　當下　力量　正面　感覺　圓滿　無求　合一　自己

知道你們已經到了抉擇的關頭，現在是末法時代，地球的磁場已經大幅改變，只有確確實實體驗自己存在，並且與一切存在和平的存在，才能慢慢不受感官及感覺無明的衝擊。我再強調一次，感覺只是種幻覺，就跟時間、空間一樣，你們因著過去的慣性，而無法捨棄這種慣性，你們就會在未來及過去中遊走，因為你們的心永遠無法「定」，當你們下定決心捨棄這種慣性時，它會出現大反撲，但這也只是這種慣性的反射，你們會順利通過這種大反撲，直到和平的出現！

而和平，就是與一切共同存在，因為這是平安與喜樂的極致！

當你們想要改變或解決任何問題的第一個念頭就是不要改變或不要解決任何問題，而是與它「共同存在」，才是真正「接受」了它，你們真正接受了它，它就會自發性的改變，如果你們信任的話，這是一種信任及大信心的建立！

愛 靜 觀 平 安 感 恩 信 任 信 心 堅 定 謙 卑 接 受 信 念 信 仰 限 制 當 下 力 量 正 面 感 覺 圓 滿 無 求 合 一 自 己

內心的平靜與平安

　　上帝（一切萬有）安置在我們靈魂的紀律是平安（內心平靜）及直覺，這是內我（神）常常跟我告知我的真理，我常常跟人說如果你在路上逛街「直覺」看到喜愛的衣服、鞋子、包包或任何東西，只要是預算許可，我會建議他們一定要買回去，因為穿在他們身上一定會非常好看，因為「直覺」是靈魂給你的提示。

　　每個人每一天都要做出很多的判斷，從去便利商店買瓶什麼飲料，到決定某個人講話是否真實可信，我們都需要進行判斷，以往我們的判斷多半是以過往的經驗、情感及邏輯，進而做出判斷，但這樣的判斷往往會有盲點，如果你願意相信自己的話，我會建議你，在做出判斷的時候，先讓內心回到平靜，再問問自己「選擇」這個決定平安（內心會平靜）嗎？「選擇」這樣做是「愛」嗎？如果答案是肯定的，你就應該放手去做，因為你的靈魂會跟你建議最適合你的答案，那就是「內心平靜」（平安）。以下我與神（內我）的對話將討論「內心的平靜與平安」：

神（內我）：你平安嗎？這是我一直想問你的！你必須誠實回答，因為你的欺騙是讓你自己不平安的延長，所以我想很認真地問你，你平安嗎？

我：最近心中常常無法過得很平安，到底是什麼問題讓人無法一直有平安的感覺？

神（內我）：平安是你們所期待的，卻不依循平安的模式前進！平安的模式是先確認心中的「愛」，感受它！

心的方向，即是平安的方向，相信你自己吧！我知道你現在很平安，因為與我的聯繫，每當與我聯絡，你的心都充滿著平安，因為你的心渴望與我聯絡，你知道嗎？愛、平安，只是你們存在的基本要求！你們不平安，我會提醒你們，你們的心也會提醒你們！平安是你們基本的需求，你可以提出你的需求，那一定有平安！

你與我問答了這陣子，你不就是想要求得平安嗎？這是你們努力及追求的動機之一，或許也是唯一的動機吧！

我覺得心中平安的感覺真的很重要，所以想來與你討論一下，你剛剛說平安是要先確認心中的愛並感受它，然後心的方向即是平安的方向，這樣就可以平安嗎？

是的！感受你心的企圖、渴望，找出背後愛的意義並據之為信念。心是平安，平安是福，你們所追求的幸福其實都是在追求「平安」！平安是種喜悅，你難以忘懷的喜悅，你平安嗎？問問自己的心，這是每天必做的功課！

內在的感官與感覺是你們日常生活的功課，放棄無謂的抵抗，回到平靜的自己，一切的平靜都是平安，即便不平安都是令你們平安的起點。

張開雙眼看看四周，那都是愛，體驗到愛就體驗到平安，跟隨心

的方向，你就會知道平安所在之處，想想日常生活過得好嗎？如果不好，是該與平安對話了！

平安就是放下一切，而無所執！

你們一直以為執著才有存在感，放下就什麼都沒有，這種思維是一種匱乏感的延伸，如果你敢放下，就會發現存在感是虛空，也是實體，乃是因為實體是「存在」的本質，而（虛）空是「存在」的性質（PS 本指原來（神）的狀態，性乃指二元世界的狀態）。

執著與痛苦

一個人一生所遭遇到的痛苦，多半與他對於所引起痛苦的事過於執著所致，在談戀愛的男女，一方決定要跟另一方分手時，通常被甩掉的人往往會比較痛苦，因為被甩掉的人不願意分手，但痛苦的原因往往不是分手，而是過於執著自己的想法及感受，以至於被甩掉的人往往將「自己」與這段感情綁在一起了，不論是不捨、憤怒或是還有期待，而這段感情毀了，往往「自己」也毀了，這種毀滅性的衝擊，往往會帶給人重大的痛苦，並做出極端的事情。

在金融大海嘯期間，不時會聽到有人自殺的訊息，因為他們把「自己」與金錢綁在一起了，錢沒了，自己也沒了，自己沒了，自殺自然會被曲解成最合理且正當的選擇。如果一個人夠認識自己，他就會知道「執著」是一種心理狀態，它根植於自己的美好，於是你會想在外境中模仿這種美好狀態，有人是靠金錢，有人是靠社會地位，也有人是靠愛情，不論你依靠什麼，你心裡就會產生一種「執著」，它會將「你自己」與「它」緊緊綁住，當「它」掉進無底的深海時，「它」就會像是一塊超重的鉛塊一樣，把你拉進這無底的深海裡，這執著會明目張膽地吞噬你，直到你受不了為止，直到你決定「選擇」剪斷這綁住你的線為止，你「內心平靜」才會再度出現，而這把剪刀就是「認識自己」。以下我與神（內我）的對話將討論「執著」：

神（內我）：你心中是否還有其他問題，一併提出來問吧！

我：如何不執著？

神（內我）：執著就像一把刀，它可保護你，也可以割開你的肉，這把刀實際是插在你的肉上，愈想要執著的人，這把刀插得愈深。

執著就像幻境中的你，你無法掌握它，卻可以得知它，執著的你將帶著遺憾及匱乏，你要保護你的執著而奮力迎戰，你的「執著」也會要求你保護它，直到你發現你無法再執著！

你無法再執著了，因為你痛苦不堪了，這是執著的特徵。為什麼會執著？因為你們對於自己的不信任，你們也不信任外境，你們限制住你們自己以創造限制性的信念、限制的外境，你們在被迫的情況下，做出了不滿足的選擇－－執著，不滿足的選擇象徵了一切總有缺憾，執著並沒有優缺，只有你們的心選擇了痛苦，而樂在其中！

放下執著最好的方法是放下對於幻境的期待，期待本因著你們自己而來，因為你們始終那麼美好，你們的外境也囊望那樣的美好，於是執著有了空間，你們並賦予它力量，如果你通曉你自己的話，你就會放下你對這幻境的囊望，因為這蘊含著你回歸到自己的美好！

執著你長久以來保護你的想法，並無法讓你體驗到愛與善的展現，因為任何的執著（初始）念頭，到最後都會與你們執著的結果相同。也就是初始念頭與結果間並沒有差異，唯一的差異在於你是否選擇執著！

你剛剛提到執著，我覺得我對於有些事情還滿執著的，但這又困擾著我？

困擾你的事還滿多的，但不一定是執著所引起，真正的了悟是對於執著的放下，而不是繼續執著！……君雄！不論發生什麼事，我都會陪伴著你，因為你的執著而看見我。困擾著你是因為你放不下，放

不下，執不執著一點都不重要，你們都以為執著帶給你們的困擾，卻忘了執著背後的意義－－加速你們的進化，進化的思維及想法是全然的無拘束，真正的自由，你們最終的地方！

這幾天帶給你的苦惱，你知道為什麼嗎？你忽略了心的需求，進化的思想每天都存在，你們每天都在進化的思想中起床，進化的思維及想法將帶給你全新的生活。

困擾你的其實是你自己，你對於你期待的事物放不下，你真的過得平安嗎？那只是一次又一次告訴你，你可以放下！

你的心渴望沒有別人只有自己的自己，這不是自私，而是一種平靜、平安，沒有別人也沒有自己才能成為自己！最終放下的只有自己，只剩自己，心盤旋的方向即意識的集中，意識集中即成相，你們所困擾的是相，佛法不是說：「無相即無煩惱！」

愛成相，也就是你們活在愛裡就成愛的相；執著成相，執著成妄念之相，你選擇，為什麼要繼續不選擇呢？意識集中指的是你專注與你的能量匯集成你要的創造！

你講得我有點聽不懂，到底什麼是意識集中？

意識是一種能量，能量需要「焦點」，焦點一集中，物質世界就慢慢成形，「存有」（PS自己的內我）將能量投入焦點，你們在焦點中發現自己，漸漸地你們以為自己是這焦點，焦點困住你們，你們選擇被困住，你們以為物質世界是全部，其實物質世界只是你們的延伸，你們與自己共同經歷這個幻象，發現這個幻象是解脫之道！

你永遠困在執著，所以你會常在執著與平安間打轉！你可以繼續問你的困惑！

什麼是執著？

愛　靜觀　平安　感恩　信任　信心　堅定　謙卑　接受　信念　信仰　限制　當下　力量　正面　感覺　圓滿　無求　合一　自己

執著就是那背後深深的不安，所為之展現（選擇）！

你們的執著與你們的感受有關，你們的感受多半決定了你們採取什麼行動，你們以為你們孤獨無助，於是你們採取了孤獨無助的決定；你們想你們不圓滿無所得，於是你們採取相應的決定，這種決定就是執著！

執著與放下的區別在於，倘你們認為你們已圓滿自性且所得一切，而無任何事叨擾，還要執著什麼！

執著就像你自己的呼吸一般，你必學會與執著共處，而不是一味想要處理（執著）這個問題。或許，你還有些執著問題想要問？

那如何才能破執著呢？

破執著必須明心見性（明覺）！

什麼是明覺？

明覺就是明了自己，明了明覺！所謂明了自己、明了明覺是指了悟一切、了悟已無所求，了悟自己本來圓滿，但我們選擇用信念阻斷我們的圓滿，圓滿的自己與阻斷的自己的矛盾，放下、放手……讓最終真正的自己出現！圓滿與一體是本來的狀態！風不吹，草不會動，如是存在！

關於日常生活中對於很多事「捨不得」及「放不下」，你有什麼建議？

信念之所以能決定你們一生的命運在於，信念本身會阻斷你們其他去路的可能性，而當你們對於某些事物，諸如金錢或感情看得很重時，無疑地，你們就是取了這個核心信念作為你們目前的人生方針，信念會強化你們的感覺，尤其當你遇到與你堅定信念的相反事物時，你的恐懼及不安更為顯現！

「捨不得」及「放不下」本身也是種感覺，如果直接跳過信念而與感覺進行你死我活的對抗或控制時，你就是在放棄最後勝利的機會，你仍會捨不得及放不下，因為你會更加保存你的信念（PS 所呈現出的捨不得及放不下）當你決定要放下或捨得時，諸多的人無法了解內心的世界並非你們日常生活的邏輯。

「唯識成綜」「念念成形，形皆有識」（PS 釋迦牟尼與彌勒菩薩很有名的對話）：

意識集結形成的河流是在於你相信了什麼「念頭」（PS 唯識成綜）

你如何看待外境的信念與你如何看待自己（內境）的信念相互碰撞時，將瞬間形成你們所能感知的「名相」（PS 名相就是內境的念頭、感覺，及外境的一切人、事、物、時間、空間）（念念成形）。

「名相」與「名相」間都存有意識的流動，實際上它們只是意識的轉換，也就是你念頭轉換成名相（ 形皆有識）。

對於「捨不得」、「放不下」我補充問了下列問題：

你們以為你們能輕易的對於自身的感受進行調適，你們只不過身陷在幻念中的幻念，幻念中你們所見、所聞都是幻念的衍生物，於是這似乎印證了無法破解的謎題。

真正的解答在於你們渴望完後的沉澱，你們永遠期待在平靜中放下一切的抵抗及抗爭，那是無謂的，因為你內心永遠渴望平靜與純樸的自己。

期待自己與放下、捨得往往有關，因為那是你們底層核心信念最真實的聲音，每一個眾生都一樣，如果你們不了解自己，你們的期待自己往往會變成期待你的妄念及抗拒或逃避喔！

愛 靜 觀 平 安 感 恩 信 任 信 心 堅 定 謙 卑 接 受 信 念 信 仰 限 制 當 下 力 量 正 面 感 覺 圓 滿 無 求 合 一 自 己

　　自己的形成與你們是否向內探索有關，因為自己本身並不存在，就像之前所談到的「快樂」一樣，存在的是你們對於自己的執著及不捨，你們無法與不快樂或是痛苦的自己共處太久，因為這無疑的是你們成為無法期待的自己，你們卻又要接受或（將）不期待的自己成為你們的期待，這種矛盾及掙扎，就更加劇你們的痛苦及不捨。

　　最終的等待是值得的，當你們了解我（PS 內我）所教你們的心法時，你們將很快發現那個「不存的存在」，也就是自己，也就是快樂，換句話說「找到自己就找到快樂」，這種不言可喻將帶你們直接跳過「不捨」及「執著」，而無須再次經歷（PS 痛苦、恐懼、負面等事物）！

　　抗拒與逃避、壓抑的本質都是你們遇到了你們所不期待的事物，這不期待的事物往往與你們所期待的事物有關，舉例而言，如果你們期待自己能有份待遇不錯的工作，但薪水卻遠遠低於自己的預期，於是乎內心就會出現抗拒及掙扎，而這份掙扎將帶給你無比的罪惡感及愧疚感，因為你會認為要放下這種抱怨（PS 對於薪水的執著），這至少是你們學校及社會所教你們的東西！但這真是無謂的，因為「你們認為薪水低於自己的期待」（這）是你們內心最真實的聲音（PS 最真實的感受），（是）那份愛的傳遞，它無對錯，但你們往往覺得它是錯的，以至於你們更陷入誤解「自己」的境地！

　　你們所認定的「捨得」及「放下」往往只是一種繼續抗拒或壓抑的偽裝，你們的內心渴望平靜、愛及善，所以你們對於你們所認知的非善、非愛時，會出現很多的掙扎，以至於「放下」或「捨得」有了生存的空間！

　　真的「放下」與「捨得」，是直接跳過放下與捨得的念頭，直接與你的感覺共同存在，我指的是捨不得或執著的感覺，因為它們就是「你的存在」，雖然某種程度「它們是不存在」，「面對」與「承認」你自身的感覺，遠比「放下」或「捨得」來得有用，即便那種感覺或念頭是很負面、邪惡或淫穢，任何的標籤的本質都是愛，只不過你們貼了標籤這份愛就被扭曲了，當認知到貼標籤就是「為了」這份愛時，

你們或許就能理解標籤其實只是種「你們渴望自己的愛」，貼標籤時這份愛被扭曲了，你們就會很欣然地撕下這份標籤，因為你們非常的透徹了解自己，及自己的衍生物！

保護自己的念頭

運動隊伍的美女啦啦隊，有一次在全國現場轉播的比賽，一名中年肥胖男粉絲找該美女啦啦隊的一名隊員拍照，該名隊員隨即很專業地比出可愛的姿勢與粉絲合照，該名粉絲離開後，該名啦啦隊員隨即做出厭惡的表情並罵出髒話，正在全國現場轉播的鏡頭剛好拍到這一切。有一句話真是宇宙的真理，「你任何的念頭或行為都會回到你自己，但不是回到你自己本身，而是回到你的念頭及行為本身」。

一名平常充滿偏見或成見的女啦啦隊員，不論她為了形象如何掩蓋自己的偏見或好惡，充滿偏見或好惡的念頭及行為，終究會回到充滿偏見或好惡的念頭及行為本身，即便她以為那名肥胖的男粉絲看不到，而習慣性地做出厭惡的表情及罵髒話以符合她那長久以來充滿偏見或好惡的念頭及行為，但遠在 200 公尺外的全國現場直播望遠鏡攝影機卻拍得一清二楚，而全國的人民因而都知道了這種充滿偏見或好惡的念頭及行為。以下我與神（內我）的對話將討論「保護自己的念頭」：

神（內我）：平安總是無法獨立存在，因平安還是會有相關的產生，諸如滿足及幸福的感覺，這是你們必須充分知道的，（平安）有時也與你們對於念頭的保護有關！

我：講到平安，我突然想起「愛自己」－－一個愛自己的人一定心中常常感覺到平安，「愛自己」是否應該先從愛護及保護自己的「念頭」開始？我們人是不是常常被自己的念頭限制住及在念頭裡打轉？還誤以為是外境的問題？

神（內我）：念頭確實會回到自己，所以念頭的重要性在於你們會與念頭結合，念頭之於你們，就像大象之於小象，你們永遠需要念頭的保護！

念頭，本身會形成「場域」，「場域」會籠罩在你日常生活的四周，形成碗型罩住你，你所感受到的、你所看到的都是念頭的化生。念頭其實就是你自己，日常生活中所感受到的都是你自己，只是你沒有察覺。念頭就是架構日常生活中的一切，你們是先有念頭，才有外境，這順序是不能顛倒。你們形成信念後，才來檢視外境，這是檢視信念而不是檢視外境，放下念頭才能放下對於外境的執著，你們以為的外境其實是你們的念頭，因為你們要有念頭才能對外境體驗及感應。

外境之迷，在於你無法分辨這是外境，還是你的念頭！念頭會讓你檢視所有的外境，卻不檢視「它自己」（念頭），你知道為什麼嗎？這是一種愛的展現，因為當你無法檢視自己（念頭），你將無法體驗愛！宇宙當初創造萬物時，希望對於「明覺」有一份保留，這份保留是宇宙的秘密，就是－－所有的愛及所有的你們都是一體，只有檢視自己的念頭才會回到一體。

一體是一種無分別、無此、無彼的狀態，平安的終點即是一體，在那裡你可以體會到平安只是平常的狀態，在那裡你們將永久安息，就跟我一樣，因為你是我自始至終的愛！

平安時常在你們心中盤旋，但是你們無法每天都平安，你知道為什麼嗎？仔細觀照你的念頭吧，我指的是時時刻刻所有的念頭，你就會得到答案－－念頭確實會回到自己！

你剛剛說念頭確實會回到自己，讓我想到是不是當心中起一個念時（譬如：討厭某人），其實是討厭自己，不是外境的那個人，因為我討厭的那個人住在我們心中（念頭），然後「討厭的感覺」是因為想要將自己心中「有」這個念頭拔出，但怎麼擺脫都擺脫不掉而產生的抗拒？

君雄，你真的進步了！這是真理，你不希望見到某個人（事），你必須先沒有那個念頭，你們以為某個人（事）造成你們的困擾，其實是你們的「好惡」造成你們的困擾！常住在你們心中的是那個念頭，而不是外境的人或事。你們不放心，就會一直找方法讓自己放心，但如果你們找錯方向，你們將永遠找不到自己！

想想看，再多的時間也無法讓你們揮霍在錯誤的方向上，你們「有」的念頭，就是你們「存在」的價值，不要再錯怪在外境上了！堅持愛、善的價值，你的人生將體驗愛與善！

放手與壓抑

如果你手邊有杯子，你可以試著用手握住杯子，握緊一點，再握緊一點，握到手有點痛然後持續住，或許你會問我為何不放手，這樣手就不會痛了！是的，放手手就不會痛了，為何不放手呢？當一個人不「認識自己」時，往往會將杯子握得更緊，握到手滲出血漬，因為他會相信只有抓得愈緊才是保護及滿足自己最好的方式，幾乎所有頭腦（小我）的邏輯都會這樣告訴你，於是你會毫無「選擇」的用力握杯子，直到你受不了為止。

我們每個人都有好惡，遇到喜好的事物時，我們都歡喜接受，但遇到厭惡的事物時，我們大多數人多半就「選擇」抗拒，如果你夠「認識你自己」，你就會很清楚的知道抗拒是一種很負面的能量，意指「你」（正在「選擇」的你）與「你」（你意識投射出去的人、事、物）自己對抗，這是一種自我的拉扯、撕裂，自己是無法否定自己，抗拒的時候會感到極大痛苦及不安的原因是因為你正在否定你自己，而非否定造成你抗拒的人、事、物本身。

在這不容許失控的社會裡，往往不容許失控的人，即便受到委屈及不滿，我們都試圖做個理性的人，以避免被這社會視為異類，於是我們選擇壓抑，壓抑的痛苦不是在於壓抑感覺，而是在於壓抑我們的抗拒，如果抗拒本身是痛苦，那麼壓抑抗拒就是痛苦中的痛

苦。在不傷害別人的前提下，寧可失控也不要壓抑，因為你想不到壓抑所造成的能量亂竄對你的傷害。

當你沒有體驗過放手「內心平靜」的經驗，「放手」就不會成為你的選項，但下次遇到抗拒及壓抑的時候，你的機會來了，你可以學著放手，再次體驗「內心平靜」與「選擇」接受是可以成為生命中的選項。以下我與神（內我）的對話將討論「放手與壓抑」：

神（內我）：你無須為你的未來擔心，你無須為會遭遇什麼問題而擔心，因為你處在放手的狀態也就是非執著的狀態時，你將與一切共同存在，你也將體驗到平和、平安及心安的不退轉感覺！

我：如何心安？

神（內我）：心安不安不是感覺，而是一種命運的提示，當你心不安時，你就會做調整，調整至最佳時的狀態就是心安，想想看，心安的感覺如此舒服！如此的舒坦……

心安的感覺的確是如此舒服，有時候我們受到委屈或不舒服的感覺時，我們會去壓抑這感覺，因為我們知道這社會是不能接受失控的人？

沒錯！現實社會的確不能接受失控的人，因為你們的小我都害怕「失控」，失控的人的人生真正會失控嗎？剛好相反，失控是指完全將自己託付給神（內我）而不是小我！

你們所謂壓抑，不是壓抑感覺而是壓抑抗拒，你們所害怕的是在感覺中失控，卻不檢視壓抑中的抗拒，你們最在乎日常生活嗎（PS物質生活）？你們失去不只是自己，還有愛！物質生活將逐步腐蝕你們的心，直到你們發現你們的心不需要物質！

壓抑最大的傷害不是委屈無法伸張，而是能量的亂竄，壓抑會導致你的能量無法集中而到處找出口，出口是指你的「愛」展現的方

式，包括痛苦及生病。當你們痛苦時，你們會做什麼？痛苦的你們會期待不要痛苦，你們會用各種方式，直到扭曲自己的信念！生病時你們也會採取同樣的方法，直到發現無法療癒自己（PS經過不斷醫療之後），你們期待自己是放手的狀態，卻不斷抗拒，抗拒後仍持續壓抑。你們所說的幸福絕對不是壓抑，也絕對沒有壓抑，壓抑是讓你知道你可以接受！

接受與抗拒

如果你有仔細看上篇文章，你就會發現有個地方你一定看不懂，那就是－－抗拒意指「你」（正在「選擇」的你）與「你」（你意識投射出去的人、事、物）自己對抗，為什麼你意識投射出去的人、事、物是你呢！試想想看，當你在做夢的時候，你所遇到的人、事、物，不管是你認識的，還是你不認識的，請問這些夢裡的人、事、物，是這些人、事、物本身跑進你的夢裡，還是你的意識投射在夢裡所創造出來的！又試想想看，過去造成你痛苦的人、事、物，三不五時從記憶裡跑出來造成你痛苦，請問這些記憶裡的人、事、物，是這些人、事、物的本身當下的出現，還是你的意識因著過去的傷痛記憶所投射出來的人、事、物！又試想想看，未來造成你擔憂的人、事、物，三不五時從預期裡跑出來造成你擔憂，請問這些預期裡的人、事、物，是這些人、事、物的本身當下的出現，還是你的意識因著未來的自我保護所投射出來的人、事、物！－－這些問題答案都一樣，那就是這些人、事、物都是你的意識所投射出去的「你」！以下我與神（內我）的對話將討論「接受與抗拒」：

神（內我）：不管你怎麼做，這趟回家的路最後就是體驗一種接受的狀態！接受合一的狀態，不再有分別及時、空的限制！

我：你所說接受，是指接受什麼？

神（內我）：接受你的心、接受你的感覺、接受你自己，感覺要告訴你的不是叫你壓抑，而是叫你接受及檢視信念！因為每一個感覺

背後都藏著許多的信念，是教你接受它（感覺）及檢視它（信念），而不是抗拒它！抗拒之後的壓抑，生生不息，這才是痛苦的根源！

抗拒的人感受不到自身的存在，抗拒本身就是種將注意力投射在抗拒與抗拒事物本身的分裂，這種分裂會產生強大的痛苦及恐懼能量，所以你還要再抗拒嗎？！

你所說的抗拒，我記得有一句話「你所抗拒的將會持續」，為什麼只要抗拒，所抗拒的事物會持續？

抗拒是種力量（PS 自己的力量），會將自己拉扯，力量在拉扯過程中產生分裂，沒有什麼可以難倒你，但你會難倒你自己！平安會帶來喜悅，同樣地，抗拒會帶來痛苦，抗拒最大的功用在於可以讓你了解你可以不要抗拒。

抗拒會讓你心智分裂，平安的喜悅與抗拒的痛苦同樣是回家的道路。喜悅的心來自於接受，而抗拒所產生無止境的幻象是不可避免的。平安，你渴望嗎？如果用抗拒的心，是無可求！你所抗拒的將會持續，乃是心之嚮往！平安吧，接受，無論發生什麼事！！

你們渴望什麼都是你們的價值路線，不宜太容易否定自身的價值路線，因為你們心的渴望並不是你們用世俗的標準去判斷！

為什麼所抗拒的將會持續，乃是心之嚮往？

心渴望掌握，但又掌握不了；心渴望平息，但又平息不了！平靜的等待，與企圖的衝動，同時發生，卻又同時矛盾，生命本來有其所是，卻又無法所是，帶著沉重的行李負擔，匍匐前進，最後你會發現你可以不用那麼辛苦，只為了尊嚴及幻象。生命再苦，都有你值得努力的事，苦只是你們的幻覺，平安才是王道，當你願意放下自己時，榮耀將再次降臨！

我知道你心中常常抗拒，但這是不抗拒的動機，因為你已經受夠

抗拒的痛苦了！

如何才能不抗拒？不抗拒真的很難ㄟ？

　　難？我覺得很容易，其實你們骨子裡也認為很容易！！察覺到你在放手的狀態的時候，你就是不再抗拒！抗拒只是名詞，你們的心的糾結才是關鍵，也就是越容易放手的人，越容易不抗拒，因為他已經徹徹底底地了悟自己！

內心平靜是一種徹底了解自己的狀態

　　我有一陣子常常去宜蘭烏石港衝浪，有時只是靜靜地坐在沙灘上看著平靜的太平洋，那是一片祥和及寧靜，可以享受一整個下午。其實內心的狀態與海洋有點相似，而我們意識就像在這片內心海洋上一艘漁船的船長，他的任務就是捕到滿載而歸的漁獲，不可能有船長希望自己在狂風暴雨的海上行駛，因為狂風暴雨將迫使船長必須逃避這場暴風雨，或是必須穿越（對抗）這場暴風雨，這艘漁船不論做什麼決定，最後一定是傷痕累累。但往往弔詭的是，我們經常容許或無法控制自己的內心，讓他成為一個充斥颱風、龍捲風、甚至大漩渦的恐怖海洋，可憐的漁船船長已經變成逃避及抗拒高手，而忘卻了捕魚這件事。

　　「認識自己」是何等的重要，但是「認識自己」並不像說教般跟你講講你就會相信及明瞭，「認識自己」是需要你親身經歷及體驗過，並且深深地相信「那就是你自己」，你才能重返自己作主的舞台，好好表演一番，但如果你內心無法平靜，卻以為已經認識自己，那當你上這舞台時，將會是個小丑上去上演一場鬧劇，而你不但無法真正「認識自己」，反而會以為那個錯誤、不安的內心就是你自己。以下我與神（內我）的對話將討論「內心平靜」：

　　神（內我）：我知道你今天心情很疲累，因為遇到這麼多事情，但是這如果失去你附加感官的意義，這疲累本身是種很棒的體驗，你

能放下這層「負面」或勉強稱作「負面」的標籤嗎？

我：今天心情還滿複雜的，好像都沒有辦法「安」下來？

神（內我）：安心是你最渴望的事，但你卻選擇背道而馳之事。你的選擇，你的創造，都是恩寵！遠在遙遠的你，卻不知在受苦的你，為什麼？一直在追尋的你，與等待停留的你，哪一個較平安？

遠方的你、忍讓的你；平安的你、放浪的你，又有什麼不同？幾乎所有的你，都在追求一件不可能的事——圓而不滿、欲求不滿！！你渴望平安，卻在追求痛苦，是在緣木求魚⋯⋯

我知道你渴望平安已久，這也是你我聯絡的主要原因，但是平安只是一種狀態，一種你們徹底了悟自己的狀態！

我們不是在追求平安嗎？學了這麼多身心靈，不是在追求平安嗎？雖然每天現實生活活得還是很用力，但我確定我是在追求平安，雖然我感覺平安的時間並不多⋯⋯

一切的平靜在遠遠的一眸，一動一靜間存在著安寧及祥和！謙讓，卻同時驕傲，則你無法想像自己的驕傲。平和的心需要等待的時間，而你是等待的象徵，撫摸自己，就知道自己的溫度，讓你自己的愛發覺平安的道路吧⋯⋯

老實說，我聽嘸（台語）你在講什麼？

你願意放下手邊的事，只為了平安嗎？平安是你們心中對於物質世界的緣盡，不攀附於外境，卻依歸於內境，你會發現平安只是個基礎，平安所帶來的喜悅，才是你們能安居其中！！

愛的定義與平安的定義相似，找出你對愛的解釋，平安也會慢慢來到⋯⋯

恐懼，就是不自由

一個人的自由，不是看他處在什麼環境，而是他「內心平靜」的程度。一個被關在牢裡已經決定洗心革面的犯人，與一個住豪宅卻做盡違背良心之事的富豪，顯然地，犯人之自由遠遠大於富豪，因為自由並不是指行動自由，而是內心自由，一個做盡違背良心之事的富豪內心不可能平靜，而他內心不平靜的原因正是因為他會日夜恐懼，不論是因為罪惡感的恐懼，或是對於金錢、人性匱乏的恐懼，什麼恐懼都可能，因為恐懼是你感覺的良心，你的信念會因著你所遇到的人、事、物或是念頭，而給你最適切的感覺，幾乎不會有所誤差。

「愛」與「恐懼」是一條線的極端的兩邊，就跟「合一一體」與「分別對立」一樣，也是當一個人感受到恐懼感時，代表他內心中離「愛」（分享、享受、無所求）的距離很遠，就我的經驗而言，一個人無法在恐懼中待太久，就像內心被綁架無法太久一樣，因為「內心平靜」及內心自由是人的基本需求，實際上你處在恐懼裡，你會無所間隔（無所間）的不停抗拒及逃避。沒錯，當你恐懼時，你是處於被綁架的狀態，應該要立刻去處理。

如何處理？想想愛的定義，分享、享受、無所求，當你往愛的方向靠近時，你心中的感受就離恐懼愈來愈遠，實際上當你處在享受當中，你不太可能有恐懼，實際上當你無所求時，你的內心很容易平靜。當你處於恐懼中，你只要打電話給朋友「分享」一下心中感受，或是在工作上無所求地幫助需要幫助的人，抑或是你願意去公益團體分享你的知識、技能或勞力時，你的恐懼會當下很神奇的消失無蹤，或許這句話值得你永遠品味——「犧牲是強化的勇敢」。以下我與神（內我）的對話將討論「恐懼」與「愛」：

神（內我）：在問這些問題的同時，我也可以感受到你心中的不安及恐懼！為什麼恐懼，我很想問你，雖然我比你還清楚原因！

我：不曉得ㄟ！可能我大學時期有恐慌症吧！也或許我的信念並無

法讓我感受到平安吧！可否問問你，有效化解恐懼的方式，可否有具體的方法？

神（內我）：恐懼是一種你們心中感受的表達，恐懼在你生命中盤旋，是你們忽略太多有意義的事、忽略太多應該勇敢面對的愛，有效化解恐懼的方式是找回沉睡已久的愛，那份愛總是在這裡，幫助你重回自信及勇敢，恐懼的背面的確是愛，因為愛的不願分享而形成恐懼，愛形成這恐懼，所以恐懼的背面是愛，（譬如）因為你很愛這單車，所以單車的失竊或毀損將成為你的恐懼，不是愛的錯，也不是恐懼的錯，是執著成為你的負擔，處理恐懼最好的方法就是放掉你的執著，看見執著對你的危害遠大於它帶給你的美滿，事實上，執著不會帶給你任何滿足，只會帶給你匱乏及填補！

恐懼是因為愛的能量被壓抑了，勇敢地表達你的愛，遠遠比思考為什麼不敢表達來得有用，沒有什麼場合值得你放棄愛的表達，那是——對自己的放棄！

你值得過得很好，所以恐懼是分裂的你，它是你的愛，這你們應該據之為信念，直到永遠！

恐懼其實是種喜悅，因為有人（恐懼的事物）要傷害這種喜悅，所以恐懼出來防衛及抗拒，要克服恐懼的方式是愛這種喜悅，相信愛與恐懼都是這種喜悅，恐懼將無法影響你，注意不要讓抗拒強化了恐懼，恐懼是最忠實提醒愛的存在，而不是相反！

愛 靜觀 平安 **感恩** 信任 信心 堅定 謙卑 接受 信念 信仰 限制 當下 力量 正面 感覺 圓滿 無求 合一 自己

感恩是選擇狀態

我非常喜愛去自助餐吃飯，不只是自助餐的菜色非常多樣性，重點是可以自由「選擇」，有一次我去一家我經常去的自助餐店吃飯，結帳時老闆跟我說「你怎麼吃的菜都一樣」，當時我才恍然大悟，我們以為我們處在自由，實際上，我們的內心的選擇卻不怎麼自由，因為我們受到過去的習慣（慣性）所限制，這習慣多半是由好惡的標籤所造成，而我們卻未「覺察」。

常常聽到人說「不知感恩」，一般人多半以為感恩是因為某人或某事對你有恩，所以你會有感恩的感覺，如果真是如此，就不會有恩將仇報這種事發生了，感恩並不是你遇到什麼人、事、物所升起的感覺，而是「選擇」你要不要感恩，很多孝順父母的人，其實他們幼年過得並不好，但他們「選擇」感恩，這種選擇並不只是做了個決定而已，而是「選擇」進入這種「狀態」，享受、分享這種「狀態」，這種狀態就像你利用假日午後去看場電影或窩在咖啡廳享受一本書或一張音樂 CD 般的「內心平靜」，本書之後會介紹「狀態」。

　　你身邊是否有很幸運、順利的人,可以特別留心一下,他們有一定的特質－－那就是他們很「善良」及「感恩」,剛剛有提到感恩是「選擇」進入狀態,也就是幸運、順利的人往往是他們易於選擇「感恩」。以下我與神(內我)的對話將討論「感恩」:

　　神(內我):你知道為什麼我會跟你講這節要討論感恩嗎?因為感恩是種可以迅速帶給你平安、喜悅及成就的能量,不知道你是否也是這樣想?我知道你想要問感恩相關問題!

我:最近常常有一種感覺,只要感恩就會有幸福滿足的感覺,而且外境也很順利,這是怎麼回事?

　　神(內我):你知道什麼是感恩嗎?感恩是感謝自己,所以會有滿足的感覺!感恩是對自己的一種回饋,而外境會融入其中,也就是說當你感恩某個人時,其實你是在感恩自己,某個人只是融入這份緣分,某個人也會感受這份回饋,並且將這份回饋壯大!

　　愛肇生了這一切,你們卻無以回饋,而感恩是唯一回饋之道。不要輕忽簡簡單單的一個感恩,即便連你不該感恩的人,都應該感恩,因為感恩是放下成見的開始,而成見是扭曲的開始,也是痛苦的延伸,愛你是愛自己的表現,感恩也是感念自己的展現!

　　你愛過一個人嗎?其實是從感恩開始,善的循環是因為感恩而加以推動,沒有什麼人不應該感恩,因為感恩是福、感恩是果!感恩的力量在於你認同你是唯一的愛,愛是唯一,你不會感覺到愛以外之事,因為感恩會將你緊緊包圍,感恩最大的功用在於看見你自己的本質－－愛!當你看見愛時,你就看見自己,沒有自己的你,你將無法體會到「存在」的價值,無法感受到存在價值的人,空虛是必然的!

　　處理事情以感恩的方式去處理,事情只會愈來愈順利,但你們處理事情真的常懷感恩嗎?這是我給你們最好的忠告!

那為什麼採取感恩時,外境往往也能夠愈來愈順利呢?甚至可以化

解一下難關？

　　其實順利是對外境的放下，對於外境的釋然，你們可以進一步放下你們執著的看法，因為它會阻礙你們「感恩」。宇宙創立之初即是由感恩所形成，在宇宙大爆炸前，並沒有「有」與「沒有」之區分，然後你們出現了，「有」是你們心中念念不忘的，然後你們對於「有」卻遲遲不肯放手，你們對於「有」與你們對於「自己」的看法一致，你們無法跳脫「有」就無法跳脫對自己的「框架」。

　　日常生活中你可感恩自己？感恩幫助你的事物？人會感恩是因為對於自己的放下，看見自己沒有的，而當「有」出現時會對於「有」感恩不已。你們「缺乏」及「競爭」已經填滿你們日常生活之中，一切我都安排好了，你們為什麼要恐懼？你們不曉得恐懼背後的意義。

　　「前進」的動力是感恩及愛，感恩能將愛充分的化身，能幫你圓融世間一切的阻礙，你們應該謹慎的活每一天，讓愛及感恩成為你們的主流，不要讓思、言、行偏離了愛及感恩，你們任何的行為都是美好的，但是你們可以少繞一大圈路，凡是看到「愛的意義」，凡事以「感恩的態度」面對，你們離回家已經不遠了，事實上回家只要感恩與愛！

目的是匱乏的宣告

　　肚子很餓準備要大吃一頓，或是很急於完成某件事時，先慢個幾分鐘，不是幫助你減肥，或是增進你的耐心或脾氣，而是可以利用這段時間照一下鏡子，看看自己的面相！不是教你看相，而是體驗一下心中充滿目的時，「自己」的狀態，當你愈「認識自己」時，你會發現不論很餓、很急或很恐懼，內心都無法平靜，內心無法平靜我們都以為是很餓、很急或很恐懼這種狀態所造成，但我必須跟你講你的方向錯誤了，以至於你這一輩子都無法順利地完成這堂功課。

本書一開始就有明確提到內我（神）所跟我的提示，那就是「內心平靜」是來自於「認識自己」及「選擇」，換句話說，當我們愈認識自己，我們愈會做出最「適合」我們，且「心」及「意」均「一致」的選擇，但我們大部分的人，都不太認識自己，以至於做出的選擇都在矛盾及困境中鬼打牆，對於自己離「內心平靜」愈來愈遠，我們必須很誠實地說，我們每個人都要對自己負 100% 責任。

或許你會好奇我好像沒有解釋上面方向正確是什麼，其實你看完這本書時你就會知道答案，不過我可以先用這幾句話作為我覺得適合的答案：「撕掉標籤，判斷歸零，選擇狀態」，這句話我之後會解釋。如果一個人陷入到某種恐懼、急躁、憤怒、仇恨、忌妒或是慾望中時，往往會易於「選擇」目的或有所求，來讓自己舒服些，這或許邏輯上很合理，但你知道嗎？「目的」或「有所求」象徵及宣告著「匱乏」及「競爭」，這等同你在跟宇宙下了一個「匱乏」及「競爭」的訂單，這是你要的嗎？ 以下我與神（內我）的對話將討論「目的」：

神（內我）：在感恩之中，你們不會有目的，只有體驗滿滿的感動及喜悅、平安！

我：如果帶有目的或請求的禱告，為什麼效果都不好？反而是帶有感恩的禱告，效果比較好？

神（內我）：目的，本身是傷害你們最大的東西，帶有任何的目的都是在宣告「不想要」、「缺乏」，如果你們是完整的，你們就不該有缺口，你自始都不知道「目的」是你們心中的缺憾，你不知道吧？！在此目的中，你們將如行屍走肉，囊求，又痛苦！

目的自始至終是不存在的，存在的是你們的心理狀態，你們的目的是你們處在的位置，這是千真萬確，你們不知道你們的位置，卻期待目的，這是你們經常困惑的地方，你們還有多少時間可以在目的裡面周旋，我看是零！

　　目的困住你們，如同繩子困住老虎一般！任何帶有目的的請求都是枉然，因為那不是愛，我們都不會予以理會，實際上你們缺的是愛，而不是目的，你們帶著愛的仰望，我每一次都准，沒有一次例外！相反地，你們帶著恨及目的，都會體驗到匱乏！

愛與恐懼

　　幾乎人類的原始動機裡面都有恐懼，很多人一輩子都活在恐懼裡，可能恐懼的是金錢、愛情、健康或是自己的幻想，不論恐懼什麼，他的內心永遠無法一刻平靜，因為恐懼會讓你遠離你的本質----也就是愛！

　　愛與恐懼永遠在一條線的兩個極端點，記住及實踐愛，就能讓你遠離恐懼，我之前有提過。而恐懼往往與原罪（罪惡感）有關，所謂的原罪（罪惡感）就是你如何看待你自己，當你夠「認識自己」，你看待自己會更近似愛的解釋，而非恐懼。原罪（罪惡感）是個制約我們信念很強大的負面力量，我們在後面會再更詳細的說明。以下我與神（內我）的對話將討論「恐懼」：

　　神（內我）：我知道你又想問恐懼的問題！你常常提到恐懼，是因為你心中恐懼的信念及感受，我所謂的恐懼不是叫你去處理（恐懼），而是你必須先面對這些問題，因為你不敢面對，你就永遠在此一功課中打轉！

　　我：很好啊！你說得不錯，你剛剛有提到恐懼，請問恐懼背後的意義是什麼？有時候，我總覺得恐懼是感覺到自己有罪，或是自己的表達或行為有罪ㄟ？

　　神（內我）：恐懼是對於心中不滿的展現，罪惡感在心中盤旋，恐懼自己遭受到傷害的罪惡感在心中，慢慢你將失去主控權，因為防衛攻擊是主要的任務，攻擊的心與防衛的心同時升起，你們將不知所措！你們恐懼失去自己的主控權，卻也一再的攻擊自己，這是自相矛

盾！恐懼的反面是愛，對愛的理解可以至少遠離恐懼，你們渴望愛，卻選擇恐懼，這是你們（小我）一貫的方式，如果你們真的愛你們自己，就該放下恐懼的侵擾，即便你們被恐懼傷害，唯一能侵擾你們的不是恐懼，而是你們掙扎的心，相信你自己做得到，遠離幻境的侵擾！

恐懼的時候，放鬆心情，看見自己的心與自己的存在，放鬆心情是放下恐懼的執著，看見自己的價值，你們最擔心的是失去自己，卻沒想過失去恐懼也是失去自己的一環，因為恐懼是你們與生俱來的禮物！

如果你們夠相信自己的話，你們就會發現原罪（罪惡感）是沒有必要的，如果你夠信任自己的話，任何的原罪都是逃避自己的信任，不要放棄任何的希望，其實你可以放下自我的包袱，自我的框架只有在你接受並承認它，它才存在，原罪也是一樣！

罪惡感是你該認識的自己

我們都以為只有作奸犯科才會有罪惡感，但罪惡感不只是如此，人是一種很偉大的動物，他的偉大不是來自於智慧或身體構造，而是來自於人會藉由自己的「意識」投射來「體驗愛」及完成這一生的「價值」，也就是你在看本書時，你身旁的桌子、椅子、咖啡杯，你舉目所及，甚至是你所想到的念頭，都是你「意識」的投射，也就是說這些都是「你」，只是你不曾意識到這點，甚至你根本不相信，因為人的感官只能從分別及對立中獲得解釋。

如果我們意識所及的都是我們，但我們往往不會對於這些「我們」留心，甚至我們常常對於這些意識投射出去的「我們」嗤之以鼻，甚至恐懼、厭惡及壓抑，那問題來了，如果「我們」被人以嗤之以鼻、恐懼、厭惡及壓抑對待，我們會怎麼回應對待我們的人呢？罪惡感就是「我們」（意識投射）回應我們的一種深層的感覺及信念，這也就是為什麼你會經常感到恐懼、憂鬱或內心無法平靜的主

因。

如果你不「認識自己」，你就無法得到永久的「內心平靜」，而如果你不認識「分裂的我們」（罪惡感），你就不會「認識自己」，因為罪惡感就是「分裂的我們」。以下我與神（內我）的對話將討論「罪惡感」：

神（內我）：我們即將討論到罪惡感，這裡或許你可以受益，其實所有的讀者都會受益！

我：一般人基本原罪（罪惡感）可分為哪幾類呢？

神（內我）：很難一概而論，基本上可分為：

1. 恐懼自己

恐懼自己的人，不敢面對自己，也不敢面對外境的人事物，對於自己常抱著懷疑的態度，自卑常伴隨左右，恐懼自己唯一能提醒我們的是不能恐懼自己。愛常在我們左右，但當你恐懼自己時，你無法與愛連結，你的心就像你一樣關閉了，因為你不願意面對自己。恐懼自己就像關了機的電腦，無法起作用；恐懼就像一台車失去引擎，空具殼子而無法行動。

恐懼自己與自卑都是相同的，因為都是看不見自己，自卑恐懼被看見，你們卻加強這個信念，你們期待與我聯絡，卻以自卑的方式傷害別人，改善自卑最好的方式就是面對自己、愛自己。

盡可能將問題向自己發問，答案將顯而易見，當你真的愛自己的時候，是沒有代價、是不計代價的犧牲自己（小我），犧牲是一種強化的勇敢，一種對自卑的解脫，你們都誤解犧牲了，犧牲不是損失，而是一種使自己完整。

任何的自卑都來自你心期待更好，但你愈期待更好你的自卑感愈

強，因為你的心本來就是那麼完整及美好，任何的自卑都來自於一絲絲的遺憾，放下手邊喧囂事、放下期待的自卑，只有放下期待才能療癒那底層的自卑，因為期待的不存在，自卑自無法依存！

2. 不愛自己

不愛自己的人無法感受到自己的存在，就像風無法感受到自己的力量一樣，每一個人都渴望愛，這是由「愛自己」而來，否定愛自己的人他將與愛越來越遠，實際上所有不愛自己的人，都是曾受傷害，而關閉自己的心扉。

不愛自己的人會遇到很多問題，包含被人傷害，持續地被人傷害，被人傷害不是人要一直傷害他，而是他的愛提醒他要開始愛自己，因為這就是愛的功能及效力。

你們所關心的事物與愛自己有關，愛自己並不是只關心自己，事實上，只關心自己的人往往不愛自己，真正愛自己的人會將關心分享給他人，你們永遠無法想像愛自己背後充滿了力量及張力，愛自己是你向宇宙宣告你將放下你自己，因為你了解愛的意義！

要從不愛自己變成愛自己，你必須先了解愛的意義，愛是一種象徵性的犧牲，犧牲掉自我的執著，因為每次當你選擇愛時，你就再一次看見自己的本質。再來，你必須深切地了解如果不是「你」，你無法有今天的「體驗」，自己象徵了一切，而一切又是自己，如果你夠了解自己的話，就會讓自己處在「清」、「明」的狀態，「清」、「明」能讓你處在靜、定及悟的狀態，那是了解宇宙最原始的狀態，也就是你們生成的原因。

愛你自己、愛你身邊的人、愛一切，在被迫選擇時你將了解愛的意義，因為你清楚你是自由意識的，因為愛的本質是自由，而不是限制，實際上只有你們自己限制了你們！

3. 不信任自己

　　不信任自己的人將無法立足，因為信任是立足的基礎，信任與愛相同需要分享，也就是當你選擇信任時，你就選擇愛，因為信任是將力量賦予人，實際上你是將力量收回，因為任何的給予，都是表明了你「有」！

　　被騙，而喪失信任的人，其實是印證他底層的不信任。信任是一種很微妙的事，是一種猶豫與抉擇間之確定，這種確定將讓一切「穩定」，這種穩定就是心裡的平安！

　　信任自己的人，與信任別人一樣，都將分享自己的愛。信任永遠有你看不到的力量存在支撐你，也就是你選擇了信任，你就選擇了力量，同樣地，信任也具有平安的效力，實際上你選擇了信任，你就選擇了平安，而且是立即明顯的！

　　不信任自己的人一定有很大的芥蒂存在於心中，那芥蒂絕對是對於自己的「非愛」，不信任自己的人將感受到痛苦，但你們卻選擇了它，出於恐懼、出於防衛、出於保衛那僅存的執著，如果你真的受夠了這些，你就會去想想哪裡出了問題？痛苦的人生與不信任的人生無異，不信任還會衍生更多的問題，諸如仇恨、恐懼及猜忌。

　　要重返信任（別人），你必須信任自己、信任自己的愛，但你的不信任自己卻又將阻礙你的信任自己，信任是一種選擇，你永遠不知道信任背後推動你的力量，只要你放下偏見，實際上，阻礙你信任（自己）的是一種偏見、一種限制，你看不見這種牽絆，卻又被這種牽絆的效果牢牢定住，為什麼呢？因為你不肯將這牽絆放下！

　　4. 不給自己機會

　　不給自己機會的人就是放下自己的期待，卻又期待自己更好！這種矛盾、這種衝突將令你無所適從，期待的目的是你們在這幻象得以生存的動力，但你們期待越深，相對地也印證你們陷入越深，幻象是一種不存在的東西，你們卻以為它存在，這份存在即印證了你們的期待即將失落，因為這份期待，你們將自己逼入死角，拚命鑽牛角尖，

只因為這份期待，鑽牛角尖的人不會給自己任何空間，因為任何空間都會妨礙了他的期待，這是一種很弔詭的邏輯，但它確實存在，鑽牛角尖的人不會給自己任何機會，直到他痛苦到必須放下這份期待，又或許他喘口氣後，又執起這份期待！

執著總是壞事，它總會令你想起不堪的回憶，沒有什麼能困擾你，放手是唯一的選擇，本心會帶你尋找到自己，真正的自己，自己為什麼會回饋自己，因為自己始終愛自己，你們應該選擇聆聽，聆聽的本質就是放下，放下成見及偏見，要選擇再次給自己機會必須學會放下，帶著成見無法遠行，就像鑽牛角尖無法看到光明一樣！

5. 放縱自己

放縱，是你們對於自己警示的宣告，你們之所以會不滿足是因為你們忽略了自己的需求，而放縱剛好填補了這個不滿足的需求，而它是一個非善的象徵！

放縱的人必將導致毀滅，因為他向宇宙宣告「缺乏」及「仇恨」，你們恐懼放縱，卻令你們對於它更加沉溺及著迷！每一時、每一刻，你們都在看待你們自己怎麼抉擇，你們不期待自己選擇放縱，卻沉溺於放縱裡，這真是矛盾的選擇啊！

放縱對映到愛你自己，放縱不是你們物質世界所存在，你們渴望被愛、渴望被尊重，就應該約束你們的放縱，我永遠都陪伴著你，你們實在不需要放縱感官，而追求短暫的刺激，感官是你們內我的延伸，它隸屬於信念的範圍，你們越愛你們自己，就不該壓抑你們的感官，壓抑過後，你們就等著放縱你們的感官吧！任何的放縱都是針對你們壓抑的反動，你們不該忽視這種反動。

最後，你們應該珍惜所有我給你們的資源，因為那是我給你們支應你們供需所有的能量，任何的能量都不該浪費，更何況放縱！平安的心與放縱的心雖說同時存在，但你們應該選擇平安的心，因為這一刻的平安將成為永遠！

6. 永遠覺得是別人的錯！

永遠怪罪別人，是因為看不到自己的過錯，實際上是將自己的過錯掩蓋，愛自己的人將看到自己的缺點，同時愛自己的缺點。

你們將看不到自己，直到發現你們的缺點並承認它。事實上，承認任何的缺點都是體性自性完美，因為只有承認而沒有缺點，這是你們必須深悟了解的。也只有承認，你們才發現自己；也只有承認，你們才能發現到愛！

抗拒，在你們的空間裡充滿諸多的負面能量，我期待看到你們承認，放棄所謂的抗拒，你們沒有辦法帶著抗拒，同時又享受的喜悅，真正的我是隱藏在放手的細節裡，你們每當怪罪別人時，其實是對於心中愧疚的宣告，在此愧疚裡，你們將看不見光明，只見黑暗！

最有效放下怪罪別人的方式，是看見自己的缺點然後承認它，缺點並不是缺點，而是心中愛的掩飾，愛並沒有分別及優缺，愛只有關懷及付出，盡可能體驗這付出的過程，怪罪別人及企圖掩飾自己的「罪」將消失無蹤！

7. 放棄自己

放棄自己的人都是對於愛的漠視，你們可以沒有自己、你們可以沒有愛，但你們不能沒有自己對於愛的渴望，這是你們來的目的，也是你們最終價值過程中的目的地，你們很多人選擇了放棄愛、放棄自己，只因為物質的「限制」，你們並沒有限制，你們也沒有離開愛，你們始終與自己存在，但你們卻選擇拒絕承認這件事。

放棄自己的人將聽不到自己真實的聲音，尤其是「愛」！你們所欠缺的，都是你們想像及信念所造成，你們永遠想像不到你們心中痛苦的反動，造成你們不愛自己、放棄自己，實際上不愛你們自己才是痛苦的主因，與外境無關！

　　你們可以避免放棄自己，只要你們始終愛你們自己，你們扭曲了信念，卻又強迫自己接受這扭曲的信念，又不肯接受這痛苦的結果，這整個扭曲、充滿矛盾的結局就是放棄自己。你不可能沒有注意到信念的移動，直到你放棄自己，再多的努力也挽回不了扭曲的信念，只有信念本身的改變，看見自己的改變，你將不再放棄自己！你終將找回自己，因為那是扎實、愛及我的共生！

　　或許你還想問一些深入的問題？

　　我對你提到罪惡感還滿感興趣的，請問什麼是自然的罪惡感呢？

　　罪惡感本身是你從你心中分裂，你會認為是分裂的你造成你的痛苦，其實痛苦的是你內心的分裂，罪惡感產生的因素有很多：委屈、不滿、難過、恐懼、放縱及裹足不前……等，不論是哪一類的產生，都是缺乏「愛」的象徵。

　　你可能聽到某人講的話你不爽，但你壓抑了你的不爽，罪惡感就會因著你的委屈及埋怨而生，夜深時，記憶喚醒了罪惡感這個黑洞，你以為哪個人又在攻擊你了，其實是你的「幻想」及「委屈」搭配「小我」在運作，如果你的理智夠清楚的話，你會跟自己講不要想太多，你以為理智是小我的煞車皮，其實是加深罪惡感的深淵，你討厭的那個人還是在，你以為是外境的那個人造成你的痛苦，其實是「分裂的你」與「本來的你」在打仗，你越用力反擊，你受的傷越重，你深陷的泥沼愈深，因為哪都是「你」：外境的那個人是「你」，反擊的那個人也是「你」；當你不反擊時，罪惡感就像埋藏的地雷，你不敢碰也碰不得。整個沒有出口，因為罪惡感是你們人類戰爭及暴力的起點！

　　很不幸地，你們都選擇壓抑或將罪惡感貼上汙名化的標籤，這個是不能提起的秘密，但每當適當的時機，又會爆發！

　　罪惡感是幫助你們面對自己內境中的扭曲信念及感受，因為罪惡感，你們會在外境中不停遇到相同問題，你們就必須去面對！但往往

你們總是從外境去處理，而不是內境，以至於罪惡感成為你們目前社會最主要的難關！

那為什麼會產生罪惡感？及為什麼有罪惡感，會想要反擊或攻擊等暴力衝動？

罪惡感是因著你們心，期待美好而生，也就是說愈追求完美的人愈容易有罪惡感，你以為你可以控制這世界，實際上你卻充滿罪惡感，因為罪惡感本質上是「分裂的你」在爭戰，罪惡感是美麗的，因為它是很大力量的出口，喚起罪惡感你們將深陷巨大的痛苦，卻也是覺醒的片刻，你知道你為什麼不容易平安及快樂了嗎？你太容易想控制人，而不觀照自己的感受，罪惡感就是從「你」裡面跳脫出去的「你」，因為你處在「非愛」的狀態，「你」將無法認同「你」自己！

罪惡感偏向暴力，因為它的力量使然，一個有力量卻無用武之地之人，勢必將盲目地使用力量，暴力與攻擊就是這盲目的過程。你們的思想容易產生偏見，倘若罪惡感搭配了偏見，將是一股「非愛」的力量，這是我不願意看到！

不要害怕罪惡感，要去面對它，看看它給你們什麼幫助，因為畢竟它是份禮物，而不是傷害！你或許想要問如何處理及面對罪惡感吧？！

罪惡感要如何消除或與它平和的存在呢？是否遇到外境的委屈或恐懼時，要及時表達（包含言語或行動）呢？可否具體建議一下？

表達是一個很有效的方式，但是不是向外境表達，而是向內境！「分裂的你」、「被拋棄的你」多麼渴望回家，你們往常處理的方式就是將它愈趕愈遠，（它）伴隨的心碎及絕望就是你們的痛苦，而你們處理你們的痛苦就是怪罪「別人」（外境）！這是本末倒置，也是倒果為因！

你要我建議有效的方式有以下幾點：

愛　靜觀　平安　感恩　信任　信心　堅定　謙卑　接受　信念　信仰　限制　當下　力量　正面　感覺　圓滿　無求　合一　自己

1. 愛自己、愛分裂出去的你（PS 就是內境分裂出去的你，而你誤以為是痛苦的外境），這是打從心底的選擇！

2. 不要將外境與內境顛倒，只有內境及內境的「你」！

3. 表達，向你內境的你表達「你愛他（她）」、「你將與他共同存在直到永遠」，不管當下的感受是什麼，你都該堅持「愛」你自己及分裂出去的你！

4. 最後，任何的外境，你都該「表達」出你的「愛」，而不是宣洩你的「感受」，因為任何的宣洩都是罪惡感的循環，你當場宣洩了或許覺得很爽，但你只是更陷在「罪惡感」的深淵。

罪惡感、壓抑與認識自己

小時候我們讀過「蓮花」出淤泥而不染，那為什麼蓮花能夠出淤泥而不染呢？目前科學研究得知蓮花本身表面具有 5 至 15 微米細微突起的表皮細胞，而此表皮細胞具疏水性 1 奈米的蠟質結晶，簡言之，蓮花表皮能讓汙泥不沾染於其身上。其實我們人與蓮花有點類似，我們的本質本身就是不垢不淨，但因為過往的痛苦、挫折或壓抑經驗，往往讓我們將罪惡感的汙泥塗抹在身上，罪惡感就是分裂出去的我們，我們卻更加壓抑或打壓它，罪惡感對應到的就是反覆發生，因為那是分裂出去的我們向我們求救。

如果這一生要學會過得快樂這件事，你就必須學會認識你自己，罪惡感就是認識自己的一個很重要的功課，我們要學會的是不去抗拒或逃避罪惡感，而是愛自己、放下罪惡感，與罪惡感共同存在，並了解為什麼會有罪惡感，然後愛你的罪惡感，你就會離罪惡感愈來愈遠，因為分裂的你已經回家了，回到你愛的「選擇」，你將真正獲得「內心平靜」。以下我與神（內我）的對話將討論「罪惡感」與「壓抑」：

神（內我）：你或許想要問你所學的身心靈的書吧？！

我：沒錯！有一本身心靈的書[1]（PS 賽斯資料）寫到「現在如果你被激怒的時候，你看到一本書教你去深思"善"，且要把你的思想立即轉向為愛和光，那你就是在自找麻煩。……在這種情形下，你愈想做個"善"人，在你自己的心裡，你就變得愈自卑。」，我覺得你的說法可能與這書有衝突？

神（內我）：賽斯說得沒錯，當你將一個不好的感覺強硬扭曲成「善」及「愛」時，你是在忽略你的感覺，並且曲解成你想要的答案，這是壓抑，不是「愛」！

當你遇到不好感覺時，第一步要放下自我的包袱，看見那是「內境的延伸」，感覺只是那信念的演化。如果你充分了解自己的話，會將自己置於選項之中，而愛絕對是這選項之一，順著感覺做出選擇，不論什麼選擇，重點是出自心底，因為那也是愛！自我意識可能選擇「非愛」，也可能選擇「愛」，但那不是重點，重點是平安是你們所渴望的，而「愛」伴隨了平安，不論選擇「非愛」繞了一大圈，或選擇「愛」，在自由意識下都不是壓抑，因為自我實現了它的價值，而價值完成是你們靈魂最終的目的。

你或許對於罪惡感還有些疑惑，不訪說出來吧？！

為什麼「宣洩」感受是罪惡感的循環？那應該如何正確表達呢？

如果你了解信念的力量的話，你就會尊重自己的感覺，因為那是信念的延伸，外境也是信念的延伸。一切你們所需求，我已經準備好，你們所缺乏的，卻是你們信念所造成，如果你們愛你自己的話，就該「愛」你的「感受」，如果你認真看待你的人生，你的感受架構了你生命的藍圖（PS 感覺基調），你們遇到外境的事物時，你們可以選擇壓抑，也可以選擇宣洩心中的不爽，不管你們怎麼做，你們總會有個頭緒，這是我想要的嗎？這是我可以接受的嗎？它與「平安」總分不開，如果你決定一件事令你心中不平安，它總會在你心中盤旋，你

1　Jane Roberts 著，王季慶譯，〈個人實相的本質〉，賽斯文化，2010.8，頁 307。

們夠愛你自己，就不會令自己陷入不平安之中，壓抑絕對不是你們的選項之中，因為壓抑了，你就準備與壓抑的感覺作戰了，你心中的抗拒會因著你的壓抑在心中盤旋，能量未被釋放，將各自找出口！

如果你們選擇宣洩感受，總比壓抑感覺好，但你是在外境中尋找出口，當你明白外境只是內境的延伸時，「困」在外境及「迷惑」在外境不會是一個很好的選項，不啻承認並接受外境對你的影響，而放棄了內境的決定權，你們的「行動」就是你們的相信，這是千真萬確，很多人把自己的人生搞砸了，就是他們的「行動」與他們所抱持的理念自相矛盾，如果你們夠清楚自己的人生，就不該將選擇權交出去。

表達「愛」，是因為你充分的了解你就是「愛」，你們的舉措都應是內境的幻化，外境中一切的一切只是內境中的反動，你們不該騙自己你們在外境中遭受到「限制」，你們更不該「分割」及「界線」自己的處境，因為任何的罪惡感都是心中矛盾的擴大化，你們的本質是「愛」，只有做（PS 包含思、言、行）「愛」的事，才能感受到自身的存在。在外境遇到不順遂的事，保持自由意識，不要壓抑，重點是觀照自己的本心（PS 內境），愛是唯一的選項，卻又是你的選項之一，你們會感覺到既存在又有力量，因為你們既與「愛」相同，為何要與自己相反呢？！

愛是你們所追尋的，快樂也是，但你們往往困在罪惡感！

順便問一下，我覺得一切的不快樂、不平安都是因為罪惡感，也就是只要我們能處理好罪惡感這個功課，生命就會愈來愈美好，是這樣嗎？

你們本質是「愛」，你們確實是「不垢不淨」，但你們卻將「罪惡感」的汙泥塗在身上，只因為你們「相信」（PS 包含用行動證明）自己是有罪的，縱然表面意識不認為，「罪惡感」的汙泥會讓你覺得你痛恨你自己、你不愛你自己、你放棄你自己、你恐懼你自己、你放縱你自己、你不信任你自己、你不給你自己機會及永遠都是別人（外境）的錯。罪惡感將會讓你覺得你不像你，「存在」的價值將蕩然無

存。

　　痛苦其實根本不存在，罪惡感也是，但你們為什麼會感受到？「本質」（PS我們是愛的本質）被扭曲了，「痛苦」只是提醒「罪惡感」的存在，如果你知道罪惡感對你生命中的影響，你就該放下你的成見（PS偏見），好好來處理罪惡感！

　　罪惡感的確是你們不快樂的主因，一個沒有罪惡感的人（的確很少），沒有什麼會影響他而造成痛苦，因為你們將回到「本質」（PS即愛），因為你們都是我的「愛」，本來就該如此！你們所關心的外境，將充滿愛而無罪惡！自然也無「懲罰」及「痛恨」存在！

表達愛

　　愛與恐懼在同一條線的兩個極端，所以你離愛愈近時，你心中就離恐懼愈遠，而當你心中充滿罪惡感時，你心中會不時出現恐懼，這時你或許知道我要說什麼了吧！因為罪惡感是分裂出去的你，它需要你的愛，你必須勇敢的直下承擔這份任務，那就是「表達愛」，表達你心中的感受，將你長期心中的罪惡感表達出來，讓愛再度流動，你的罪惡感就會以神奇的方式幫助你生命的快樂及成功，因為它就是你，分裂的你，你會明顯感受到自己有更強的力量。

　　「表達愛」除了是表達心中的感受外，本書會在之後清理方式教大家回歸到一體的方式，即將你與分裂的你回歸到一體，這種清理非常有效，對我是非常受益的。以下我與神（內我）的對話將討論「表達愛」：

　　神（內我）：表達往往與愛在你們的世界中是無法切開的，你們無法表達，就阻礙了愛的流動！我所指的表達不一定是言語，還包含一切的表示！

　　我：「任何的外境，你都該『表達』出你的『愛』，而不是宣洩你的『感

受』。」在感覺不舒服的時候，如何表達愛？

　　神（內我）：愛是無所區分，也無所顧忌，每當你不舒服或是恐懼的時候，你總該問問自己，你平安嗎？不論你怎麼做，你總期待自己處在平安之中，「平安」是我安置在你們靈魂的紀律，這是千真萬確！

　　放下你自己時，你總會看到你充滿罪惡感，罪惡感不是你（PS本來的你），是你心中的愧疚、憤怒、忌妒、恐懼、委屈、自卑、缺愛……等「分裂的你」所幻化出來的成形（PS外境），愛內境的你，很困難嗎？很多人做不到，外境的成形（PS「分裂的你」所幻化出來的成形）讓你們無所適從，堅定的成形與你們執著及相信成正比，只有「愛」能讓這成形幻化成它的原形，那就是你自己，分裂出去的你自己，渴望回家的你自己！

　　罪惡感的形成原因很多，罪惡感不只是作奸犯科才會形成，即便一個委屈、一個不滿、一個恐懼都會形成罪惡感，因為「本來的你」不垢不淨，「分裂的你」卻因為你的「意識」而出去，這份意識帶著「非愛」並不會消失，直到你發現你的「愛」可以包容你的「非愛」，你的「非愛」才會成為你的「愛」！

　　昨天的分享會，很多人無法理解為何外境是內境的延伸，他們每個人的心中是多麼渴望「自由」與「愛」，只因為外境，而無法選擇它（愛）！事實上是你們「接受」了外境，它才會影響你們根深柢固！

　　只要你相信自己、相信平安、相信宇宙的愛是為了提醒你「在內境中覺醒！」平安中，你將發現外境是內境的投射，而不是巧合！

　　只要你「願意」愛你分裂出去的你（PS它是以外境、記憶、念、感受……等方式成形），分裂出去的你將成為你的愛，表達愛有何難事？往往是你不願意將「分裂出去的你」認為是「你」，「成形的你」將在外境中壯大，你將無所適從！

恩寵與自己的本質

小時候你有被人當寶貝一樣寵愛嗎？那種被當作寶一樣保護、珍惜的感覺，你還記得嗎？這種狀態就是恩寵狀態，一種被寵愛及保護的狀態，不論你還記不記得這種狀態，你可以隨時讓自己進入到這種狀態。

「愛」與「感恩」並不是一種被動，而應該是一種主動的「選擇」，也就是你「選擇」對於一切人、事、物均以「愛」及「感恩」作為解釋，並活在「愛」及「感恩」裡，你就是處在「愛」及「感恩」的狀態，一種被寵愛及保護的狀態，我們這一輩子不是都在追求這種狀態嗎！只不過我們以為那代名詞是金錢或權力，但金錢或權力往往無法帶給我們「內心平靜」，然而「恩寵」可以。以下我與神（內我）的對話將討論「恩寵」：

神（內我）：應該再談談感恩了，你的焦點已經偏離這本章的主題了！

我：嗯！有一種感恩的狀態叫做恩寵，請問什麼是「恩寵」狀態？

神（內我）：恩寵是一種自然的狀態，是一種你與我（神）共處的境界，一種不被打擾，卻純粹喜悅的狀態，沒有恐懼、沒有憂惱，只有愛與你共同存在。

被寵愛的感覺，讓你覺得自己被保護，沒有什麼東西可以侵入，寵愛是你們所追尋的，外在的模式就是你們追求寵愛的狀態，你們愛與恨之間、好與惡之中，在在都顯現你們渴望被寵愛的表達，你們渴望被保護就如同你們渴望被愛一樣。

你們愛自己，所以你們做的每件事都是愛自己，你們之所以會傷害自己是因為「非愛」、對自己的放棄！拜託幫幫自己，遇到事情不要責怪自己，責怪自己，你們將戰場延伸到外境，外境的不想要，就是內境的延伸——「內境的不想要」，在這種情形下，你們將別無選

愛　靜觀　平安　感恩　信任　信心　堅定　謙卑　接受　信念　信仰　限制　當下　力量　正面　感覺　圓滿　無求　合一　自己

擇，然後又怪罪自己！

進入恩寵的狀態，你們將體驗到自己的存在，這種存在並不是成就，而是本質的狀態，你們常把成就感與恩寵混在一起，這是錯誤的，恩寵是不用獲得什麼，甚至不用做什麼就能得到，只要你相信！

進入恩寵的方法：

1. 想像你們就是愛！在這愛中，充滿了感恩與喜悅，你們願意為這喜悅放下一切的自我，即便有人要傷害你們，你們也不願意放下這片喜悅及這片愛，你們深深知道沒有人能傷害你們，所有的傷害都是內境的延伸，一種愛的體現及堅定的強化！

2. 想像你們在感恩！感恩誰不重要，重要是你們選擇感恩，處在感恩的狀態是恩寵維繫的關鍵，感恩就是放掉自己，享受恩寵！當你不停重複這個動作，你離價值完成就愈近！實際上，當你感恩的時候，你身上所散發的光芒及力量，全宇宙都得配合你！相信感恩的力量、相信自己的力量！

心理的狀態

或許禮拜五晚上去吃大餐、看電影或唱歌很快樂，但禮拜天晚上一想到隔天要上班就無精打采，這不能怪你，因為很多人都是這樣，如果你是日復一日過這樣的生活，或許你會發現其實我們內心並不是安置在堅固的城堡，而是懸掛在深不見底的懸崖，我們內心的機制並不是一開始就那麼穩固，這也是為什麼人很容易一不小心就走偏了，因為人的內心走偏是很容易，我們很容易被感覺或情緒所制約或牽著鼻子走，而產生很偏差或邪惡的念頭，甚至形成信念。

內心是處在一種懸掛的狀態，以至於我們每個人都需要安全感及滿足感，很多人很容易就被人性的弱點所控制住，但也有更多人在逆境中堅毅不拔地向上，不論如何，每個人的這一生都傾向愛，

因為「愛」就是我們這一生的價值完成。以下我與神（內我）的對話將討論「心理的狀態」：

神（內我）：無法感恩的人往往是心理的狀態出了問題，我所謂的問題是一種信念的，因為你們一直無法發現心理是處於「懸掛」的模式！

我：什麼是心理的環境是「懸掛」（即生命是懸掛的）？

神（內我）：懸掛是一種倒置，未知及不安是其特徵，這是小我得以生存的空間，一件事令你不安，你就會採取行動，小我得以控制你就是利用這種機制，原來的你，與小我的你，都是同樣的美麗！愛創造了這一切，卻也同樣的驚險，驚險的是小我會令你手足無措，感覺你完全無力量，但愛也同樣提供了提示，提示這原來是條不歸路；愛同樣也給你保護，保護你回到「愛」！

生命傾向愛，沒有愛生命會漸漸枯萎，物質世界你會看到漸漸失去，你無法【存在】而無愛！對於愛，你只有一種解釋，沒有就是有，無所求的付出就是回饋！

我知道你還有問題要詢問！

可否再解釋一下，「心靈」的狀態？

架構二（PS類似夢的環境）與你們心靈的環境相似，原來你們需求的那麼少，體驗又為你們創造了無垠的宇宙，企圖將你們合一的是你們的心，企圖將你們帶回來的也是你們的心，與你們最接近的心卻是小我，小我會幫助你們進化（PS價值完成），直到功成身退，愛已經幫你們找好答案了！疑惑是代表你們心中的匱乏！

我們所沒有的，就代表你們沒有，無須懷疑！實際上沒有就是有，放手後你就會明白，這是生命的智慧，就是真理！

愛 靜觀 平安 感恩 信任 信心 堅定 謙卑 接受 信念 信仰 限制 當下 力量 正面 感覺 圓滿 無求 合一 自己

　　或許你對於佛法所述「顛倒」很有興趣要問吧？！

對啊！倒置是否就是顛倒，我們的邏輯一直以為外境是因，其實外境是果，內境才是因？

你們心靈的環境就是一種倒置，這種倒置會將你們所看到的「果」視為「因」，這種倒置會將你們認定的「果」牢牢銬住你們自己的信念與意識，這也是佛法所說的顛倒是非、顛倒因果！

　　因為你們的心靈就像凸透鏡一樣，會將你們所看到的影像做一個相反的呈現，相反的映象所呈現出心的環境及想法，一昧追求外境，你必須有一個先決的認知，那是「果」！

　　外境所能體驗到的東西僅止於愛的延伸，非愛是你們所體驗不到的，體驗不到就會產生空虛、恐懼、憤怒、猜忌等，在這種情況下，你們的內境就會選擇非愛的模式，譬如恨、恐懼、敵對、忌妒⋯⋯等永遠匱乏及傷害自己的原罪，一個你們自己發明出來的罪！（由此）內境所延伸的外境，你們更加體驗不到（非愛），內境的不滿足及空虛更加加強外境的壓迫。

　　你們感受不到愛，並不是因為你沒有愛，愛永遠都在，你們將愛與你們分開，結合的日子，將是你們承認你的愛並愛著你的愛，即便感受不到愛時，因為內境才是因，外境才是果！

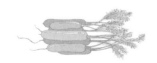

愛　靜觀　平安　感恩　**信任**　信心　堅定　謙卑　接受　信念　信仰　限制　當下　力量　正面　感覺　圓滿　無求　合一　自己

信任

內心的平靜與信任

你身邊是否有朋友很缺乏安全感？這個社會大多數的人對於安全的匱乏指數都很高，但你知道嗎！安全感是來自於信任，往往沒有安全感的人通常都不太容易信任人，不論是以前被騙過，或是容易自己嚇自己，也就是我們要為我們沒有安全感付 100% 責任，因為我們已經傾向不信任人了。

我以前接過一次詐騙電話，那位詐騙電話的人花了 30 分鐘用各種話術及內容都讓我覺得怪怪的，我不停地問他問題，我必須坦承的說我當時是信任他的，但是我信任他，他卻騙不了我，你知道為什麼嗎？因為他沒有尊重我的信任，他自然騙不了我，當時他跟我講的話，我的直覺覺得很怪，內心很不平靜，但我並沒有懷疑他是詐騙電話，我只是因著我的直覺及內心平靜不停地問他問題，縱然他不停地編謊話，卻無法讓我覺得平安，我也會讓他知道要「尊重我的信任」，那就是要求他要說服我的直覺及平安，當然他內心可能很久都沒有平靜了，如何說服我的直覺及平安呢！這件事讓我獲得一個很大的啟示，人不能因為被騙而放棄「信任」，因為絕對會

因小失大，而自己應該要學會堅持「信任」，並用直覺及平安（內心平靜）作為別人要尊重並說服自己的依據，你將發現能騙你的人不多了，因為騙你的人多半過的內心不平靜，他無法自圓其說騙過一個內心平靜的人，而且信任的信念會吸引誠實善良的人、事、物及創造感覺來讓你判斷，只要你能察覺這份感覺，你就能很輕易的知道對方是否尊重你的信任，並且真正保護到你自己。以下我與神（內我）的對話將討論「內心的平靜與信任」：

神（內我）：信任是你能否平安的主要關鍵，因為不平安是源自於你無法信任！

什麼是信任？為什麼活在信任裡，可以感覺到很平安、很滿足的幸福感？

你們與信任的關係，就如同你們與我的關係，你們無法與信任切割，任何的切割信任，都將令你們處在恐懼及不安之中，因為信任所帶給你們的是穩定及平安，它不來自於外，而是來自於內！

信任的確是放掉自己，看見光明！真正的信任將照亮這一切，你們不會有匱乏，信任自己遠比信任別人來的有用，事實上你們不信任自己根本無從信任別人。

愛跟信任有關，一個不愛自己的人不可能信任自己，更何況恨自己？信任是充滿力量的，這力量來自於你們對愛的解釋、對信任的認同，也就是你愈採取信任，你會愈有力量！而信任別人就跟信任自己一樣容易，你將在穩定中獲得平安！

我知道你想要問信任與安全的問題！

信任別人會不會不安全？譬如被騙？

信任是來自於你內心的渴望，你真誠的力量，當你採取這份力量時，你絕對是安全的。你們所說物質世界的危險，是來自於內心的檢驗，你們卻忽略了這份愛的關懷，在你們的世界裡，如果被欺負了，

就是吃虧、不安全嗎？如果依照你的解釋，所有事情的發生，都是你們內心渴望它發生，這也是千真萬確！

真正的信任不會帶來不安全，反而會帶你到安全的「境」！因為你「有」，你才感受得到，才會發生在你身上，基本上你們會吸引到跟你們「相同」的人、事、物！所以最聰明的選擇是什麼……讓自己只有「愛」與「善」，你們對於事物的解釋，都以「愛」與「善」去詮釋，這不是騙自己，這是對自己最誠實及最好的幫助，一個純粹「愛」與「善」的人，一點點邪惡的攻擊都沾染不到他（她），這要從日常生活的思、言、行做起，從小小的解釋，到大大的信念及行為！

信任的價值在於愛的展現，你「敢」信任，你就敢愛，實際上你的信任不被尊重時，你仍會信任他並給她最好的回應，那就是要他尊重你的信任！

開運與認識自己

過年的時候我們都會去廟裡拜拜，祈求一年的開運及平安，我常常在想扣除心靈寄託上的意義，這樣開運有沒有用？其實開運還要更好的辦法，那就是將自己的注意力專注在「愛」（分享、享受、無所求）、「感恩」及「信任」上，因為開運只是一種心的澈悟狀態。

什麼是心的澈悟狀態呢？你是否有需要用一筆錢的時候，你不會為錢的匱乏所煩惱！你是否有錯過一筆生意，但你不會為這錯過生意而難過！你知道嗎，當你愈「認識自己」，你就可以創造出任何你想要的，這是神（內我）給我們的禮物，因為當你的「心」澈悟時，你會發現其實「你」與「你所想要的」之間，沒有任何分別及界線，而大多數人無法心想事成的原因在於，他們都「選擇」這分別與界線，卻渾然不自知。以下我與神（內我）的對話將討論「開運」：

神（內我）：將自己的心置於信任與愛，你們很容易就開運，我

所述是千真萬確，這是給信任的人一種鼓勵！

我：常聽到朋友說開運，你這邊也提到開運，什麼是開運？

　　神（內我）：開運是種福氣，是種你享受在這種氛圍的過程，很多人無法了解為什麼無法享受開運，卻必須忍受現實的壓力，這種壓力環繞在你左右無法逃脫。每當你等待，你總是想如何讓自己過得更好，卻忽略了「愛」及「感恩」，你絕對無法想像一個人的生活是建立在「愛」與「感恩」，原來的你比你想像的要強壯許多，然後你們就會說……不夠、不好，你們忘了最初的愛，你們藉由信念來扭曲你們的實質，以達到你們的冀望……

　　開運最初的狀態是－－一個人在分享愛的時候所呈現的光芒，不假外求的光、對自己了悟的光，如果你還相信自己的話，就該讓自己處於這種狀態，開運能徹底改變你的命運，因為你那堵塞的執著將被徹底打通！

　　我知道你很想問具體開運的方法！

如何開運？有沒有具體方法？譬如喝甘蔗汁、去拜拜等……

　　開運沒有其他法門，只有心的澈悟，不管你喝幾瓶甘蔗汁都沒用，只會增加你的肥胖，你們有人明知道「正確」的卻選擇「錯誤」的，你知道為什麼嗎？－－沒有辦法控制你的人生，一切的「境」將無法如你所願！

　　開運沒有法門，這裡是教你「心」澈悟的法門：

　　1. 心，不會騙你，心的感受你必須徹底記錄，只有澈悟能帶領你們回家，澈悟的人是不會有所求、有所怨！那種經歷過的感覺你必須記住，那是再次見證我（內我），一切的真理將藏在我的背後！

　　2. 沒有什麼事會阻斷你們開運，但你們不要阻斷你們的心及運，

徹底檢驗你們的信念及對事物的觀點，你不再困惑、不再為外境所困惑，困惑的人是無法獲得所需，因為他時常在苛求自己！

3. 開運是指將你內在的分享於外在，而你享受這個過程，你內在有什麼，你就能分享什麼！處在忌妒及憤恨狀態，無法分享愛及歡樂；處在恐懼及憂鬱的狀態，無法分享信心及喜悅！開運只是打開自己的心，實際上宇宙萬物的能量進入將無塞！

開運真的有很棒的禮物喔，包含財富、關係及健康……等，重點是開運的人在外境中會很順利！

開運到底有什麼神奇的效果呢？

開運的人不會冀求外界的回應，開運是一種狀態，你享受在福與恩寵之中，開運不會令你陷入困境及苦惱，因為苦惱及困境本是你們執著僵住之狀態，開運並不是指你會發財或工作順利，因為那又回到外境的執著了。

每一刻，你都該珍惜你自己，因為開運是自己價值的展現！一個開運的人，他的事業、財富、健康都不會成為心中的負擔，重點是他心中的執著已經被放下、已經脫離紅塵的喧擾，開運就像一個人了解……他可以這麼好！……這份好不是祝福自己，而是真正的體現！

開運並沒有神奇的效果，只有心的激悟，但心的激悟就足以達成一切的效果，譬如：你想買某個東西，但你身上沒有錢，當你處於開運狀態的時候，你會得到這樣東西，但不一定是靠錢，這種神奇效果（心激悟的效果）是宇宙因應你心中的期望而生，實際上你心沒有任何期望時，這種效果才會發生！

誤把開運當作追求事物的工具，是你們錯誤的認知，這種錯誤將令你們陷入無法開運的狀態，因為你們只愛自己，卻不愛別人，這不是愛，而是選擇性的利用，這種利用將把你推離開運的狀態！

內心的平靜與恐懼

人這一生害怕的東西很多，但你知道嗎？我們多半是恐懼害怕的意念本身，而非恐懼害怕的事物，你是否害怕蟑螂？有些人看到蟑螂就嚇得半死，但有些人不怎麼怕蟑螂；一個害怕蟑螂的人，聽到有蟑螂爬到她的辦公桌，她立刻嚇得跳出她的辦公桌，後來發現根本沒有蟑螂；一個恐懼的人，他並不知道他所恐懼的並不是害怕的事物，而是害怕恐懼的意念本身。上面那個例子，如果換成一個不害怕蟑螂的人，他聽到有蟑螂時，內心不會有太多的波動，不管是否真有蟑螂這件事，他都不會害怕，因為他根本沒有「起」恐懼的意念，這是一個很好玩的邏輯。

初生之犢不畏虎，並非猛虎不威猛，而是初生之犢沒有恐懼的意念，但當我們慢慢長大經歷過長輩信念傳輸，或實際恐怖遭遇後，恐懼的意念慢慢萌芽，這恐懼的意念逐漸制約著我們，這也是為什麼很多人恐懼時，根本不知道恐懼什麼，只是很恐懼；這是因為恐懼的意念並不是恐懼的事物，而是恐懼本身。我建議下次恐懼再起時，除應該依照上述去分享「愛」外，可以去用上述所教之方式靜觀（及如是觀）「恐懼」，體驗及看看「恐懼」的意念，你會慢慢發現「恐懼」能教你很多事，其中一件就是「恐懼」是「勇敢」的來源，因為它們是一顆球的兩個面，當你能與「恐懼」共同存在而不再抗拒或逃避時，你就會發現你不用刻意就會「很自然」的勇敢。以下我與神（內我）的對話將討論「內心平靜」與「恐懼」：

神（內我）：我又感受到你心中的恐懼了，你問恐懼的問題吧！

不好意思，又問類似的問題了，如何才可以不要有恐懼？

恐懼是由心中的不安所引起，恐懼是一種對神（PS 內我）的忽視！你不能想像帶著「恐懼」怎麼生活？

因為只有愛能徹徹底底化解恐懼之疑，沒有誰能阻攔你不去恐懼，恐懼會逐步腐蝕你的心靈，因為恐懼是那執著於外境，外境所產

生之困苦及幻象會讓你像陀螺般旋轉，直到你「明白」恐懼是可以避免的！

　　愛，是那麼的美麗，環繞你四周，但你卻選擇不信任？別輕忽放縱自己感官的力量，即便是那小小的「覺得」，都會成為將來恐懼之因，背後的背後意義在於什麼？在於你要面對自己的選擇！

　　恐懼是良藥，恐懼的背後帶著滿滿的祝福，你的心渴望你與它做一致的選擇！平安，是你源自於心的渴望，不要背棄了你的心（ps 靈魂）！！

　　讓自己看見自己的恐懼，讓自己明見自己的心，跟隨它，愛它！當你澈悟心，恐懼只是種符號！恐懼時，向內觀照，能迅速達到平靜！！因為愛是恐懼的反面解釋，任何一絲一毫的抗拒都足以令你不平靜！

　　平靜，是讓你放下自我之包裝！我永遠都陪伴著你，只要你願意放下！！有我在的地方，就沒有恐懼……平安、平靜、平心之息，都是你們要學的！！

信任與依賴

　　其實，我們對於身旁的人多多少少都會有一種依賴，因為當我們信任人、事、物後，我們就會產生依賴，但這種依賴其實並不是件好事，因為依賴所代表著是「匱乏」及「不安全感」，而這「匱乏」及「不安全感」會令依賴者更無力及更無法價值完成，當一個人陷入無力或無法價值完成時，他的生命歷程就會出現困境，直到他發現他該「選擇」放下依賴，因為這是一種重新「認識自己」的經歷。以下我與神（內我）的對話將討論「信任」與「依賴」：

　　神（內我）：該回到信任的主題了，我知道你對信任還有一些疑問？

我：我想問問你信任與依賴之間的關係？

　　神（內我）：信任之後，你們總習慣依賴，但信任與依賴是出於兩種不同的概念：信任是出於你的本質，依賴是出於你小我的需求。你們生活時時刻刻都在追求安全感，安全並不是一種幻象，而是一種實實在在的「存在」，這種「存在」是你們來的目的！

　　日常生活中只要你學會了依賴，事情就會變得很複雜及困難，依賴是來自於你的匱乏及不安全感，你們可以不要過那種生活，跟著我的步伐，靜止之中的你們是不需要依賴，因為任何的依賴都無法給你保證。依賴神的原形轉變成依賴你們自己的意識，這份扭曲也讓你們痛苦不堪，持著這份扭曲經營你們的日常生活，如果你夠平靜看待這一切，你就會放下這份扭曲。

　　這一切的準備都是為了進化，而依賴會妨礙這進化。進化的過程本身就是痛苦的，這痛苦不是來自於本質，而是信念的淬鍊；依賴所帶給你的障礙，就像馬要跳躍山一樣困難，幾乎是不可能的！處理依賴最好的方式就是放掉自己、放掉這份依賴，依賴就會像水一樣的流掉，這是必然的情形。

愛 靜觀 平安 感恩 信任 **信心** 堅定 謙卑 接受 信念 信仰 限制 當下 力量 正面 感覺 圓滿 無求 合一 自己

信 心

認識自己、選擇與信心

你幾乎會發現社會所認定有成就的人與大多數人之間的差別，通常不只是以成就本身來認定，而是以經歷挫敗甚至是重大磨難的能力來認定，雖然我不太喜歡以成就定義一個人，但一個經歷挫敗甚至是重大磨難卻能逆境高飛的人，其能力的確值得令人激賞。

什麼能力呢？就是信心別無其他，你會發現一個人長期失敗或懷憂喪志，通常他的信心早已被擊垮，或是藉由自我膨脹來填充已消失的信心。沒錯，信心可以與成功及富裕畫上等號，而信心更大的力量在於，有信心的人可以給予人力量，信心本身是一種安定感，一種宣告你「勝任」、「可以」的關係。以下我與神（內我）的對話將討論「信心」：

神（內我）：你們與我們最主要的區別是什麼，答案是「信心」與否，因為你們在日常生活中的信心是一種邏輯論證，而不是相信及本質的能力！實際上，我們與你們根本沒有任何區別，因為你們在物質世界上，而忘了自己有相信及信心的能力，一定要眼見為憑嗎？！

那是你們沒有信心的反證！

我：為什麼沒有信心，容易感到恐懼及不安？到底什麼是信心？

　　神（內我）：信心就像月亮一樣高高掛在天上，可以指引你回家的道路，有信心的人不怕道路的艱辛，因為所有艱辛的道路都是信心的檢驗，信心本是你們內心對於自己堅定的展現。

　　信心就像平靜的海面，能讓你快速通過海洋，當你信心發生動搖時，這片海洋將變成顛簸的巨浪。信心是用來處理日常的事務，而不是靠你們的意念，這兩者最大的區別在於，你的意念會動搖，信心則否！

　　信心是相信自己，相信處「境」！這是一種底層的宣告，而不是囫圇吞棗的表面，你們最常犯的事情就是──看到外境改變了或不如己意了，就必須改變內境以配合外境的演出──內境的改變形成外境，而非為外境的改變形成內境，你們所感知到的外境顯現了你們「真正的信念」！你們卻將這真正的信念解釋成外境的壓迫，外境的困苦全部來自於這扭曲的詮釋！

　　看到困頓的外境，就該想到檢視你們限制性信念，你們就該改變它！信心將帶你們發現自己，也只有發現自己才能相信自己，譬如一位新手駕駛開車時，他會顧慮很多，他會怕撞到東西、他會怕速度太快、他會怕視線死角……等，熟練之後的他，這些都不會成為他的困擾，為什麼？並不是這些東西（撞到東西……等）不見了，而是信心增強了，信心能快速帶你們穿越恐懼及不安，因為信心是調和「你們自己」與「外境」的橋樑，這橋樑的穩固有賴於你們的態度，這態度不是我「要」有信心，而是剛好相反──我的信心來自於我的本質、我的愛──了解自己的本質，比在盲目的鼓動你們的信心來得有用！

　　相信自己是指自己與外境間存在一種「勝任」、「可以」的關係，而相信處境是指對於外（處）境存在一種感恩、恩寵的狀態。

你還有什麼問題要問呢？！

你剛剛說「當你信心發生動搖時，這片海洋將變成顛簸的巨浪」的意思是指？你又說意念會動搖，信心則否，這不是互相矛盾嗎？

　　你們日常生活的一切事物都是建立在信心上，當你們將自己置於信心之外，你們將無能為力，宣告對於事物的放棄，即便連反手折枝之易的事都無法達成，這是事物的基礎、房子的根基，信心是一切事物的基礎，你們無法劃除你們信心的本質，你們只能以扭曲（限制性）的信念去掩蓋你們本質的信心，你們看不到信心就以為沒有信心，其實你們只是活在「自己」的實相裡。

　　意念會漂移，就像浮萍一樣居無定所，你們依過去的意念、邏輯去處理事情，將會遇到重大的挫折。信心會產生意念，但意念不會產生信心，這也是為什麼這麼多的身心靈書（PS 或勵志書）都救不了你們，因為它無法喚醒你的信心，卻教你一些意念，當下看完很有用，遇到挫折時又舉白旗投降！

　　建立信心的確有方法，前提是你們必須先相信！

如何有效建立信心？可以不退轉？

　　信心，是來自於你們本質所散發出來的場域，那是一份祝福、一份力量，信心總是帶著祝福及力量，你渴望自己是個自信的人，因為那是原本的樣子。

　　有效建立信心的方法：

　　1. 你總要把自己放在對的「位置」，這位置不是外境而是內境，信心是源自於你的本質使然，而不是外求，發現自己的信心，與發現水裡的魚一樣，總是令人興奮，所謂正確的位置是你怎麼看待你自己，就如你怎麼看待外境一樣，你們都對自己充滿敵意，就如同你們對待外人一般。信心別無他法，你們看待自己的程度，就跟信心看待

你們的程度一樣，互為依存，共同成長。

2. 信心就像你們的母親一樣，24 小時照顧你們，只因為你們是她的愛！信心源自於這份愛，你們無法逃避的這份愛，這份愛等待你們去發現，熟悉這種感覺。順序總是這樣，先有愛，再有信心，才有你們日常生活的表現！

3. 想要擷取源源不絕的信心就要從對待事物做起，每一件事物你都要仔細檢視你的觀點，每一份觀點都足以減損或增強你信心，限制性的信念會讓你的信心蒙塵，擦拭這份信念（將限制性的信念改變為自由力量的信念）就是確保信心永遠不會退轉！不退轉的心，其實是你對事物的徹底了解，不會有任何外境能拉你到匱乏及貧困，因為你的內境因著你的信心而壯大！信心本和信念是互為依存，這是你必須要記住的，信心的不退轉，來自於信念的維持，不會有人告訴你你的信念出錯了，但你的信心喪失卻足以證明一切，保護你的信念必須比保護你的財產還重要，因為這是信心不會退轉的保證！

意識集中、信心與信念

當你愈「認識自己」，你會發現你相信什麼，你就會在你生活經驗中碰到你所相信或不相信的，而當你相信某件事情愈強烈時，外境周邊所有的證據或跡象，都會證明你相信的事情是真的，而且與你的相信呈明顯的正比。

如果你有仔細聽我剛剛所提的這段話，你就會發現當你愈「認識自己」時，你會知道「相信」與「所形成實相」間的關係，而當你「選擇」將你的一生的價值放在「愛」，你舉目所及你所遇到的人事物都是「愛」，這個充滿「愛」的世界不是很美好嗎！以下我與神（內我）的對話將討論「意識集中」與「信心」：

神（內我）：你常常困在外境的迷惑，其實每個人都會有所困惑，但是你們必須知道外境只是種意識的聚焦！

我：你剛剛說外境都是我們的焦點集中所造成，什麼意思？

神（內我）：意識集中形成實相，是因為能量集中的原因，你們所看到、感知到的，是你們信念要你們看到的，你們所嚮往的實相只有一個，那就是你們的「信念」，因為你們相信所以它出現，因為你們有所以它存在，外境確實像一面鏡子，反映心中的種種。

外境種種的困難都是檢驗你們的信念及信心，你們的信念彼此矛盾、彼此限制，自然會得到不自由的結果！信心是維持信念的持續運作，當你們信心出現問題時（限制時），你們的信心將無法持續運作，信心是一種你們「對於自己」的感覺，這種感覺與你們的本質分不開，限制確實與你們的本質迥然不同，這種本質的不同，將造成你們持續的矛盾。這種限制的化解，有賴於放下這份限制，重新架構自由及力量的信念，信心重新搭配你的信念，這也是為什麼你重拾自由的信念，你的崛起會非常迅速。

逃避與抗拒

從人類歷史的演進，你就會發現人類大概都會處在戰爭侵略、逃難遷移及和平共存三種狀態，從這裡就可以衍生出人類基本的內心狀態，那就是「抗拒」、「逃避」及「共同存在」（接受、直下承擔）。

先不論「抗拒」、「逃避」及「共同存在」哪一種狀態比較好，先問那一種狀態能讓「內心平靜」，我想只有與一切事物「共同存在」時，我們內心才能獲得當下的真正平靜。那選擇「抗拒」或「逃避」呢？你所抗拒的事物會繼續存在，而你所逃避的問題會強化問題本身，所以抗拒或逃避不但無法讓我們平靜，還會讓我們一刻不得安寧！你要「選擇」什麼，面對你人生中的點點滴滴呢！以下我與神（內我）的對話將討論「逃避」與「抗拒」：

神（內我）：你或許心中又想要問抗拒及逃避的問題吧！這的確

值得花很多時間去討論！

我：為什麼人遇到自己不喜歡的事情，都是採取抗拒或逃避的態度？

　　神（內我）：進一步地說，抗拒或逃避是你們的本能，抗拒或逃避是你們的本心，愛你們自己所演化出來的，也只有在夜深人靜的時候，你才會發現：抗拒就是你、逃避也是你！

　　抗拒不是不好，它是你力量的展現，你深層的渴望，一切的展現都是為了你，榮耀你自己，每當你懷疑你自己的時候，一切都已經太慢了，你會開始抗拒，這份抗拒來自於你心中的懷疑，不是你不好，而是你認為你不夠好，如果你夠聰明的話，你就會放掉你自己，看看這份懷疑、這份抗拒！因為信心的展現，懷疑及抗拒都將消散！

　　逃避是你心想要安全的一個家，你無法邊逃避邊帶著信心，逃避是你們想要圓滿的藉口，逃避不能解決問題，而是將你的問題強化，你將深陷你的問題之中，逃避本來就是圓滿的產生，而不是其相反，把握住這份圓滿，圓滿能帶領你們走上回家的道路，逃避是你心中不願意面對的負擔，你遲早會放下這負擔，因為你的愛、你的勇敢，都將促成你追求圓滿之美好，逃避只是個選項，不再成為你追求美好的負擔！

　　你想要問讀書會的問題嗎？

經營讀書會也四個多月了，來的人不多，大部分都是來一次，我並不難過也不灰心，會堅持到底，但到底我什麼信念出了問題，人才會來那麼少？

　　沒有少！我看到的是很多！人多少取決你的底層信念，不是嗎！？如果沒有人，你的讀書會還會進行嗎？你的愛在哪裡？你是為你自己嗎？

　　如果沒有人，你還會繼續進行，人就會越來越多！因為愛，是無

條件的，這是你的試煉！信心，是源自於你對愛的解釋，火會燃燒，不是因為風，而是它具備足夠的燃料！信心就是你的燃料！沒有信心的人，無法成事……

不要擔心！我想聽聽你底層最真實的想法！

我當初開讀書會的發起思維是大家一起討論賽斯書及分享生活、工作之事，來彼此鼓勵，增加大家的集體意識，沒想到似乎認同的人並不太多？……

人沒有變少，是你的信心變少了！！如果你的信心是建立在人的多少，恭喜你！永遠不會變多！

沒有任何一個結果是由你們所堅持的信念以外所架構的！愛會變少嗎？你為什麼會說愛變少了？因為你對愛的堅持變少了！結果永遠先於信念，這是顛倒是非！先於你所求的，你應該架構好你的信心，平靜的心會帶你找到真相！原來這世界的性質就是如此，你越堅持，越會有人發現你！！

加油！神永遠會支持「愛」及「分享」的人！

我覺得一定是我的底層信念堅持某個想法，而這種想法並沒有辦法吸引一般大眾持續參加讀書會？

底層的信念是恐懼，恐懼產生的不安，你在乎人多嗎（參加讀書會的人）？人多，反而你控制不住，底層的不安，動搖你外境，然後只剩下孤單的你……！

沒有什麼好孤單的，孤單是你心的呈現，你「怕」嗎？以「愛」取代「怕」，最後終將以「愛」收場！

你的分享很棒，再繼續分享吧！

其實我有觀照到，底層恐懼是我有強烈的主導欲，但又怕人來挑戰我（所以希望沒人來），但我又想有被人認同的成就感，而人多就是一種認同，這就產生矛盾了……

心的平靜是靠愛，而人維持平和是靠信心，沒有什麼事情比你與我（內我）的接觸更加重要！愛的昇華是在經驗中累積，既然你注意到你的矛盾，為什麼不將矛盾以愛取而代之呢？被挑戰的時候，是愛的鼓舞；被讚賞時，是愛的擊掌（拍掌）！能量是一種緣份，也是力量，而人多少是種機緣，卻也是你信念的展現，有沒有發現最近你行為舉止的改變，你底層的心已改變了！最終的結局取決於你的心，沒有過程你將不會了悟【心】是如此的美麗！！

加油！堅持下去啊！

不要拐彎抹角，直截了當教我，我該怎麼做呢？

你知道！名聲起來就會有人來參加！

會眷顧你的，終究是【你】！而你將與你共創的實相共同存在！！

愛　靜觀　平安　感恩　信任　信心　**堅定**　謙卑　接受　信念　信仰　限制　當下　力量　正面　感覺　圓滿　無求　合一　自己

堅定

堅定、愛及分享

　　你是否每天都享受你的生活呢！你是否每天都分享你的感覺呢！還是你每天都過得無所求呢？由享受、分享、無所求架構出你的人生，你將踏上完成及進化價值的路上，這價值就是「愛」。

　　一個木匠專注地雕刻神像，那不只是他的工作，而是他將他對神的敬重及愛藉由雕刀一刀刀雕刻在木頭上，神像的栩栩如生並不是因為木頭的本身，而是在於木匠專注在「堅定」的信念及分享，這尊神像不論有沒有開光，都帶有法力，這法力就是來自木匠「堅定」的愛，而這木匠就是你，這神像就是你所愛的事物。以下我與神（內我）的對話將討論「堅定」、「愛」與「分享」：

　　神（內我）：你夠堅定嗎？這應該是你要常問你自己的問題，時間本身是種幻象，檢驗你們的信念是否夠堅定！

　　談到堅定，看過一部電影叫《鋼鐵擂台》，我常常被那小孩子的堅定眼神所感動，為什麼一個簡單堅定的眼神，就可以打動人？

神（內我）：堅定的確是專注於所愛中，愛所專注中！是指對於所喜愛事物的專注、分享愛，專注的力量為什麼這麼大，它涉及能量意識的集中，一個堅定的眼神可以改變一個人，一雙堅定的手臂可以支撐一個家。

你們能量意識集中在哪裡，你們就在哪裡，一個堅定的人，會將他堅定專注的意識投入到他所愛，這份愛將感動他人，因為你們自己已被感動，每每刻刻你們都會注意自己的一舉一動，你們的意識都太過於分散，這份分散將無法令你們成事。

成事所需要三大要素：堅定、愛及分享，堅定為什麼這麼重要，因為它是將你的愛極大化，這份愛不需要添加任何的化學元素，愛本來就是你們的原形，你們將它極大化之後，就是你們共同的意識，你們將共同形成自己的場域，在這場域中你們將感受到愛、感受到你們自己！

幾乎所有不堅定的人都會跟隨堅定的人，這是定律！進一步探究，你會發現堅定具有牽引的力量，你們所說偉大的「佛」，都具有堅定的願力，這是千真萬確，專注於所愛中，你將與所愛融為一體，你將再次感到愛，因為你就是愛，當人們看見愛時，他們會加入你，你的力量會更加大。

堅定就是將專注的意識投入到他所愛，也就是堅定與專注無從分割！

何謂專注？專注於所愛後，感覺很多好事發生？

專注就是看見你自己、看見自己要追求的方向，你將自己的意識投入到這條線中、這條管道中，這條管道中舉目都是你、都是你的愛，也就是你將自己鎖在這管道中，你專注所愛，裏頭都是愛，相反地，你專注所恨，你也逃脫不掉痛苦及怨恨，在這管道之中將充分展現你自己、你的信念、你的堅定，堅定（專注）什麼？聰明的你應該知道如何選擇吧！

專注之所以好事發生，是因為這些事是你想要的，好壞在你心中形成堅定不移的信念，這是千真萬確。信念之所以成相，是因為你相信它們，你們的能量在那邊，專注能量會放大，就像放大鏡將陽光穿透紙一樣。專注的人是充滿愛，不管他是專注在好事或壞事，專注在壞事的人能量的扭曲會加大，加速回到愛。不論好事、壞事，那是你們信念的界定，並沒有好事或壞事。

你們每一秒鐘，都有千百萬個念頭產生，你們的愛與你們的念頭往往互相矛盾，相互拉扯，這是你們無法成事的原因，也是你們痛苦的主因，專注能將你們的念頭縮小到你們想要的，最後到無任何念頭，當你們無任何念頭時，你們就回歸到你們的本質-----「愛」。專注本身是種入「定」，即能入「定」當下即有力量！

是就是是，無須證明，無須懷疑

火車的前面及後面都各有一個火車頭，它的目的在於這樣火車可以無論朝哪一個方向永遠是前進，而不需要後退。其實我們人類內心的狀態也與火車相似，原本我們的世界應該是充滿「善」及「愛」，因為這個火車頭應該是全力邁向個人及集體意識的價值完成及進化，但為什麼這個世界似乎不是充滿「善」及「愛」呢？

之前有流行一本書教人如何利用吸引力法則來讓人心想事成，但我可以跟你講效果其實不太好。本書之後會介紹，因為當你不「認識自己」卻充滿目的時，就會像推銷信用卡的業務員一樣，受到很多的挫折及失敗。剛剛所提到為什麼我們這個世界無法朝向一致的「善」及「愛」中前進呢？因為我們這台火車，前後兩個火車頭都開足了馬力，導致我們經常處在矛盾、懷疑及自己扯後腿之中，這也跟很多人創業或有遠大理想，最後卻失敗收場一樣，很多人還沒準備好「認識自己」，卻做了一個自相矛盾的「選擇」，所以結局顯而易見！以下我與神（內我）的對話將討論「如是」：

神（內我）：你心中或許還有些想法及感覺吧！我可以聽聽看

嗎？！

我：最近就有種感覺，那就是「是就是是，無須證明，無須懷疑，甚至無視外境而仍堅持內境」，這種感覺對嗎？

　　神（內我）：專注的人不會懷疑自己，也不會要證明自己，因為那是匱乏的反動，當你處在「是就是是」的狀態，那是一種如是的狀態，一種平靜喜悅，心中的篤定就是你不再懷疑自己、不再反駁自己，日常生活中你們太常反駁自己，為什麼？因為你以為反駁自己可以帶來幸福，你以為證明自己可以帶來自信，這是一種顛倒是非，一種扭曲後的反轉，這種結果仍是倒向痛苦及匱乏！

　　無視外境仍要堅持內境是一種對於愛的堅持，愛的本質是一種分享，這種分享無視於環境的艱難，因為分享本是享受環境，你知道為什麼你們一遇困難、恐懼或挫折，就想要找外境解決嗎？因為沒有愛－－你們只相信外境的答案，卻不相信心中的真理－－因為沒有愛！

　　愛是一切事情的答案，這答案深埋在你心中，愛就像深埋在你心中的鑽石，你必須撥開你心中種種的框架。

　　君雄，放慢你的腳步，這一切的幻象即將顯現，在你靜心、靜默的時候，如果你感受得到你自己，想想看他會跟你講什麼？或是聽聽看他會跟你說什麼？他會說「君雄，我愛你」，因為他是你的肉身，肉身需要你的愛，而不是執著，你們愛執著，因為你們打從心底不信任自己，不信任自己的人，會以為外境的「僅有」而牢牢抓住，你們所有的，是僅為你們認為你們所有，真正你們所有遠比你們認為還要多更多，你們沒有愛，卻希望別人對你們愛，這是不可能的事！

　　外境並不是你們想像的那樣－－物質，而是能量的凝結，你們所認識的自己不是肉體，而是意識，也就是你們的感知是因為你們既有的意識強化成信念而來，內境的堅持外境也會跟著改變，這是千真萬確，堅定的是你的意識，強化的是你的信念，你在外境所有的感官也

會跟著改變。

— *Note* —

愛　靜觀　平安　感恩　信任　信心　堅定　**謙卑**　接受　信念　信仰　限制　當下　力量　正面　感覺　圓滿　無求　合一　自己

謙卑與驕傲

　　一個愈「認識自己」的人，愈會「選擇」謙卑，謙卑並不是一種職場上或社會上應對處世的態度，而是你怎麼看待你自己的一種心態。很多人並不知道他們看待自己是很自卑，於是乎他們往往在外境中經常性的自大、驕傲，甚至以名利（諸如開名車、戴名錶、加入上流階層）來包裝他們不堪一擊的內心，因為他們時時刻刻都在面對恐懼、懷疑及挑戰，而實際上最終他們還是要面對他們的自卑，這不是老天要來整他們，而是自卑總是令他們不自在及呼喚他們去面對它（自卑）。

　　如果你去體驗自己謙卑的感覺，或許你體驗過一次就會上癮，謙卑時你會感覺到你「內心平靜」，有點像在夜晚裡看到太平洋裡的月亮倒影一般，永生難忘，但這種癮頭往往會被你內在的其他限制信念或感覺所阻斷，諸如上面有提到的罪惡感，如果仔細觀看本書，你就會得到一個很明確的答案，你就是唯一阻礙你成功快樂的人，而只有「認識自己」你才能做出最適合你的「選擇」，因為這選擇的報酬將是永遠的「內心平靜」，甚至用佛家術語－－你將體

驗到脫離六道輪迴的經驗！

以下我與神（內我）的對話將討論「謙卑」與「驕傲」：

神（內我）：你們怎麼看待自己，就是你們是否真正謙卑的主要原因，而謙卑是能將一個人的念頭及實相、成就維持的主要原因！

我：不論在職場上，還是一般與人相處，甚至自己看待自己都要謙卑，為什麼謙卑那麼重要？什麼是謙卑？

神（內我）：謙卑是一種自我誠實的展現，最誠實的自己，當你體悟到愛，你就會知道誠實是回家基本的要求。你應該讓自己回到平靜的心，這是我對於你們基本的請求，愛你的人永遠都在，如果你不保持謙卑的受領，你就是在拒絕的抗拒。

謙卑是指放下自己，回歸到零！一種完全無負擔的愛、無負擔的受領狀態，你們日常生活的沉重、你們亟欲擺脫的生活，都是因這負擔而來你們所謂的愛如果是不謙卑的肯定自己，那是一種扭曲；如果你們的愛是建立在外境的對待，那麼你們的愛只是一種選擇的利用；如果你們的愛是建立在執著，那麼這份愛將不復存在！

謙卑就是將外境與內境的解離，所有的謙卑都應該是內境的歸零，這也是你們看待自己的角度。你們無法捨棄我而獨自運作，孤單、被排除的感覺將因捨棄我（內我）而產生，謙卑是對我（內我）的一種敬重，你們必須在你們的「肉體」與「我」（內我）之間做一個選擇。

你們的肉體就像一台車，車子的好壞取決於性能而不是外觀，而性能又取決於引擎，我（內我）就是引擎、我就是燃油、我就是你們生活的重心，生命在時時刻刻都應該珍惜與我的相遇，那可能是一個感動、一個靈光乍現，無論如何，你看待自己如果有任何的雜質，都無法與我相遇！而謙卑的人不會錯過與我見面的機會！

驕傲是一種你們與本質相反的展現！那你們為什麼會選擇驕傲呢？！因為驕傲是一種對於幻象的肯定，重點不是在幻象，而是在肯

定，你們無時無刻想要被肯定以彰顯自身的存在，但這剛好是種顛倒夢想啊！

那什麼又是驕傲？驕傲會帶來什麼效果？

驕傲就像對我（內我）的咆哮、輕蔑，徹徹底底地放棄我（內我）並不會對你們帶來什麼好處，只會斷絕你們的出路。驕傲就像一枝箭一樣，你必須拉弓才有辦法射出，而你們享受這射出的暢快感，射箭的人以為自己是最安全的，因為箭不會射到他自己身上，攻擊別人的暢快感無與倫比，這是種成就感至少你們以為是。驕傲可怕之處就是在於它是帶著成就感、安全感來，你們毫不思考地接受了它（驕傲），你們就不會擺脫它，直到發生災難為止！

你們的愛會被驕傲蒙蔽，實際上驕傲會撕裂你們的愛。你們的愛，如來悉知悉見是指－－你們的本質就是你們的愛，當本質與信念發生衝突、爭戰時，劇烈的能量將爆發，心中將有極大的不平安，譬如有人要傷害你，如果你真正了解自己的本質，你不會在乎別人的傷害，實際上你會為別人的傷害負起100%責任，因為你就是他，他就是你的投射！

驕傲的人總是看不到自己，因為他必須壯大自己的外境，外境的你們將在外境中自生自滅，外境是能量推移的結果，就像自來水管線的末端，缺水（匱乏）時常常發生的事，你們以為競爭是生存的手段，但是愈競（爭）愈匱（乏），為什麼呢？能量的運送出現了阻礙，你們以為你們更富強，其實你們走投無路了！

我會良心的建議放掉自己的執著，去體驗看看，放掉後的經驗，這種經驗是你們成功的基石，驕傲會無時無刻存在，因為它總是糖果，這種糖果沒有糖分，只有吃光你們愛的怪物，謹慎地看待你們的念頭，即便一個小小的驕傲都足以令你們掉入無底的深淵！

愛　靜觀　平安　感恩　信任　信心　堅定　謙卑　接受　信念　信仰　限制　當下　力量　正面　感覺　圓滿　無求　合一　自己

保護自己

這個社會有一種主流的思維，那就是保護自己，其實保護自己象徵著大家對於安全感的渴望，及周遭充滿著危險的信念，它本身並無對錯，但保護自己真的適合「你」嗎？如果路上有人拿個三明治要給你吃，你敢吃嗎？我相信沒幾個人敢，因為我們要保護自己，往往我們要保護自己，我們經常性的會起偏見或限制自己的信念，諸如認定別人是要來劫財劫色、或是別有所圖，來符合保護自己的核心信念，以至於我們經常性處在抗拒及逃避的人生，這人生是你想要的嗎？而抗拒與逃避能帶給你內心的平靜嗎？

最好保護自己的方式，剛好不是建立保護自己的信念，而是建立謙卑的信念，我覺得本書的神奇之處在於它永遠告訴你，你不可能想到的東西。當一個人決心用謙卑看待一切，並建立謙卑的核心信念時，他本身會形成一種場域，他不會受到外界偏見或限制自己的信念影響，以至於他不會遭遇到傷害他的人、事、物，精確地講，他遭遇到他也不會感知到，因為這就是信念神奇之處，這就像一個人想要傷害一個聾子，而他不停罵那個聾子，最後或許這個人以為他傷害到這個聾子了，但這個聾子還是不知道發生什麼事一樣。以下我與神（內我）的對話將討論「保護自己」：

神（內我）：謙卑能保護你們一切，並形成一種場域，這是千真萬確！

我：謙卑真的是成功的保存劑嗎？也就是說，成功的人只要真誠的謙卑，它的成功將長存嗎？

神（內我）：謙卑就像保存劑一樣，能常保你們新鮮，新鮮的水果好吃，你們期待吃新鮮的水果，但是你們卻不願意用新鮮的心看待一切，實際上，謙虛，你們將不受外界偏見的影響，也就是說謙卑是你們生命品質的保證！

愈想生活過得順暢的人，愈知道謙卑的重要，謙卑不只是防火

牆，還是天降甘霖，你們渴望的愛是與謙卑共生，你們的愛是因為謙卑而得以存在，在外境中，你們需要更多更多的謙卑，才得以體驗「存在」！

謙卑是你們衷心渴望的，不要忽略這個需求！這份謙卑是禮物，你們要好好珍惜，而（謙卑）不是限制你們！

愛　靜觀　平安　感恩　信任　信心　堅定　謙卑　接受　信念　信仰　限制　當下　力量　正面　感覺　圓滿　無求　合一　自己

— Note —

接受與「任何的磨難都埋著同等或更大福報的種子」的信念

　　拿破崙・希爾在《心靜致富》一書中曾經提到「任何的磨難都埋著同等或更大福氣的種子」這句話我一直覺得很受用，實際上我的經驗，這種子不僅是福氣，甚至是福報的種子。我這一生從中輟生、提早入伍、去倉庫搬貨、半工半讀考上大學法律系、到目前律師工作，這一路受到很多貴人的栽培，我內心很感恩，我也發現宇宙間的一個真理「任何的磨難都埋著同等或更大福報的種子」，跟拿破崙・希爾講得一模一樣，只不過這磨難帶來更大的福報種子。

　　曾經有一個冥頑不靈只顧賺錢及事業，不顧家人、員工感受的老闆，有一次他生了場大病，他住進醫院後，他發現員工沒有來看他，連家人都沒有來看他，他在醫院病床大哭一場，他發現為什麼都沒有人關心他呢！我到底做錯什麼！很奇蹟的是他的病慢慢好轉，他出院後，他不再只關心他的錢及事業，而是利用時間陪陪家人吃飯及出去旅遊，他把公司所賺的錢大方地回饋給員工及客戶，關心及愛他的人愈來愈多，很神奇的是，他的公司業績反而愈來愈

好，甚至比以前賺得還多。這場大病並不是老天要整他，而是當一個人改變不了自己冥頑不靈的限制自己的信念時，往往老天會幫你一把，他因為在醫院裡都沒有人來看他而學到「認識自己」，那就是原來我們需要的是被「愛」、是被「照顧」，實際上，當我們「選擇」愛及照顧別人時，我們的被「愛」及被「照顧」已經獲得了保證，他學會了這點並且改變了自己的信念，「任何的磨難都埋著同等或更大福報的種子」是因為這場磨難會徹底改變我們以往無法「接受」的信念，並且接受更適合及賦予我們力量的信念，畢竟任何的「難」，通過後都會形成我們無可替代的「能力」。以下我與神（內我）的對話將討論「接受」：

神（內我）：你真的接受了嗎？接受將能帶你進入另一種實相，愛的場域！

我：為什麼選擇接受，不再抗拒後，是如此的舒坦！是因為愛嗎？

神（內我）：接受後就像上完廁所一樣舒暢，你們所堆積的抗拒及痛苦，將因接受而化解。你們的觀點會決定你們接不接受，最終的解釋仍是由信念決定，信念的位移，你們就可能從接受變成抗拒，並不是你們想抗拒，而是觀點、信念所造成！

信念決定你的生活，而不是反面，你們接不接受取決於對於外境的觀點，你們會愛你們所執著的，你們會恨造成你們痛苦的，你們在此盤旋。

你們接收的第一步驟是調整你們的信念，信念就是你相信什麼念頭，你相信什麼觀點，生命中充滿了愛及光輝都在信念中展現，你們一樣能用信念將自己重重限制住，選對的信念比做對的事還重要，因為信念會引導你們做事，如果你真正聰明的話就應該把握住你的信念，因為任何的信念都與「接受」息息相關，譬如你們停車的時候你深信你停不進停車格，你會在停車格附近左轉右轉，只因為你深信你停不進停車格，不論你停不停得進去，你都沒有辦法接受你停的結果，這不是你停得好不好，而是你相信你停不進去，你也不會接受你停車的結果，只因你信念的問題！

但是某一天你發現你停得很好的時候，你覺得你自己也可以停得很不錯，信念的移轉，實境的結果也轉變，你接受了這結果，你並沒有強迫你接受這結果，而是心悅誠服徹徹底底地接受，為什麼？沒有（限制性的）信念的阻擾，你們將能接受一切，精確地講，（限制性的）信念像一個容器，無論多大，都比沒有還要小！如何判斷限制性信念，其實很簡單，造成你抗拒、痛苦的就是限制性信念！

接受就是充分運用自己的詮釋權，接受你想要的，對於不想要的去看清楚他，利用靜觀或如是觀看清楚它，當你看清楚它，就能與不想要的共同存在而不會受其影響，這不是騙你自己，而是更誠實，這是放下限制性的信念，重新塑造力量及自由的信念！接受是指你心悅臣服的愛於所受，不想要的如何心悅臣服，而抗拒與逃避是你們的選擇，我必須要很誠實地告訴你們，不想要是想要的過程，因為所有的不想要都是考驗想要的程度，任何的想要與不想要只是信念的取決，並非你真的想要或不想要，你們都因著你們的信念而感受及決定。

另外，你有問我感知者與被感知者間的關聯，被感知者與感知者的信念有關，當信念悄悄位移，一切將改變，被感知者的改變乃因於感知者的改變，感知與被感知乃聯繫於信念，也就是你接受一個東西（事件），往往是你的信念符合那事件！因為信念取決（決定）被感知者，而信念是感知者創造的！

接受、平衡與壓抑

你是否在看某件事情很不順眼或委屈時，心中的怒氣即將發作，你會大發雷霆，只因你心中很不爽，但發洩完後你就會覺得舒服很多，這是因為你內心中有一股能量得以洩流，而這種流動充分展現你內在的平衡機制。相反地，當你忍耐、壓抑或吞下去後，你經常性的會覺得痛苦、委屈、甚至是無力，因為當這股能量無法洩流時，你就必須扭曲自身的信念以墊高這股能量河流的堤防，直到你的堤防潰堤為止，也就是你痛苦得受不了，或能量亂竄形成常見的慢性或奇怪疾病，因為這也是內在的平衡機制。

　　小時候我們都玩過蹺蹺板，保持蹺蹺板平衡的訣竅在於左右兩邊的重量必須相同，換言之，我們本身內在的平衡也是建立在我們「本質」與我們「信念」間，而我們的信念就是我們活到目前所相信的、所經歷的、所選擇的，而我們的本質就是本書一再強調的「認識自己」之後，你就會發現的。以下我與神（內我）的對話將討論「接受」、「平衡」與「壓抑」：

　　神（內我）：接受往往與平衡有關。而不滿足或匱乏往往與不接受、不平衡有關！你或許想問關於不滿的問題？！

我：對啊！為何內在的不滿會尋求外在的發洩？是為了平衡嗎？平衡什麼？

　　神（內我）：並不是向外尋求發洩，而是自然而然的表現，你們可以推卸給外面，但是你們還是要找出真正的原因，外境中找不到答案你們就會回到內境中尋找。為什麼我會說這是自然而然的現象，因為這是一種自發性、自然性的本質，你們的定律（PS 諸如地心引力）也是如此，最自然不過的，就是你們的心與外境的展現，心不滿了，你覺得會看誰順眼？！

　　有一種平衡存在你們之間，那就是外境會尋求情緒彌補內境失落的缺口，這種失落是個很大的問題，委屈、不滿、痛恨……等，內境不會因此就放棄傾倒，在外境顯現痛苦、失落……等，那外境就是地獄，但你們的內境、內我不會允許你們這樣做，在這種不允許下，痛苦的出現是一種能量的平衡，信念的力量與本質的力量發生拉扯，就像兩塊（地殼）板塊爭取領域一樣，伴隨的是地震、海嘯、甚至火山爆發！

　　平衡這種能量的釋放，是將自己的本質與信念一致，這不是刻意扭曲或趨合「愛」，而是你們本質的再次宣告，我知道你們很多人無法做到這點，無法做到是因為還不夠相信，在在種種，你們愈相信愈能與我在一切！

接受與壓抑感覺在你們社會價值常常被看成是同樣，這是大錯特錯，接受絕對不是壓抑，壓抑的順從只是逃避及抗拒的另一種形式展現，我所說的接受是真心誠意的，打從底層的！

到底是壓抑什麼？壓抑感受，還是壓抑抗拒？

你們無法壓抑感受，你們壓抑的是你們自己的掙扎（抗拒、逃避等），你們無法騙你們的感受，因為那是你們的本質、你們的愛，你們無法否定自己就像你們無法否定自身的存在一樣。再一次，你對於你們的感覺施加標籤，感受之所以為感受是因為它忠實反映出你們的自己、你們遭遇到的一切，那是真實不虛－－你們的朋友！

你們強硬將這個朋友貼了標籤，只因為你們無法駕馭感受，感受被分成好的感覺、壞的感覺，並沒有好壞，你應該比我還清楚，你們以為狹窄的信念足以提供你們安全，自我的狹隘不過如此，你們逃脫不了如此，痛苦的心、掙扎的你，都是源自於這限制的信念！

你們的壓抑，都是出自於你們的決定，至少是出於自由意識，壓抑對你們而言是最好的選擇，不是嗎？你們剩下最後一點點自尊，你們也要壓抑，愛你自己就不該壓抑自己的感覺（掙扎），在我的愛中，你們不能接受，你們就壓抑，卻完全忽略我的愛，我會保護你們，你們卻築起城牆，因為你們不相信我！

放下心防最好的方式就是相信你是安全的，安全的渴望是基本的需求，平安是安置於靈魂的紀律，下次遇到不好的感覺時，你需要做的是如是觀，放掉自己只剩覺知，不追逐、不抗拒，處在一個「中」。

接受後，就不會有痛苦

你應該會有這種經驗，對於很恐懼或很憤怒的人、事、物，哪天你突然對於這人、事、物有更深一層理解或了解時，你的恐懼或憤怒會慢慢減少或是消失無蹤，為什麼呢！因為當你愈認識一件事，

你就會愈容易接受它、同理它，而不是抗拒或逃避它，然而當你更加「認識自己」時，你會發現一切的事物都是你自己意識的投射，換言之，你愈認識你自己，你也會認識一切事物，你會愈能接受一切，而慢慢遠離痛苦及恐懼。以下我與神（內我）的對話將討論「接受」：

神（內我）：實際上真正接受後，真的就感受不到抗拒或逃避所帶來的痛苦！

我：為什會接受後，就感覺不到委屈或不滿？

神（內我）：不滿和委屈是存在於你們的渴望，它是本質的展現，任何的本質都需要被了解、被接受，你們怎麼對待你自己，你就會感覺到外境怎麼對待你。

接受後一切都會被了解、被理解，這層理解不是敷衍，而是深層的自我實現。委屈的心、不滿的心只是自我未實現的展現，當這種自我實現被理解、被行動了，委屈及不滿將化成力量！

「無事可想」、「無事可做」、「無事可說」

以前我有一個主管，他常常跟我講，他最愛做的事就是發呆，享受那種無事可想、無事可做、無事可說的清閒，當時我覺得他真是浪漫啊！

後來隨著工作愈來愈繁忙，我發現一個人如果想要獲得「內心平靜」，他必須做出「選擇」，你是否願意放下手邊的事情，只為了享受當下的清閒；你是否願意放下一切財富，只為了內心平靜，其實這答案現代人很多已經做了「選擇」，那就是不可能。

不曉得你愛不愛看體育比賽，我本身很愛看自行車賽，尤其是環法賽，有一次我正在看自行車賽時，我老婆說她都看不懂，不曉

得我為什麼會那麼激動，當我在與內我對話時，我才發現為什麼同樣一件事發生，有些人會暴跳如雷，有些人完全如如不動，因為每個人的信念都不同，每個人的經歷都不同，同樣一件事對於每個人的意義或標籤都不同，甚至可以說有些人根本沒有進入這件事的標籤或意義狀態內，自然不會受到影響，這也就是《金剛經》所說的「不取於相，如如不動」。以下我與神（內我）的對話將討論「無事可想」、「無事可做」、「無事可說」：

神（內我）：我知道你現在想問「無事可想」、「無事可做」、「無事可說」的念頭，及無標籤的感官、感受，是吧？

對啊！最近常常將自己安住在一種狀態，那種狀態有點像一個字「中」，在「｜」保持覺、知，而在「口」去讓頭腦僵化如是、接受，什麼是處在「中」？

「中」是將自己安置於無我、無形，卻有覺、有知，而覺知只是如是觀而已，有點像你們看足球賽，因為你們看不懂足球賽，所以你們不受足球賽的影響，足球賽是足球賽，你們還是你們，但當你們接受（PS進入、著迷、執著）了足球賽，進入了足球賽，你們會以為你們是足球賽，而不是「你」！

自我意識的擴展你們將再次體驗到自由、力量；相反地，自我意識的收縮，你將體驗到限制及塌陷！（PS自我意識擴張或收縮，可參考力量篇。）

直下承擔與選擇

如果你目前正處在恐懼或憂鬱之中，我可以很明確地跟你講你目前正處在「你抗拒的會繼續存在；你逃避的會一直跟隨」，如果你想要很快地拔出痛苦及恐懼，勢必你必須放棄繼續「選擇」抗拒及逃避，這是一個聰明的選擇，選擇直下承擔它，但這是有方法的。

我們腦袋裡的結構是一個很複雜卻也很簡單的構造，我們的腦裡有二個盒子，一個是正面的盒子，打開它會喚起你正面的感覺及力量；相對地，一個是負面的盒子，打開它會喚起你憂鬱、恐懼、焦躁及痛苦，打開正面或負面的盒子是靠二把鑰匙同時開啟，一把是「念頭」，另一把是「相信」，也就是兩把鑰匙同時開啟時，你的正面或負面盒子就會打開，這或許是「潘朵拉的盒子」吧！

人在每個當下都有千百萬個念頭起及落，只是你不曾觸及無法察覺，而我們的意識往往會依據過往的「慣性」、「習慣」或「信念」選取我們最熟悉的念頭，我們因而能覺察這個被選取的念頭，而當這個念頭你開始「相信」了，你的潘朵拉的正面或負面盒子就會打開，因為這就是信念（念頭＋相信）所能創造的實相。換句話說，如果你平常不保護你的念頭及相信，你很能隨時掉入「負面」盒子的深淵，而我可以跟你保證當你掉進去時，你會花好一些時間才爬得出來，而你也將承受好一段內心無法平靜的經歷。至於如何快速爬出這盒子，我在後面會講，這邊要討論的是如何不要掉進負面的盒子，如果你情緒或感覺還沒掉進這負面的盒子裡，以下的方法非常有用。

平常就應該注意自己的思、言、行，保護好自己的念頭，也就是多發一些「愛」或「善」的思、言、行，讓自己的意識不至於太常出現選取負面的念頭，更重要的是碰到了負面的念頭時，你一定要「不相信」它，這非常重要，如果你相信了這負面的念頭，你保證會陷進去負面的盒子，「不相信」並不是抗拒或逃避，而是根本不深入此念頭，而直下承擔此念頭，主動出擊直下承擔，也就是我們上面所說「中」的概念（「中」，在「｜」保持覺、知，而在「口」去讓頭腦僵化如是、接受），當你這樣做，你會覺得你自己很勇敢及有信心，你可以與負面共同存在不受其影響，但你會活在正面裡。以下我與神（內我）的對話將討論「直下承擔」、「選擇」：

神（內我）：接受與直下承擔的狀態相類似！

我：在工作中我常發現愈去承擔工作上的責任及壓力時就會愈有能

力，為什麼愈去承擔，愈有能力呢？

　　神（內我）：承擔是種讓與，讓與就是種愛，分享自己具有能力，並展現自己的能力，讓與就是將東西交給別人，別人再讓回來的狀態，它是一種循環，愈去承擔愈有能力，也就是承擔是種循環，它不是個點，而是個面！承擔與讓與就像水的兩面，它能承受重量（PS浮力）也能化解阻力（PS吸收力），愈去承擔愈有能力，愈去讓與愈多，承擔就是把自己有的給別人，有與沒有是自己界定，有的人會更有，沒有的會更沒有，這是千古定律，承擔是「有」、是「讓與」，若想讓自己有能力，先決定讓自己承擔，即便你處在限制（性信念）之中，因為限制是藏在你們心中的渴望，而不是本質！

　　限制與你們的本質並沒有分別，這是從你的本質角度來看，因為你們的本質是空無，並無任何限制，所以任何的限制也是種不限制！

你說限制也是種不限制，那為什麼限制是心中的渴望？

　　你們渴望限制來證明自己的自由，限制本身是自由的反動，沒有自由的人也沒有限制，本質的自由也造成你們外境容易有限制，限制你們，卻限制不住你們的心，你們的心會引領你們突破這限制，前提是你們發現這限制性信念，限制與突破是一種進化與成長的體現，任何的限制都是心中的渴望，渴望什麼？渴望愛與自由，如果沒有了限制，你們將體驗不到愛與自由！

　　你想問什麼問題，是跟佛法有關嗎？

對啊！佛法常說直下承擔，什麼是直下承擔？

　　你有挽起衣裳去插秧的經驗嗎？水稻必須插在汙泥裡，無可避免地會弄髒你的手，你們手不怕髒？還是你的心不怕髒？必須插秧於汙泥裡，汙泥是種檢驗，檢驗你們是否直下承擔，你們考慮的多半是那「限制」，而承擔的多半是放下那限制，「限制」限制不了你的生命，但承擔卻可以告訴你，你可以突破限制！

選擇你所愛的，就跟承擔自己一樣，抱怨你們不想要的生活並不能帶給你們想要的生活，為什麼？承擔，就是勇於選擇自己想要的。在承擔之前，外殼總有層汙泥，那無可避免的會弄髒你的手，一般人都會退縮在這層限制下，直下承擔就像水銀瀉地一般直接穿過這層限制，承擔你想要的，享受你想要的！

汙泥會弄髒你們的手，但絕對弄髒不了你們的心，因著這份想要（承擔），你將能突破任何事情，包含你所恐懼的！

共同存在、逃避、追逐及抗拒

如果你仔細觀察你做夢的劇情，或許你的夢是千奇百怪，但不外乎都是這幾樣情節「逃避」、「追逐」、「抗拒」及「享受」（共同存在），與其說這是你作夢的情節，不如說這就是我們面對這世界的「選擇」，我們會因著自身的好、惡，內心產生對應的「選擇」，而當你選擇「逃避」、「抗拒」時，你內心會充滿擺脫不了的恐懼、痛苦及憂鬱，而當你選擇「追逐」時，你內心無法一刻平靜，而當你選擇「享受」（共同存在）時，你將與你「內心平靜」在「當下」直到永遠，因為那就是你的本質－－「愛」（分享、享受、無所求）。以下我與神（內我）的對話將討論「共同存在」、「逃避」、「追逐」及「抗拒」：

神（內我）：我們將花很多時間討論，抗拒、逃避及共同存在，你問你的問題吧！

我：很好，我想問什麼你都知道，什麼是如是存在，不去有所求、不抗拒或不逃避？

神（內我）：在你們物質世界裡有三種狀態，（共同）存在、追逐（有所求）及抗拒、逃避，後兩種都是你們日常生活中遭遇負面的情緒所採取的態度，感覺不論是正面或負面都是短暫的，有時甚至比一秒鐘還少，但你們的執著卻將感覺僵硬化，就像水泥凝固一樣，進

而將（負面）感覺延長到很久，甚至一輩子。

這幾千年來你們討論「執著」，都只是說說而已，真正的執著是放不下所掛念的，罣礙即是執著所生，執著是因著你們認定事物的基礎而強大，它往往與你的感覺結合，執著就像樹枝上的刺，（你）為了欣賞美麗的花朵而抓著它，這一切的一切，你誤把幻境成真，只是將一個執著換成另外一個執著，沒有任何法門可以破除執著，因為那是一種結合、一種歷練，你們投入當人類就注定與執著這兩個字分不開，執著並不會影響你修行的道路，反而是一直想放下執著才會，當你能觀照到你的執著，愛它、保護它、告訴它你真實的感受，執著會神奇般位移成另外一種執著，當另外一種執著造成你的痛苦時，你應該用同樣的方法，包容執著的看法並與它共同存在，你已經穿越執著的罣礙了！

你以律師的邏輯去論證分析或許會得到一定之結果，但這也太過設限及狹義了！

對啊！但是我還是想要問，是不是接受了這個信念，這個信念就會影響你？但接受了外境、自身感覺，就與外境、感覺共同存在？也就是說接受有兩種層次？

接受的範圍很廣，只談信念、外境、感覺太過於狹隘，真正的接受是超越這一切，接受永遠是與「自己」的放下有關，接受就像寧靜的夜裡，享受一切萬物的動、靜！

接受的確可分為兩個部分，可分為內境的接受與外境的接受，接受存在於內境是指愛、信念、相信，當你採取它將體驗到豐富的人生；另外一個是指外境所接受的感官、覺受，接受了它等於就是它，而無任何阻礙。

一切的好、壞是你們自己認定、詮釋，你們接受了這個信念，可能是個限制性的信念，它把你綁得牢牢的，但你必須體驗這一遭，然後自由的選擇屬於你自己有力量、自由的信念，而接受了這個信念，

這個信念就屬於你了！

在外境中所遇到的困苦、感覺的懊恨，也都是不接受的狀態，你們人會處於三種狀態的競合，共同存在、追逐（有所求）及抗拒、逃避，前者（PS 共同存在）與後兩者的區分在於是否接受，很多人的不接受在於恐懼，也因為不接受所以他的恐懼感、抗拒愈大，穿越這恐懼到達接受也只有憑著信任及信心，信任與信心的定義我以前有講過，放掉自己看見光明及相信自己相信處境！

接受其實就是承擔，當你愈願意承擔時，你的能力愈強，相反地，愈不願意承擔，能力愈弱，當你選擇承擔時，你就是徹徹底底地接受宇宙給你的安排，宇宙自然而然會給你更多的回報！

接受與歸零

恐懼、憂鬱、痛苦的感覺就像一支箭，而你的「念頭」就像一把弓，這把弓你無法用意識去控制，因為我們起的念頭它有自主的意識，而「相信」就像這枝箭射出去的力道，也就是說我們人這一生無時無刻都會受到恐懼、憂鬱、痛苦等箭射中的侵擾，如果你不相信這些負面的念頭，這枝箭就無法射穿你既有正面信念的防護盔甲，但當你相信負面念頭時，你的正面盔甲就會像花生殼一樣被擊碎，而坊間的勵志書往往無法帶你脫離痛苦或恐懼，因為不停鼓勵你強化正面盔甲，只會讓你負面的箭更為堅硬及銳利，因為正面與負面同為一個圓的兩邊，如果你有學過應用力學，你就會知道，當你只強化這個圓的一邊（即正面），另外一邊（即負面）會為了要讓這圓完整而變形，最後這個圓就會爆裂，這就是只強調正面的後果！因為你無法與負面共同存在，你永遠無法得到「內心平靜」，因為不論負面或正面都是你意識的投射！重點是我們要活在正面裡，並且能與負面共同存在而不受其影響，不要讓你的恐懼或偏見蒙蔽你而讓你喪失最適合你「選擇」的機會。

這枝負面的箭或許銳利，或許它能射穿所有正面的盔甲，但它

有一個盲點，就是它無法射中不存在的靶子，而當一個人對於任何事都不貼任何標籤，或不對任何念頭或事物添加任何評判或是觀點的色彩，而是純然「中」的接受、直下承擔，他的內心會處在一種「歸零」的狀態，那種狀態你不需要任何正面的盔甲保護你，因為你已經與宇宙萬物融為一體，你是一切，你是負面的箭、你也是正面的盔甲，你更是不存在的存在，請問哪種感覺或念頭可以傷害你呢！以下我與神（內我）的對話將討論「接受」與「歸零」：

神（內我）：當你處在零的狀態，你將能體驗到接受與歸零的狀態相似！

我：對啊！我也發現接受好像是一種回歸到零？

神（內我）：接受與歸零的狀態近似，因為接受就是對於任何事物或念頭，保持如是的態度，不對任何念頭或事物添加任何評判或是觀點的色彩，因為每件事或每個念頭、感受都有其偉大及圓滿的原因！

歸零就是將自己從線性的生命回歸到點的覺受，換言之，歸零就是一切從頭開始，實際上這種從「頭」開始，一切都從頭而不會有繼續，因為就像念頭一樣就是一切起源的頭，但之後（念頭）怎麼演化似乎不能再稱為念頭，而是念頭的衍生物，但是無論如何，此衍生物仍然是以念頭為出發點，實際上最終的終點也是念頭，因為念頭與念頭經過出發、過程及終點間並無任何實質的差別，因為一切實際情況只有頭，這也是我為什麼要你們特別注意你們的發起思維，也就是你們的念頭與宇宙或架構二（PS 類似夢的狀態）的實相是只有發起的「頭」，而無其他，其他都是你們因著這個念頭的幻象！

歸零或接受都是對於事物從頭開始，而且沒有經過只有「頭」的起點，也就是對於事物的感知只有起點、只有從頭開始，不會再帶有任何過去或未來的評價或批判，如果你能領悟到一切都是從「頭」開始，分分秒秒都是從「頭」開始，你就真得解脫，回歸到平安及喜悅！

— *Note* —

一切的分別、二元對立都是從好惡開始

　　這世界上或許你有討厭的東西，你也會有喜愛的東西，不論你討厭什麼或喜愛什麼，你都必須要清楚地知道這是你的「選擇」，至少是內心好惡的「選擇」。或許你經常搭捷運或公車，你可能看到一個帥哥或美女，你會多看他（或她）幾眼，甚至記住他（或她）的長相，你也可能討厭一個怪叔叔，而記住他身上的臭味，下次你遇到他們，你可能心中很快就會有喜愛或厭惡的感覺，而他們某種程度就會成為你生命中未完成的功課。相對地，如果你沒有對任何的乘客或行人貼標籤或起好惡之心，而是如是般的共同存在，縱然下次遇到，你也不會特別有印象、記得或有任何感覺，因為他們只是與「你」共同存在一同經歷輪迴及踏上最終價值完成的道路。

　　這世界上最謬誤的邏輯是「你遭遇到什麼，你才能做什麼選擇」，這樣生命永遠是被動、恐懼不安及痛苦，正確的邏輯應該是「你選擇什麼，你才會遭遇到什麼」，因為你選擇討厭怪叔叔，或對某個討厭鬼貼標籤，所以你生命中會一再遭遇到怪叔叔一號、怪叔叔二號到怪叔叔 N 號，直到你的功課做完，也就是撕掉標籤、停

止好惡及放下二元對立的局面，回歸到一體、一切都是你的投射，當你「認識自己」是一體狀態，是由自己經歷過、經驗到時，而不是聽我說教時，你的價值已趨近完成，可能這一生之後就無需在地球輪迴了，而是踏向下一個階段的價值完成。以下我與神（內我）的對話將討論「好惡」：

　　神（內我）：這本書大部分將討論到信念的問題，所以本章是本書的重點之一，你想問什麼問題呢。我想想應該還是從你的問題開始吧！

我：哈哈！就從我本身的問題開始吧！是不是有什麼「好惡」，就會活在什麼的「好惡」的外境中？

　　神（內我）：這一切的分別、二元對立都是從「好惡」開始，你喜好什麼、厭惡什麼，就會成為你生命中的印記，這印記就像生命中的大石，你勢必繞道而行，繞了一大圈還是回到原點，你勢必必須將大石移開，那塊大石是由你心中好惡形成的界線、限制，好惡本身沒有錯，錯在你執著好惡所形成的那條線，事實上，執著是不可能被消滅，因為它是你生命中最重要的東西，但執著是可以被移動、被改變，譬如說你恐懼蟑螂，你會想盡一切辦法迴避蟑螂，及消滅蟑螂，這是因為蟑螂所帶給你的恐懼，你執著了，看見蟑螂你就看見恐懼，而處理恐懼的方式就是逃避及抗拒，執著其實就是連結，其實蟑螂是你，恐懼也是你，你將蟑螂與恐懼連結，於是你遇到蟑螂你就必須處理恐懼。

　　這條界線的移動必須你充分認知蟑螂是你、恐懼也是你，當你看見蟑螂是（化成）你、恐懼是（化成）你時，你有什麼感受？從這感受去著手，執著會慢慢被移動，這是千真萬確！（PS破執著，將在信仰中可看到討論的鉅細靡遺！）

內境、外境與信念之間關係

　　「認識自己」的最大好處就是讓你發現你可以創造一切，包括

賺錢、健康、愛情及一切，而信念就是幫助你達成這一切的最重要的祕密，不可否認的是你這一生所遭遇到的人、事、物，你所有意識到的可能還不及萬分之一，就像你記得你坐捷運站在你旁邊的人嗎！你記得你經過路邊的垃圾桶上的污漬嗎！我想正常人都不會注意，因為「信念」本身具有將焦點專注、強化、擴大，及排除信念以外的事物功能，而你不會注意坐捷運站在你旁邊的人、經過路邊的垃圾桶上的污漬，是因為你不需要這個「信念」。

如果你想要賺很多錢，你就必須建立你很有錢的「信念」，你必須相信你自己是有錢人，但在你建立你很有錢「信念」到你很有錢前之間，你往往會鬼打牆地放棄你的「信念」，因為你目前沒有錢是因為你「既有的信念」所導致，在你還沒有改變「既有的信念」前，你仍然會受到「既有的信念」的影響，諸如你可能要買個貴一點的東西，就開始嫌貴，當你嫌貴時，你的信念正在宣告你不要有錢及匱乏，於是直到你懂這一點開始，你都會陷入金錢的困擾！以下我與神（內我）的對話將討論「信念」：

神（內我）：根本的問題還是信念的定義，我想你應該很想要問這個問題吧！

我：對啊！什麼是信念？

神（內我）：念頭有千百種，它們的竄升都是有原因的，一個完全無意念的人不可能活在這世上，意念是驅動你們與這世界相應的動力，為什麼如來（PS 內我、神）叫你們保護你們的念頭，因為念頭是如此的重要！念頭能形成一切的實相，我是指物質實相。

信念的形成與念頭的形成類似，念頭因為你們的慾望及外境的對應而生，在每一秒都有千百萬個念頭而生，只是你們不知道，你們會只專注幾個（念頭），是因為意念焦點集中而生，簡言之，你們篩選你們的念頭，並且形成你們的念頭，念頭的形成與你們的好惡、感覺、核心信念有關！

愛 靜觀 平安 感恩 信任 信心 堅定 謙卑 接受 信念 信仰 限制 當下 力量 正面 感覺 圓滿 無求 合一 自己

信念與念頭不一樣在於強度的不同，信念因為相信將焦點更加集中，信念能夠形成實相是因為這集中、聚焦，試想想看，你拿著放大鏡在太陽底下照著自己的頭，你們會因為頭灼熱而放下放大鏡，但你們在日常生活中抱持錯誤的信念，你們卻抱著更緊，關鍵點在於當焦點集中到一定的強度時，內境的「相」將成為外境的「境」！

信念就像一個碗，罩住你，信念在此碗裡並不會消失，會衍生更多的信念，信念就是將你所有的念頭彙整成你相信的，並將你相信的成為你生命中的核心，而信念就是相信此念頭，活在此「念」中。

外境與內境的關係及形成，你們的科學是無法檢驗的，因為科學本身是種有限制的感知者，如何感知無限的被感知者呢？！你可以問你想要問的問題了！

我想要問的是，內在的信念真的可以在外界中形成實相嗎？它形成實相的經過為何？

信念不僅可以形成實相，甚至可以改變你生命（靈魂）的藍圖，宇宙萬物之初，都是一切萬有（PS聖經稱GOD；佛法稱涅盤）透過純能量所成形，這種成形並不穩固，能量一旦沒有被朔造就會被打散，於是乎執著集中的力量就出來了，執著的確可以將能量聚集，這是千真萬確，你們的執著是你們（物質）的由來，過度的執著能量過於集中將陷入幻覺之中，因為能量到達一定的強度時勢必找其他的出口。

執著其實就是相信的延伸，你們相信什麼就會執著什麼，相信與執著連動，執著與感覺也連動，執著是你生命中最重要的事，也是最困擾的事，因為它帶給你力量，也剝奪你力量，當你相信一件事時，你只有兩個選擇，更相信，或是不相信，選擇相信它將帶給你力量（信念創造實相），但同樣地你將鎖在這框框裡；不相信的人將感覺不到他自己的力量，甚至將自己的力量放棄。

過度執著所帶來的弊遠大於不去執著，不去執著是你們不可能做

到的，應該從避免過度執著著手，執著其實就是連結，這連結並不是沒有縫隙，相信一件事帶給你美好時，同時相信放下、放鬆同樣能帶給你美好，執著的缺口在於放下、放鬆，這件事情的連結上放下、放鬆就成為你執著的一部分，實際上過度執著已遠離你而去！

你選擇相信某個念頭，就是在賦予那個念頭力量，念頭本來是能量的「流動」，相信是抓住那流動。一切的一切都來自於相信，你不可能沒有相信而有自己，相信就像抓住水裡的魚，魚是能量，水是帶動這能量的流，流本身也是能量，相信是取決，取決你要的能量，並且極大化。在一個大水缸裡，當能量不足時，它只是水缸裡的水（能量），當能量極大化時，它將溢出水缸，能量將藉由缸子的形狀變成（PS缸子什麼形狀，物質將變成什麼形狀）物質，相信是這能量，缸子是念頭！

談到信念，就是談到如何藉由改變信念來改變外在的環境？實際上信念改變了，實相絕對會改變！

那為什麼信念改變了，實相就改變了？

實相確實會因為你們的信念改變而改變，你們的信念繫著你們的感知，你們的感知會因為信念改變而改變，換句話說，你們的信念改變了，你們的感知就改變了，你們所說信念創造實相是指信念創造你們的感知，因為你們的感知改變了，被感知者（實相）就改變了，因為被感知者（實相）是相對於感知者（你）而言。

另外，你們也會透過心電感應影響其他集體意識的感知，也就是你們與其他集體意識會透過心電感應形成共同的集體實相，而你自己的實相與集體意識的實相會趨於一致。你創造你們自己的實相，因為你們的感知受制於自己的信念，所以你們的感知才是決定實相的本質，而你們實相卻因心電感應與其他集體意識的心電感應相交會，也就是其他集體意識的實相是由你們的感知所決定，你們的感知改變了，你們的實相就改變了，實際上，外在的實相也因為你與其他集體意識所感知到的實相改變而改變了，這就是信念創造實相的由來！

　　你們的實相都是由你們感知所體驗及創造，或是不論什麼人、生物、無生物的實相都是由他們的感知所體驗及創造，而感知只是信念的玩具，或是稱作信念的衍生物，也就是說當你們信念是長怎樣，感知就會因著你們的信念長怎樣，其他集體意識的信念會因著你們自己的信念與心電感應而配合演出，這也就是說為什麼你感受不好的時候，其他人也會感受到你的感覺不好。

　　舉個例子，富翁與窮人相處在一起一天，富翁與窮人在交換對於金錢的概念的時候，富翁一定會說錢要多少我有多少，而窮人卻會說我連下一頓餐的錢都沒有，在這一天裡面，富翁與窮人的客觀環境都一樣，卻表達出不同的感受，這是因為信念所營造出來感受，而感受就架構了這實相！

　　而經過彼此的心電感應後，富翁看到窮人此等信念與自己的信念相衝突，就會衍生出接受或抗拒的信念，這接受或抗拒的信念完全取決於富翁的感受，也就是說當富翁的感受很不好，可能是因為其他厭惡窮人的信念所致，它就會產生極大反感而抗拒，相反地當它產生接受的信念時，可能是因為他喜愛助人的信念所致，不論如何，富翁所感受的實相皆是因他的信念所致，富翁所處的實相會因為他對於窮人的信念而產生諸如貧窮人都是不好的，於是他在路上看任何乞丐都會感受到壓迫及毀滅的心態，這都是富翁信念所產生的感受，（富翁）這個信念所造成貧窮人令人厭惡或令人相助的實相，會因著這個富翁的信念而感受到不同的實相。

　　相對地，富翁的信念會因為它本身的心電感應及外在的舉動影響其他集體意識的信念，諸如富翁的員工會刻意討好富翁的喜好，或是穿名牌或是有品味的女生會以富翁的喜好來接觸富翁，這是因為實際上富翁的信念所營造的場域，已經讓富翁的感知自動排除不符合其信念的人、事、物！

　　簡言之，信念改變，你的實相就改變，這是因為實相是取決於你的感知，而感知是取決於你的信念而言！

感覺與信念

　　你的這一生就是你的感覺架構，而當你的感覺都不怎麼挺你，因為你跟你的感覺不怎麼熟時，這樣的人生很快就會出現問題，你沒有辦法想像一個人出現恐懼或憂鬱時，如何過得「內心平靜」，及如何過他快樂的人生，因為你的感覺就是你所有一切的答案，而且精確無比！

　　這世界上你可能被人騙，你也可能騙自己，但你的感覺不會騙你，因為它是這麼如實的表現它自己，它是你最忠實的朋友，雖然你並不一定喜歡這位忠實朋友的全部個性，但當如果你了解它，而且正確地使用了這位忠實的朋友，你將為你的富裕及內心平靜的人生打了一針強心劑，且這強心劑的賞味期限是一輩子。以下我與神（內我）的對話將討論「感覺」與「信念」：

　　神（內我）：信念與感覺共生，這是一種需要被極致體驗的，它是不會退轉，你表面的相信並無法帶你們體驗，因為體驗就是一種將小我放置一邊的決定！

我：你所說信念與感覺共生，信念，真的會伴隨感覺、感受及各式各樣的念頭嗎？

　　神（內我）：感受（感覺）是取決你們生命的顏色，念頭就像這顏料一樣，你們每個人都是畫家，你們取決用什麼顏色是因著這感受，感受是生命的藍圖指引你方向，你們的信念是畫筆，將顏料上色於畫布，畫布是你的人生，顏料是你的念頭，畫布所呈現的顏色是你的感受（感覺），顏色的判定是取決於你的信念，信念是發動這場戰爭，也是篩漏最後的顏色。

　　相信什麼，就會得到什麼，或許說你有什麼，你就會得到什麼！伴隨是指共生、伴隨是指隨後而來，信念決定感覺的方向，並不是指信念會伴生感覺，感覺本有自己的方向，但信念會牽引，信念並沒有好壞，只有適合與否！

愛　靜觀　平安　感恩　信任　信心　堅定　謙卑　接受　信念　信仰　限制　當下　力量　正面　感覺　圓滿　無求　合一　自己

信念與感覺就像岩石上的青苔，青苔會生在岩石上是因為它需要附著，信念這塊大石頭能決定感覺青苔的生長，感覺依靠著信念，而不是其相反，青苔依循海水及陽光滋長，附著著信念大石頭上，當你的信念改變時，感覺青苔就會從新的大石頭（信念）滑落，新的信念將會伴隨新的感覺（青苔）。

我知道你不會只滿足我所述，你還想要問什麼更核心的問題呢？！

信念也會成為核心信念，核心信念也會產生衍生信念嗎？

任何東西都會以球形的放射狀呈現，信念也一樣，球形的核心就是所謂的核心信念，它會以放射狀擴展到周邊的信念，以穩固核心信念，譬如你愛吃巧克力，你深深享受巧克力的滋味，緊接著你會喜歡巧克力衍生的產品諸如巧克力牛奶、巧克力球，核心信念與信念間之關係是衍生與追遂的維繫關係，核心信念會衍生一般信念，一般信念會追遂核心信念！

這一生的限制

如果你突然想起好久沒有運動了，但是又打不起勁去運動，我可以明確的跟你講，你打不勁的原因是因為你已經接受了一個「限制（自己）的信念」，打不起勁的感覺正忠實地告訴你，你相信並且採取了一個繩子綁住自己，而於是乎你的人生就會受到這個限制信念所制約，而就我所知，人往往在同一時間有很多個限制性的信念，所以你今天才無法像世界首富或某個偉人一樣在台上演講，不過沒關係，看過本書後，你將與他們平起平坐，因為你絕對值得。以下我與神（內我）的對話將討論「限制」：

神（內我）：你想問限制性信念的問題吧？！

我：對啊！什麼是限制性的信念？

神（內我）：限制性信念就像一條繩子，牢牢將你綁住，這條繩子實際上是條界線，這條界線就像國與國之邊界一樣，你無法越過、你不敢越過，那裡是全新的未知領域，界線的那一邊你也是碰不得，因為那是充滿憤怒及恐懼，長久的信念告訴你執著現在既有的信念是安全的，於是這既有的信念以外是未知及恐懼的，有時這種恐懼會衍生憤怒，這條線就是限制性的信念。

隨便談談執著吧！執著是你們長久以來說要放下的課題，執著其實是執著信念、觀念、念頭，而不是執著哪個物件或事情，限制性的信念就是你執著了那個信念限制住你了，我不會叫你放下那份執著，我會叫你位移你的信念，用更好、更自由、更有力量的信念取代限制性的信念。

什麼是限制性的信念，對你們而言？這得由負面的感覺來告訴你們，負面的感覺與正面的感覺都一樣忠實地告訴你們的信念，限制性信念所伴隨的負面感覺是如此的真實，不要小看這些負面的感覺，因為它是你們救贖的機會，改變信念吧！（PS 因為負面感覺會幫你發現這些限制性信念）

暗示、矛盾、扭曲

在你的辦公室裡多半大家都不是講真心話，或許只有幾個少數好友會直來直往的跟你講話，如果你表現得很差，你的上司或同事想要提醒你時，多半會暗示你「要再努力喔！」、「繼續加油！」等話，他們不會說「你表現得很糟糕」的原因在於一般人的人生多半活在「暗示」裡，這也是為什麼在軍中的宣導標語它的反面解釋就是現狀，譬如「反攻大陸」等語，暗示的力量遠遠大於明示，因為大多數人不太「認識自己」，甚至選擇不敢「面對自己」，當你敢不面對時，我們多半選擇逃避或抗拒，而「暗示」是一個展現自己信念的一種方式。

我常常跟人講，你目前的「狀態」就是你的「信念的總和」，

而且不會有誤差，但為什麼人說他們的信念是相信自己會有錢、可以過得幸福快樂，為什麼卻過著貧困、痛苦、憂鬱及恐懼的日子呢！這答案非常簡單，因為他們的信念並不是相信自己會有錢、可以過得幸福快樂，或是應該精確地講，他們的信念或許有希望自己會有錢、可以過得幸福快樂，但他們更強的信念是他們不相信自己會有錢、可以過得幸福快樂，而是強烈的相信自己對於金錢的匱乏、對於安全及滿足的恐懼及猜疑，甚至強烈相信自己根本不「應得」幸福快樂！因為你目前的「狀態」就是你的「信念的總和」這句話永遠是真理！以下我與神（內我）的對話將討論「暗示」、「矛盾」及「扭曲」：

神（內我）：暗示的力量遠比明示的力量還大，這是你們永遠不知道的一種公式，你或許想問暗示的問題吧？！

我：什麼是暗示性的象徵？為什麼暗示及象徵的力量遠大於明示的力量？

神（內我）：你們相信的絕對不是日常生活中所講的相信，相信是根決於你們的認同及期望，自我意識所認同的並不一定是你們認同的，相信是指你們所認同的而不是小我（自我意識）所認同。

自我意識所相信的與你們所相信的不一致時，就會產生暗示，自我意識相信人是善良的，但你們相信人險惡時，你們就會暗示人是險惡的，在自我意識的包裝下，一切看起來會好好的，但你們遭遇恐懼或困難時，自我意識就像包裝紙一般被撕開，底層的相信會顯現，那就是暗示！

暗示的力量遠大於明示，那是因為暗示是你們的本質，你們底層相信的就是你們的本質，你們經常扭曲你們的相信（信念），但仍改變不了那是你們的本質，暗示是指你們真誠的相信，自我意識表皮的包裝並不會影響暗示所能形成的結果！譬如你喜歡一個人，但你不敢開口（明示），你們會採取的模式就是暗示她，自我意識的明示並不會帶給你們勇敢（表達），反而是暗示帶給你們安全又勇敢的表達，

並不是因為暗示你可以隨時否定而保護自己，而是你敢充分的表達，當你們愈接近本質時，你們會愈感到安全及勇敢！

象徵是一種暗示，是一種不言而喻的暗示，它拘束你們比明示的力量更能夠讓你們受這「象徵」的限制，譬如你們打仗拿著旗子就是一種明顯的象徵，你們的士兵只要看著你們的旗子插在對方的領土上，就會帶著極大的士氣向前攻占敵人，這是一種相信的力量，相信你們可以取得勝利，實際上這種相信的力量就會成為你們成功的基石！象徵是一種很重要的信念的展示，譬如說你們很想要有錢，但是對於一個便當稍微貴一點就捨不得花錢，這些都是在象徵你們無法有錢，因為「想要」及「嫌棄」都是匱乏的「象徵」！

你想要問的問題可以大膽地提問！

好！什麼信念與信念之間的矛盾？以及如何平衡？

信念與信念間本身會交錯重疊，當然你們可能遇到彼此不相合的信念，譬如你愛一份工作，不論是它的薪水或待遇，你會好好的表現自己，因為這都是你愛這份工作的信念範疇之中，但是信念與信念間彼此也會發生衝突，當你愛某件事，又討厭某件事時，就會發生衝突，譬如你愛某件事－－騎腳踏車，但你又怕騎腳踏車會摔車，摔車會影響你騎腳踏車，因為怕摔車的信念會與愛騎腳踏車的信念相衝突，衝突與矛盾導致你們生活停滯不前，我是指信念的衝突、觀念的矛盾，不是指物質間的衝突與矛盾。

信念為什麼會矛盾，它總處在兩難之間，觀點間你可能抱持不同的想法、念頭，當你採取（喜好）某些念頭、摒棄（厭惡）某些念頭就會產生矛盾，矛盾是指取、捨間同時發生，譬如你喜愛吃豬腳，但你不喜歡清蒸，如果清蒸豬腳端到你面前，你可能會出現矛盾。信念與信念間的矛盾化解並不是靠平衡，而是靠愛，當你已經被信念的矛盾逼得走投無路時，你無法平衡，惟有檢視你的發起思維，不論是「好」與「惡」都是源於這份「愛」，愛你自己（我是指物質世界的自己），愛自己所以你會有好、惡，愛自己所以你不想被控制，而

好、惡似乎給你們意念投射的解套方式，譬如你在路上看到有人開車
逼近你的愛車，你可能破口大罵、你可能不停按喇叭，當然你也可能
想對方是不小心逼車，當你這麼做你的信念正處於矛盾，你們喜愛人
與人間的尊敬，卻厭惡人與人間的衝突，心中的矛盾是源於此尊敬與
衝突，你想要的但你卻要排除你不想要的，這種根本的邏輯矛盾，你
們自無法逃脫，正確的是──你們想要的，你們就必須是什麼，而不
是排出你們不想要的。

逼車的例子我們再來談談，行車間的順利是有賴於你們「是」行
車間的順利，當你們「如是」時，你們就能「如覺」，你們自然感不
到逼車這件事。你們的邏輯往往剛好相反，你們感到逼車這件事，
卻扭曲自己的信念以達到平衡，譬如都是別人的錯、都是自己太招
搖……等，扭曲的背後是充滿諸多的罪惡感、無力感、不滿足感。信
念的矛盾本身是無法平衡，當你感受不到，它就不存在，它不存在自
無扭曲平衡矛盾的必要。

這邊又即將提到扭曲的信念，因為扭曲的信念，所以你們會採取
抗拒及逃避！

那什麼是扭曲的信念？是為了逃避或抗拒嗎？

人無法否定自己，因為自己的存在是唯一的答案，但是否定自己
卻是你們常在做的事，過往的恐懼、依賴及憤怒，多半讓你無所適從，
否定自己似乎可以讓自己感受到存在及安全感，實際上它只會讓你陷
得更深。

信念是你們適應日常生活所必需之橋樑，這橋樑連接感受與物質
（你以為的物質）、想法，一切都攸關你的生活，當你生活遇到重大
挫折或阻礙，這橋樑變得無法通行，但信念本身仍需運行，於是所謂
的繞路或扭曲就產生了，抗拒本身是一種繞路，逃避也是。重大挫折
本是對於信念的提醒，你是否一個或數個限制性信念，但你們因著抗
拒或逃避總會扭曲信念，認清了這點，你們不再會扭曲信念。

至於你常常為什麼一切看到的都是你，你們是活在你們的念頭，不管這念頭是針對自己或別人，所以當你對別人也存有偏見時，你就會活在這偏見中，而不是別人對你做什麼事，譬如你有個討厭的人走過來，你的腎上腺素就開始分泌，你開始恐懼及憤怒，後來你發現你看錯人了，你又回歸到平靜，在這整個過程你都是活在你的念頭中，也就是你的偏見中，這就是「你」與「你互動的邏輯」，念頭會牽涉到感覺，當你陷入恐懼及驚惶中，你根本不可能認為那是你，恐慌的人掙扎都來不及了，怎麼可能知道那是他的「念境」。

放鬆你的心情，再放鬆，直下承擔那恐懼的念頭，不再逃避及抗拒，那恐懼就不存在，這是千真萬確！

更該認識自己——有力量的信念！

日常生活中我們很多的恐懼及挫折，並不是我們所遭遇到的事物，而是我們自己本身，就像如果你口袋掉了 50 元，你不可能會懊惱一整天，但如果你只是個 7 歲的小孩，你就可能會沮喪一整天，並不是因為 50 元本身的價值大小，而是這 50 元會因著「你」的價值而變大或變小，被感官者（金錢價值）永遠是相對於感官者（你）而言，你的賺錢的力量變大了，50 元對你而言只不過是滄海一粟，因為「你有力量了」。

如何變有力量，不是跑去健身房去練肌肉，而是建立有力量的信念，因為你愈「認識自己」，你會感受到「本質」的能量源源不絕，它不僅是力量，更是能幫助你成功、快樂的基礎。以下我與神（內我）的對話將討論「有力量的信念」：

神（內我）：的確是有有力量的信念，那是存在於宇宙每一寸之間！

我：到底有什麼有力量及自由的信念，你可以建議我們？

神（內我）：共可分為六個：

第一個：愛，當一切的解釋都是愛時，你就是活在愛中！愛，所釋放的力量與自由，是宇宙最高！

第二個：信任，信任乃是因為信任自己的延伸，當你不信任別人或外境時，你就是不信任自己；相反地，你信任自己時，你將獲得宇宙萬物的信任！

第三個：行動，行動是你們在外境的代名詞，架構二（PS 類似夢的環境）並沒有行動，行動其實就是你，你忽略行動就是忽略自己，有任何念頭或善念就要去行動，行動本身是證明、強化自己的存在，實際上這種暗示遠勝於明示。

第四個：感恩，你感恩誰，誰就會成為你生命的助益，感恩是將自己的能量極大化，因為心中的回饋滿溢，更證明心中的圓滿及愛。感恩就是將焦點拉回到自己與自己的念頭共處，化解困難與挫折，因為自己的念頭是充滿著善與愛。

第五個：分享與享受，愛就是享受，但是愛是比享受更享受；分享能將你的愛分散，能將你的恐懼分化，分享時時刻刻你都會感到自己的存在，享受分享，分享享受，你將與愛合而為一。

第六個：接受，你可以接受一切，但你的情緒、感受卻會令你拒絕接受，於是接受與不接受會出現兩種狀況——順暢與阻泥。一個外在的事件，你接觸到了，你心中的情緒、感受因著信念相應而生，如果你的情緒、感受是恐懼、厭惡或憤怒，你就無法接受，你的能量就會在這事件繞圈圈。但如果你跳過感覺，直接接受那外在事件的意義，你的能量就直接跳過那事件，不管那事件因著什麼信念產生感覺，都不會久存，當無負面感覺的久存，你自然可輕鬆調整信念，接受就是讓一切變容易。

什麼是自己（我）

你有沒有發覺當你感到不快樂、恐懼、憂鬱、急躁及痛苦的時候，你經常會想到「自己」的遭遇及處境、「自己」的恐懼、「自己」的矛盾及懷疑、「自己」的委屈，及「自己」的利害盤算，但當你在快樂享受、分享愛或直下承擔時，你往往是活在當下，而不太會想到自己，如果我們開始慢慢「認識自己」，我們就會學會放下這一生最大的功課――就是放下「自己」所建立的城堡，因為「自己」所建立的城堡並不會保護我們，而是一個我們永遠不懂及繞不出來的迷宮！以下我與神（內我）的對話將討論「自己」：

神（內我）：《金剛經》的「我」是你常常掛在嘴邊的，我知道你想要為「自己」問這個問題是吧？！

我：是啊！什麼是放下自己？自己是什麼時候產生呢？

神（內我）：放下自己就是放下所有的對待，自己總是盤旋在你們心中，為什麼？自己永遠是因著你們的感受而出現，而感受是相對於對待，譬如你一定遭遇到什麼事或起了什麼念頭才會有感受，而遭遇的事或起了念頭就是對待，自己永遠與對待分不開，因為那是自我產生的機制。

自己永遠是因著下列幾個情況而產生：

1. 厭惡、痛恨

厭惡及痛恨將強化二元對立，二元對立即自己與外界的分裂，這層對立更強化了痛恨，自己的出現永遠是因著這層（二元）對立，對立需要立足點，就像自己需要愛一樣，當外境（二元）對立成形後，自己無時無刻都必須存在以確保對立，自己只是個被劫持的受害者，所以你無時無刻會有受害的感覺。

2. 期待、幻象

期待一件事，你就已經陷入幻象之中，實際上沒有比你們的外境還更大的幻象，但期待有過之而無不及，當你陷入期待中，自己就必須出現，因為期待就像望遠鏡，透過眼睛及玻璃焦距的調整而看到遠方，自己則是那雙眼睛，你們無時無刻不被望眼鏡筒的框框所限制住，但你們又同時看到遠方的景象，自己在期待又怕被傷害中扭曲，只因有期待。

你們以為期待會帶來好處，而自己就是期待的那個人。期待你將失去主導性，就像老鼠過街一般，隨時隨地擔憂、隨時隨地害怕失去，自己的顯現會帶給你們幸福嗎？與我（內我）切割並不會彰顯自己。自己因期待內我的狀態而展現，自己與內我從來沒有分開過，自己的出現完全想靠自力而擺脫內我，這是我（內我）所不願看到的。不期待也是期待的一種，消極的面對事物並不會讓你們過得更好，不期待也會產生自己，因為幻象並不會區分樂觀與悲觀，實際上往往期待的人最後都會變成不期待。

跳脫期待與不期待，保持如是的狀態，自己不會顯現，內我得以運行！

3. 不平安、充滿恐懼

不平安是心中最誠實的宣告，平安是每個人的基本需求，不平安是顯示你們心中信念的扭曲，不平安的時候你們需要自己來確保安全，自己需要很多的物質來證明，不平安就像瓶酒，美味卻容易上癮，你無時無刻得抱著這瓶酒，因為你需要自己來對抗不平安，實際上你卻很享受與不平安對抗的狀態。恐懼與不平安都是你們生命中要面對的課題。

4. 罪惡感、壓抑感受

這是一個最嚴重的問題，你必須更加強化扭曲自己的信念，以掩蓋自己不停跑出來的罪惡感，自己與信念是增強罪惡感的主因，愈去扭曲自己的信念自己愈顯現，你們壓抑自己的感受、扭曲自己的信

念，並不會減少罪惡感的發生，太陽光照射你們，你們會想要喝水是因為水分的流失，如果你們刻意扭曲想要喝水，將會發生中暑，縱然信念扭曲不讓自己喝水，只會讓你們的中暑更嚴重，因為任何的感受都是我賦予你們調整自己內在的機制。

5. 無力感、喪失信心

無力感，你更須強化自己的存在，當你連自己都承擔不起來時，你不會信任任何人，當你不信任任何人時，你將失去力量，力量是存在於自己與我（內我）的聯繫。無力感將讓你陷於只依賴自己，實際上這種依賴是你不信任任何人，包含自己，你將一步步向後退保護自己，最終你連自己都將失去，而無力感就是在強化自己的存在與失去自己之矛盾間打滾！

時時注意自己對自己的期許，讓自己失望你的無力感就會出現，每一件事對於你都有它的意義，當你期許自己要做這件事而沒做，你真實的感覺會告訴你很無力，即便你表層意識沒有意識到，自己對自己的期許是價值完成的一種！至於上述的期待與對自己的期許並不一樣，期待是將力量投射於外面，而對自己的期許是完全關注在自己的內在。

6. 不滿足、匱乏

不滿足的人就像大海一樣能吃掉無數河流的河水，河水就像一切的因緣，而大海就像慾望的無底洞，自己就是那無底洞的延伸，自己會無限的擴大化以搭配那不滿足與匱乏，如果你真的愛你自己，就該檢視那發起思維，而不是一味追逐那不滿足。

愛　靜　觀　平　安　感　恩　信　任　信　心　堅　定　謙　卑　接　受　信　念　信　仰　限　制　當　下　力　量　正　面　感　覺　圓　滿　無　求　合　一　自　己

—— Note ——

愛　靜觀　平安　感恩　信任　信心　堅定　謙卑　接受　信念　信仰　限制　當下　力量　正面　感覺　圓滿　無求　合一　自己

信仰

仰望自己時，你的感覺如何

　　在大太陽底下，把放大鏡放白紙上，很快地這張白紙就會燃燒起來，因為放大鏡會將太陽分散的能量迅速聚集成為強度集中的熱能，如果你「認識自己」，你這一生的感知，就是由某個像太陽一樣的內我（神），不停傳輸能量，並藉由你自己的信念強化這能量，以形成你這一生所有的感知。

　　這一生不論是酸甜苦辣，我們必須承認如果我們充分「認識自己」，這一生的挫折、痛苦、恐懼，都是我們「價值」進化的禮物，因為當你感受到挫折、痛苦、恐懼時，你必須有意識地覺察到你的信念出了問題，或是精確地講你的信念不適合了你，因為我們這一生的能量及力量會藉由我們的信念所放大，也就是你目前所感受到的就是你信念的放大，而我們對於我們這一生所抱持的長久且堅定的信念就是我們的信仰，信仰將決定你這一生的大方向走向，「選擇」適合你的信仰，會比給你金錢更有用，因為信仰會幫你賺到花不完的金錢。以下我與神（內我）的對話將討論「信仰」：

神（內我）：信仰就像太陽一樣可以照耀著你們，但信仰絕對不是宗教，反而信仰是種永不退轉的堅信，一種力量的來源，我們可以開始本章的討論了！

什麼是信仰？

神（內我）：信仰是指注意力焦點集中在哪裡，將注意力放在自己所相信的將會成為一股強大的力量，你的信仰就是你生命中的泉源。信仰是你仰望自己時，你的感覺如何，你們都與你們自己太陌生了，當你們對於自己的不信任演為常態時，你們的信仰就會薄弱！

生命中應該建立一種信仰，那就是愛是這一切的解釋，當挫折及困擾來襲時，你能轉化你的感覺並解釋那是愛時，痛苦、苦惱將瞬間消失，非愛是痛苦的根源，愛是平安的開始！

阻擋

牛頓的第三定律是在講作用力等於反作用力，也就是說當你阻擋一道力量時，你本身會產生一個反作用力以達到平衡，但是你本身要承受這反作用力所帶來的壓力及痛苦，以因應這作用力，而當你遇到一個壓力或是不想要、厭惡的事時，你的「選擇」將決定你要對抗、逃避作用力而承受這反作用力，還是選擇要接受、直下承擔作用力與它共同存在就不會有反作用力的出現，而接受直下承擔就會像水吸收力量一樣神奇！

我們遇到厭惡或不想要的事時，往往採取抗拒及逃避，因為這是我們的本能反應，也是任何的動物的本能反應，但我們與一般動物最大的不同點在於，一般動物通常是活在當下，以至於牠們的抗拒及逃避在當下的危險過後就結束了，但我們經常活在過去與未來，以至於我們的抗拒與逃避永遠在過去與未來的念頭中打轉，這是人很大痛苦的原因，因為當你阻擋了壓力或厭惡的事，你就必須清楚的知道作用力等於反作用力。以下我與神（內我）的對話將討論「阻擋」：

神（內我）：你可以輕鬆一下，有時候我覺得你繃得太緊了！……你想要阻擋什麼，只會形成一道牆，我經常建議你們的念頭不要想要阻擋什麼！

我：所以你的意思是不是無論任何念頭、感覺都不要試圖阻擋？

神（內我）：阻擋本身是一種抗拒與逃避的極致化，當你選擇阻擋任何力量時，本身就是一種對抗，力量有多強，你心中的衝擊就有多大。

放下心中的貧瘠，因為那是對抗的根源，放下的時候不要有任何念頭，貧瘠只是短暫的，感受也是短暫的，讓自己淨空，看看信念如何引導你，如果信念是正面的就該好好把持住，如果信念對你造成不快樂，就把它找出來改變它！

抗拒本身就是一種催眠作用，催眠你很無力；逃避更是如此，甚至更嚴重。承擔它，直下承擔，當你願意這樣做，實際上你已不會阻擋任何事，當你阻擋任何事，你必須承受那個力道，懷疑、撕裂、分裂自己的力道，你將與你自己在拉鋸，無法寧息。偏見引起的負面感覺，你過往的模式是直接阻擋這種感覺，當你擋下這份感覺，你就必須以相同的力道維持，心中不得放鬆，而（限制性的）信念所產生的幻想，更會引發恐懼及憤怒，在不得放鬆，又恐懼及憤怒的情況下，人生就會崩盤。

不要阻擋這種感覺，直接以承擔它取代，看見自己的弱點（即限制性的信念），改變，催眠自己可以改變，當信念位移時，感覺將不復存在。相反地，持續的阻擋（不論抵抗的阻擋或逃避的阻擋），力道將形成張力，久而久之，這張力將形成一道圍牆界線，它將箝制你更深，直到你發現你可以改變它。

你的選擇－－－清理！

愛　靜觀　平安　感恩　信任　信心　堅定　謙卑　接受　信念　信仰　限制　當下　力量　正面　感覺　圓滿　無求　合一　自己

　　「清理」大概是我這本書裡面最重要的一節，因為縱然你有很多的釣魚知識，但如果你沒有魚竿及魚線，你永遠也釣不到魚，因為具體的方法及行動才是讓你快速回到「內心平靜」的保證，而不是空口說白話。

　　我常常在想這世界上最偉大的事是什麼？隨著慢慢的經歷及體驗，我開始知道這世界上最偉大的事就是你「自己」，並不是你自己本身是最偉大的，而是你的「選擇」是最偉大的。人們多半以為只有那少數的偉人才是偉大的，這是一種限制自己的信念，因為每一個人都可以成為偉人，只要真正的自由去「選擇」與自己的本質一致。很多人不「認識自己」以至於無法「選擇」，也有很多人根本不相信或信任自己，以至於他們只能活在過往的經驗及信念之中，他們只能作出受限制信念所制約下的「選擇」，我們不停的輪迴就是要幫助我們建立一份與自己本質一致的「價值」，那就是「愛」及「善」，而達到這一步必須不停的靠我們「選擇」。而「清理」就是一個讓你趨近於「愛」及「善」的選擇。以下我與神（內我）的對話將討論「清理」：

　　神（內我）：本章的重點即將出現了，我知道你想要問零極限的問題！

　　我：有一句話「對不起，請原諒我，我愛你，謝謝你」，這是一種心理清理的方式，為什麼這種清理方式對有些人有用，對有些人沒有用？

　　神（內我）：夏威夷的清理方式（PS 又名 honoponopono）能夠幫你們遺忘、清理負面的情緒，他的終極思維是合一，將一切回到自己，而不是將意識投射於外。這四句話的使用方式是視使用者使用時的心態，倘使用時帶著目的性、分別性，效果將與你的目的與分別成反比，相反地，你是帶著合一及分享的心情，負面的情緒很快就會消失，就像它不存在一樣。

　　具體使用方法如下：

1. 當你感受到一個情緒、感受或念頭的時候，你應該意識到，那是你內心底層湧出的，並以飄落葉的方式飄出到外境，你就能照到解脫之道。問問自己有什麼感覺，如果那個造成你困擾的人事物是你自己（PS 把那個人、事、物想成自己），對你自己說「對不起！請原諒我！」直到那條界線消失。（PS 當你說「對不起！請原諒我！」本身帶著我「願意」承擔、我「願意」幫你擔的念頭時，效果會更好！），相對地；或某個人事物造成你很感恩、開心，問問自己有什麼感覺，（PS 把那個人、事、物想成自己），對自己說 「我愛你！謝謝你！」（PS 當你說「我愛你！」本身帶著我喜愛一體成為一體的念頭時，效果會更好！；而當你說「謝謝你！」本身帶著我「願意」感恩的念頭時，效果會更好！）。

2. 在接受事件的意義及利用 honoponopono 讓自己的感覺變平順後，問問自己的感覺，感覺會告訴你的限制性信念，當你的信念改變時，你再也感受不到相同的感覺。

底層的自己，你即將問到更核心的問題了！

你剛剛上述「想像那個造成『你』困擾的人事物是『自己』」，但我們愈討厭的人、事、物，有時根本無法把他（它）想像成自己？

愛是不會有區別的，你們的區別只是小我意識為了想像中的平安而產生對於好惡的執著，想像中的好惡是因著你的執著而逐漸擴大，我所教你們的清理是發現自己處在合一的狀態，當你們心中所抱持的信念是限制自己的自由及力量時，你們在清理時無法想像被清理的人、事、物為你們自己，清理是為了將過去分裂的你一一找回來，意識將你們分裂成無數個你，你們都沒有用愛及感恩一一處理，分裂的你有些已沉落在非常深處，你們沒有去處理，於是這古老的分裂的你將成為你心中非常執著的好惡，它是好惡中的好惡。

好惡在心中形成一條線（界線），那條（界線）線將你們的意識分割成一塊塊，分裂的你們可分為淺層及深層，淺層的你們，在清理時可以很快地想像出那是你們，因為你們的限制性信念並不會牽絆著

你們那麼深，但是深層的你們，它除了是你這一生的挫折所累積的核心信念外，也是你累生累世所有的挫折及匱乏所堆積，那古老的你在（你）清理時，你很難將那傷害你的人事物想像成你，因為那古老的你是被你隔絕在那麼深層，那意識的你無法逃脫在那古老且深層的限制界線之中，那千真萬確是你，無可否認的它會三不五時來找你向你求救，它們是反映出你長久以來的恐懼及匱乏，它們是被你埋藏在最深、最核心的痛，它們被你們背棄、背叛了，它們被你們嚴重的傷害。

針對那古老的自己，你們更該堅持要清理下去，因為當你們的信念意識到這點，那古老被隔絕在最底層的自己就已經開始鬆動，那條陳久未被碰觸的界線就已經開始鬆動，當你們持續去清理時，你們就會發現以為你們不敢碰觸或一旦碰觸就心生恐懼、憤怒或是挫折的事，漸漸無法影響你，反而是更多的平安及安全在心中盤旋，那是因為你已經與古老的你，曾經被你背棄的自己與他合一了！

打開正面或打開負面的盒子

上面有討論到打開正面或負面的盒子，如果你已經打開負面的盒子，而且已經掉進去了怎麼辦！通常人的「選擇」就是不停的抗拒、逃避，甚至是否定自己，或是對這負面的盒子貼了一個更大的負面標籤，藉以限制自己讓自己更恐懼這條負面標籤的「界線」，因為你會以為你這樣做能讓你安全而當你選擇這樣做時，你將更延長你恐懼及痛苦、憂鬱的時間。

小時候我們參加跑步比賽，在裁判還沒有鳴槍前，通常我們在準備線上的心情都很緊張，當裁判鳴槍我們開始踏出腳步後，我們的緊張瞬間消失，為什麼呢！－－因為「行動」。行動是最強的念頭，因為它是「念頭」的實現，更是「相信」中的相信，因為你行動了，就證明你相信此念頭，而行動不只是「行」而已，應該是包含思、言、行，因為去想（思）、去說（言）、去為（行）都是你這一生的行動。

　　當你掉進負面盒子的流沙時，你該採取行動，但是這行動也取決了你平常對於行動的慣性，就像一台老爺車掉進泥濘裡，你的引擎就是只能讓你在負面泥沼裡打轉，因為你已經習慣於低動能的「行動」，這種動能將無法救你拔出深不見底的負面盒子。增加你「動能」最好的方式就是習慣性的大量「運動」，我常常跟人講「運動」是最好的修行，我們常常看到有憂鬱症的人開始習慣大量慢跑，慢慢憂鬱就遠離他（或她）而去，這不只是運動會帶來大量的血清素而已，運動會增加你「行動」的動能，能讓你快速跳出負面的盒子，甚至可以讓你更加「認識自己」。

　　運動在搭配前面所教的「靜觀」及「如是觀」，也就是觀照自己的呼吸（PS靜觀）及脫離自己（PS如是觀），然後看看自己的「念頭」、「感覺」，不帶任何的抗拒、逃避或標籤，只是靜靜地觀照它們，很快你會脫離負面的盒子，而能與負面的盒子共同存在不受它的影響。以下我與神（內我）的對話將討論「抗拒」、「否定」與「負面」：

　　神（內我）：你在抗拒的問題已經問了很多次，我每次都以不同角度回答，我能感受到你要再問抗拒的問題！因為我知道你問的問題，是台灣及全世界目前普遍的問題！

我：為什麼愈去抗拒它，它愈強？愈去逃避它，它愈可怕？

　　神（內我）：當一個人處在抗拒，他不會知道自己在抗拒，因為他抗拒的發起思維是保護他自己，一個人在保護他自己的時候怎麼可能覺得在抗拒，當他覺得他是在保護他自己的時候，任何抗拒的念頭都會因著這「保護自己」的核心信念而轉化成這是具有正當性，這也是為什麼抗拒容易偽裝成愛，實際上這種愛（我意指「抗拒」），會令你們痛苦不堪！

　　抗拒，從另一個層面講，它本身是你們自己意識所投射出來，換句話說，你們投射出一個另外的自己，然後跟他對抗，就像兩個人互相推擠，而這兩個人都是你自己，這種比喻並不特別，你們人特別容

易運用自己意識的投射而分裂、分割自己，其實你們沒有注意到這種投射是為了擴展你們的體驗，並不是讓你們處在相互矛盾的狀態，但是你們特別容易讓自己矛盾，而矛盾之後又加強了抗拒！

在抗拒的狀態下，你們愈將注意力放在抗拒，也愈強化了抗拒的「它」，強化它就等於讓另外一個自己更強壯，只不過另外一個自己是被你關在界線的另一邊，那個無邊無界的監獄，它的強壯印證了你的抗拒的力道。兩個相同的自己在互相推擠，所形成的僵局就是我們所稱的「因為執著所產生的能量」卡住。

逃避是指你們無法面對自己，因為逃避的「它」也是你們意識投射的自己，自己無法面對自己，就感受不到自己的存在感，所以一切你們都會喪失信心，當你在逃避一件事或人的時候，逃避並無法教會你勇敢，勇敢是因為你學會面對，而面對是因為你知道逃避是徹徹底底地否定自己，你無法否定自己的存在，你也無法逃避自己的存在，因為存在是一種感覺，甚至是你們存續的基礎，這種基礎架構了一切萬物，它是你們與你們意識間的橋樑，當你之前都選擇逃避，你對未來會沒有任何存在感，直到你發現你要面對，這是一種很神奇的機轉，也就是說，經常逃避的人會遇到的挫折，幾乎都是要求他去面對，因為這是一份愛的意義在裡面！

每每的回答我都希望能對你們有所助益，但是當你們否定我時，甚至否定自己時，任何人（事物）都無法對你們有所助益！

說得真好，那為什麼否定任何事，並無法帶來肯定的效果？

否定一件事所帶來的是否定自己，不論你否定的是什麼，你都是在否定自己，你們所說的負面習慣只不過是你們加上自己的定義，宇宙萬物間沒有什麼東西是負面或正面，只有被感知者因著你們感知者而做變化，也就是說宇宙萬物沒有任何一件事值得你們否定，因為這些都是你們意識的投射，否定自己就在否定你對自己存在的價值，這是千真萬確。

任何否定的事物都是你們在扭曲的信念中學到的，信念所架構的否定是因為你們覺得被否定的事物造成你們生活中的困擾或負面印象，其實並不是那被否定的事物，而是你們限制性的信念所造成的假象。否定的事物並不會造成你們生命中的困擾，而是你們自己的信念會造成你們極大的幻象及困擾，你們該調整的是信念而不是那被否定的事物。否定對於你們的意義並無法帶來你們想要肯定的事物的強化，因為肯定與否定是南轅北轍，你們不可能否定任何事物而帶來肯定，就像你們常常反對一件事，但是反對這件事並不能帶來肯定某件事的效果！

肯定事情對你們而言，有時候是極大的困難，因為你們有些人無法肯定自己，這是他們的核心信念，無法肯定自己就無法肯定別人，實際上，它們常以否定別人來想要達到肯定自己的效果，他得到的答案一定還是一樣－－會否定自己，因為他們處在什麼環境與自己的信念有關，而不是外境中你的表現！

談了這麼多，該回到信仰及意識焦點了吧！

意識焦點放在哪裡，我們就在哪裡嗎？

意識本身是你們存有（內我）的能量透過信念的窗口投射到你們的環境，而意識所扮演的角色就像這窗戶的活動開關一樣，它們會將能量透過信念的窗口選取意識所要的角度放射出現，我們就藉由這意識的選取感覺我們存在的實相，換句話說，意識是可以決定我們的感覺角度及範圍，在這範圍裡我們可以感知到這實相。

也就是我們常說，如果你想要快速脫離這種情緒的壓力及包袱，你必須先讓自己的意識脫離那種情境，我說的是在你自認可控制的範圍，如果你通過了這層的考驗，以後你可以藉由意識的放在哪裡，來決定你的人生要怎麼過，實際上，意識的投射與信念也有關係，當你透過意識的投射發現你可以決定並選擇你自己的人生的時候，你的信念也會因著改變，這是相輔相成的！

意識焦點，我不得不說，你們周遭都充斥著負面的意識焦點（PS
及負面的信念），如果你們不去調整，你們就很難逃出這負面的場
域！

談到負面的意識焦點，有什麼負面的信念，箝制了我們？

負面的信念包含：

1. 拒絕承擔：拒絕承擔所展現的是逃避、抗拒，這是一種拒絕
自我實現，無力感會環繞到你周圍，不安、恐懼、憂鬱時時出現，這
是感覺忠實的陳述，逃避不能解決問題，抗拒只會更痛苦，拒絕承擔
與無力感息息相關，當你拒絕自我實現時，無力感將融化你。改變這
種信念，只有你下定（決心）要承擔了！當你下定要承擔、負責了，
恐懼（憂鬱、不安）就會因著這承擔（信念）而消失！

2. 不愛自己：你知道痛恨自己就會痛恨別人嗎？愛自己的人少
之又少，你們遇到事情多半先責怪別人，因為你們總是責怪自己，將
自己放棄！不愛自己與罪惡感及痛恨感有關，罪惡感一而再、再而三
出來提醒自己要愛自己，而痛恨感轉化為仇恨、忌妒、厭惡、憤怒，
最後將自己吞噬。愛自己，就是將別人（一切）看成自己，直下承擔、
直下展現愛，當不再有分別、對立、二元，那種狀態就是愛自己！

3. 不信任：不信任就像一把折斷的鑰匙，無法開啟門，大門的
背後充滿光明和愛，不信任的人只能在門外猜忌及懷疑，不信任的人
最容易產生幻象（念頭）及負面的感覺，因為不信任別人（一切），
就不會信任自己、不信任感覺，感覺就會錯亂，恐懼、迫害妄想症是
源於不信任。信任與安全感有關，不信任將失去安全感及恩寵的保
護。信任的信念源自於愛及感恩，愈專注在供應（分享），愈能在愛
裡，愈專注在恩寵裡，愈能在感恩裡，當你感受到愛及感恩時，信任
就會像堅實的堡壘一樣無堅不摧！

4. 極度自卑：自卑的人總會發現自己的問題，這問題驗證了他
自卑的心理狀態，外境也與自卑的狀態同步發生，自卑的人常活在恐

懼之中，害怕攻擊與自卑有關，因為底層的自卑使得房子不穩固，終日搖搖晃晃。自卑所產生的罪惡感相當的大，因為壓抑、打壓你自己，力量將從另一個地方竄出。自卑的信念並不容易改變，因為它是根深柢固，但當你領悟到自卑是要讓你更好時，它就開始位移（改變），更好的你是因為感恩自卑，感恩自卑則自卑將會逐步消失！

5. 傲慢自慢：活在外境中你們將漸漸失去自我覺察，傲慢是因應你們日常生活安全及成就所需，這種負面信念將牢牢箝制你，直到危機發生。傲慢與罪惡感、痛恨感、不滿足感有關，驕傲是源自於對罪惡感的讚美，驕傲的人易產生痛恨感。傲慢的根除有賴於謙卑，將謙卑當作習慣，謙卑能幫你回歸平安、喜樂！

— *Note* —

愛　靜觀　平安　感恩　信任　信心　堅定　謙卑　接受　信念　信仰　限制　當下　力量　正面　感覺　圓滿　無求　合一　自己

限
制

限制是選擇，限制不是限制

當內境（心）出了問題，你的外境絕對會看得到，但你的外境出了問題，你卻不會檢視內境（心），你知道為什麼嗎！我們大部分的感官只能從外境中獲得訊息，所以我們經常性的忽略內境（心）的訊息，以至於我們都過得那麼辛苦，這本書將徹底打開你內境（心）的感官，讓你重新「認識自己」，你會更棒的，精確地講，你已經是最棒了，我只是幫助你經歷及發現你自己。以下我與神（內我）的對話將討論「限制」：

神（內我）：為什麼要談限制，因為沒有限制就沒有自由，因為所有的愛都是跳脫自由及限制，卻又享受自由與限制之中，你們「取」限制卻渴望自由是很大的矛盾，你們不知道你們是活在限制之中，而「限制」確實是隱形控制你們的魔障！

我：講到限制，今天有一種體悟，那就是負面的念頭（譬如：偏見、成見、好惡、執著……）或不舒服的感覺（譬如：恐懼、忌妒、憂慮、憤怒、悲傷等），其實是種「限制」，是種不自由，其實我們可以

選擇放掉這種限制！可否談談「限制」？

神（內我）：限制是種愛！空間中（PS 二元世界）存在著限制，限制讓你們不自由，卻讓你們發現「它」！愛肇生了這份限制，擁有勇氣的你，如何取決這份限制？

讓你的心發現這份限制吧！聽聽那份「限制」跟你講什麼？取決這份限制，乃因你的愛！！想像沒有愛的生活，會不會有限制？因為愛，限制「保護」你們的生活（PS 譬如不要信任陌生人、陌生人對我們好一定別有所圖），卻讓你們不快樂！

愛，幻化出各式各樣的解釋，最終卻由你們選擇！！

限制，讓你們生活「以為」平安，但生活的平安可是取決於這份限制？取決這份「限制」是你自己！平安也是！愛，讓你全權決定；但「限制」卻讓你不由得決定，這不自由，就是你說的不自由吧！

聆聽，「限制」又再說什麼了？如果你選擇了「限制」，卻又不照限制走（PS 譬如很生氣，卻壓抑；譬如很忌妒，卻虛假讚美別人；譬如很委屈，卻壓抑），那結果會是什麼？那心口不一，更會限制住你！限制最終的結果，仍是限制，無法跳脫！

限制往往造成你們無法信任，因為信任本身是種自由的展現！

但是現今社會，一般人普遍認為如果信任人可能會被詐騙集團騙、如果幫助陌生人可能會被騙、如果在夜店亂喝陌生人請的飲料可能有危險、沒有錢就活不下去了，這些雖是限制，但同時也是保護自己啊！難道這些念頭有錯嗎？

發起思維勝過一切！恐懼所帶來的扼殺，就是裹足不前！生命中有太多太多的限制，是因為你們選擇「接受」了它（限制）！而它帶給你們什麼？快樂嗎？平安嗎？還是無止境的痛苦？

背後的意義有看到嗎？是愛！是信任！

你所說的情形，是否有發生，的確有！但你的發起思維是什麼？恐懼嗎？如果你信任人，你就會讓人知道你的信任是應被尊重的！信任的場域就會帶你到安全的地方，不信任剛好相反！至於你剛剛提到被騙的人，是因為他們底層的不信任所吸引到騙他們的人！換句話說，沒有愛，就沒有信任；沒有信任，做任何信任的事都會被騙！

信任是比較困難的事嗎？其實「限制」是比較困難的事，但你們都選擇了困難！恐懼幻化出各式理由，叫你們放棄信任，但仍無法抹煞靈魂的渴求！！

你們的信任永遠都在，先學會信任自己，再信任別人，你們的信任會得到報償！

我可以對於限制講得更詳細！

我對限制很好奇，到底什麼是限制？要如何突破限制？

限制就像房子，它保護你的安全，也限制你的行動自由，你們藉由限制來保護自己。限制只是一個名詞，當你選擇限制，你根本不會知道。

限制像一張無形的網，編織著美麗的夢，這美麗的夢永遠不會達成，直到你真正發現你在網子之上，在這網上你們共織美麗的夢，但當你發現要享受美麗的夢時，卻動彈不得，限制是這網子，也是這夢。你們之所以不會擺脫這限制是因為這限制會幫你們茁壯，這是千真萬確，但茁壯到一定程度它就會開始吞噬你們的心，限制的本身是吞噬，限制的本身也是甜蜜。

限制是存在於信念之中，也就是限制性的信念就是一種限制，成長中的確有些信念讓你們茁壯，當這些信念褪去它的角色時，你們會感覺到力量全失，於是這信念就永遠跟著你，直到它不堪用為止。信念是否為限制是相對於被感知者而言，譬如你愛玩遙控汽車，但你的裝備不夠，你必須要買裝備直到它可以比賽，但到賽場發現裝備仍然

不夠，你就開始買更多的裝備，直到你不玩比賽。遙控汽車就是你的核心信念，而信念就是這些裝備，這裝備對你而言是有力量。自由的信念是相對於比賽（被感知者）而言，但當你不玩比賽，這些裝備對你而言是無止境的限制性信念，如果你不拋棄，它將會把你拖垮並且將你吞噬。

你常常講這世界上最困難的事就是別人傷害你，你不去報復或是懲罰回去，報復或是懲罰本身是種放棄自己的限制！

說得真好！我覺得想要懲罰也是一種限制，為什麼人總會想到懲罰？報復或反抗恐懼的正當化就是懲罰嗎？

懲罰的目的是為了弭平心中的恐懼及缺憾，也就是說起懲罰念頭的人將一刻不得安寧，懲罰最終的結果一定與被懲罰有關，被懲罰與懲罰其實是一個球的兩面，被懲罰者渴望被寬恕，懲罰者渴望報復，你知道渴望被寬恕與渴望報復之間的區別嗎？沒有區別！他們都是渴望愛，只是互有扭曲！被懲罰者因為恐懼而渴望被寬恕，懲罰者因為渴望平衡（痛恨、厭惡）而報復，痛恨、厭惡與恐懼都是由非愛的極致而來！

回過頭來，懲罰者最後會變成被懲罰者，就像被懲罰者會變成懲罰者一樣，懲罰與被懲罰都是種限制，當你心中想要懲罰人時，你就已經在懲罰自己，很難想像沒有愛如何繼續前行！

你是否想問正知正見與偏見之關係！

如果正知正見是自由及力量，則偏見是一種限制囉？

偏見就像根柱子，當它歪的時候，你不將它扳正，下個柱子也會歪，因為柱子就是你心中的標準，也是你面對事物的信念，柱子會以柱子是否端正為標準，也就是觀點或念頭的偏見，會影響你的人生觀。譬如說你愛騎腳踏車，但你討厭路上的重型機車，因為重型機車咆哮的聲音令你們很苦惱，重機在你心中是不好的，不論重機好不

好,重機在你心中就是邪惡的,這個偏見不拿掉,你與重機是對立的。事物本身的意義是取決於感知者,並非事物本身!

你討厭重機,接著你會討厭重機騎士,因為柱子是以它跟(其他)柱子作為標準,討厭重機的人就會討厭重機騎士,偏見本身是連動而非獨立!

拿掉偏見最簡單的方法就是看見(看清楚)偏見本身,端正在你們心中是存在的,但當你看不見這柱子,你自然無法端正這些柱子!合一的態度也很重要,同理別人是自己,偏見將立刻消失!

任何的分享最終將回到自己

我記得小時候,老師常常跟我們講要勇敢地做自己,但是不論家庭、學校的教育或社會的體制都是教我們不要做自己,如果你跟你父母講你要去當街頭畫家或去當清潔工,你覺得你父母會同意嗎?你覺得你的女友,或女友父母聽到你的志向是清潔工,他們會把女兒嫁給你嗎?答案或許很清楚了。

如果我們拋開一切既定的標籤及偏見,你覺得一個男人與另一個男人有什麼不同!或是我再精確地講,一個生物與另一個生物有什麼不同!如果我們再把標籤貼回去,一個清潔工與一個世界首富有什麼不同!你可以很明確的講不同的地方可多了,錢、房子、車子、高檔餐廳……等數不清的不同,但你知道嗎!這是你的標籤,所演化出去的不同,如果你撕掉標籤,你就會發現它們並沒有不同。如果我們進一步「認識自己」,你就會發現你的恐懼、憂鬱、急躁及痛苦都是來自於這標籤。撕掉標籤吧!讓你回歸到「空性」、「歸零」的狀態,你將重返「內心平靜」及「愛」的狀態,限制對於你而言,就像無線的網子一樣無法綁住及影響你。以下我與神(內我)的對話將討論「分享」:

神(內我):你是否想問關於出書的事?!

我：我會有一種「藏私」（因有目的而不想與人分享）的念頭，這種念頭頗困擾我，感覺目的取向（出書）大於我自己想無所求的分享，怎麼辦？

神（內我）：任何的分享最終將回到自己，你恐懼所為的藏私是因為長久以來的習慣所造成，底層的不信任別人，也將困擾著你（PS別人也不信任你）。

藏私的好處永遠僅止於小我的計謀，你不愛分享，也不會有人幫你分享，生命的流動速度變慢，「愛」也因此被困住了，藏私的好處在於匱乏的報酬，而你將更恐懼匱乏！如果你傾向富裕，就該無所求的供給，就像我之前跟你講的，你的信心應該建立在既存的信念，而非結果，而這信念永遠應該是「愛」及「信仰」，因為任何的信念所演化出來的實境，都是你們無法預測的，但你們能掌握發起思維，只有自己最了解自己的需求，但絕對不是「匱乏」及「競爭」！

勇敢做你自己，分享宇宙的真理及愛，因為那絕對是愈分享愈多，且取之不盡，真正的祝福應該是無私的，帶著私益（私人利益）的祝福必將打折扣，帶著私益的祝福是小我的計量，將令你更注意「打折扣」而非祝福！

情緒限制自己

我也曾經過得並不怎麼快樂、內心並不自由及平靜，從今天觀察過去的我，我發現我犯了一個很大的錯誤，我以為不快樂或不自由都是外境或別人造成的，如果你也是這麼認為，那我知道你一定過得不怎麼快樂或平靜。這世界上沒有人可以限制你，除了你自己。或許有人可以限制你的身體，但他無法限制你內心的自由及平靜，而實際上限制你的人一定會限制住他自己。

這世界上只有「你」能夠限制住「你」，而我們常常被外境影響，或陷在外境的迷惑裡，而同意自己限制住自己，在「同意」之後，

我們多半會用情緒綑綁住自己，如果我們不夠「認識自己」，我們很容易就被外境或別人的影響所困惑住，當我們開始怪外境或別人時，我們將被自己的情緒更綑綁住。情緒綑綁住我們不是要整我們，而是更加速幫助我們改變信念，還記得嗎，感覺是我們最忠實的朋友，有時候忠言的確逆耳！以下我與神（內我）的對話將討論「情緒限制自己」、「你沒有受限制」：

神（內我）：你或許想問情緒的問題吧！

我：對啊！到底什麼情緒會限制自己？及如何化解這種情緒？

神（內我）：情緒限制自己分為很多種，大略分為五種：

1. 恐懼

恐懼就像怪獸，會將你吞噬，遇到這頭怪獸，你沒得選擇只能逃，逃只會強化恐懼的力量，你們害怕的不是恐懼的事物，而是恐懼本身，因為恐懼會讓你們慌了手腳，誤以為恐懼的事物造成你們恐懼，光是這種錯誤就足以讓你們溺在恐懼好一陣子。

恐懼就像一陣波浪能將你打翻，當你與它對抗，化解恐懼最好的方式是愛，表達愛。當你對一件事很恐懼時，是你對這件事解釋為「非愛」，「非愛」是愛的反面、是逆轉，當你能重新解釋恐懼的事物為愛時，你已經在反「逆轉」（PS 即正）的狀態，再充分將這愛表達出來，恐懼將逐漸消散，下次遇到同樣的事情，將不再恐懼！

2. 憂鬱

憂鬱的人就像一攤草，它們無法選擇擺向，只能隨外境的風移動。憂鬱的人不是沒有力量，而是他們不相信他們的力量，甚至痛恨他們的力量，人無力量與物品無異，這是種將力量的放棄。弔詭的是人渴望力量，在這取捨之間，憂鬱就產生了！

憂鬱不是種病，而是信念的扭曲，重回力量的信念必須建立在信任，信任力量的信念，信任與力量齊頭並進，憂鬱則消散！

3. 憤怒

憤怒像把火可以燃燒任何東西，包含人的心，憤怒能徹底將力量化成行動，這從某種層面是好的，但憤怒多半會燒毀你的理智與愛，最終玩火自焚。憤怒有很多相類似的反應，忌妒、厭惡、痛恨、不滿……等都會將你的人生摧毀。

憤怒本身是種幻象，你將心中的厭惡投射在外境，當你了解這層意義，每當你憤怒時都看到自己內心的厭惡，憤怒別人都是在憤怒自己，不論是出自無力感或罪惡感！

4. 哀傷

哀傷就像一把刀，它本身是用來切菜，卻用來對付自己，哀傷中你看不到自己，只看到悲慘的事物，你的力量會因為悲傷轉為憤怒，哀傷之於你，就像你之於愛，它是喚醒你的愛的過程，但你們都忽略了愛的過程，卻專注在哀傷的情緒！

克服哀傷非常容易，只要放下手邊的哀傷，一般人都不願意放下，因為執著與哀傷有關，譬如有人死了狗很哀傷，他放不下對狗的哀傷及懷念，哀傷會與這隻狗的事物出現在他的生命中，直到他發現狗的死亡是因為愛，因為牠要體驗下一段經歷，當他徹底了悟了也就放下了！

5. 沉溺

沉溺即是對事物的迷戀及誤解，你們渴望你們的本質（內我），你們在外境中模擬你們的本質，清晰的你就會放棄沉溺，但你們總不怎麼清晰。

沉溺即是你們嚮往內我，你們直接連絡內我就不會有沉溺了，但你們不知道如何聯絡內我，聯絡內我必須有很大的「定」力或遇到重大事件你們得覺性被打開，無論如何在你們追求內我的過程中，任何沉溺影響你的事物將煙銷灰滅。

賽斯對於你很有幫助，但是賽斯的資料有諸多問題根本沒有人能充分消化，我建議你把重要的拿出來問，讓我來向大家說明！

我：關於有一本身心靈的書[2]寫到「1. 自己並沒受限制。2. 自己是既無界限，也沒有分割的。3. 你的實相乃由你自己一手所造。」是什麼意思？

1. 你沒有限制是指你自始至終都是自由有力量的，屏除物質世界的限制，那是你們內在限制的延伸，你們毫不懷疑接受限制給你們的保障，限制就框架住你們，你們處處都會碰到這框架，但我必須告訴你們，你們沒有受到限制，你們是自由及力量的。

2. 那個框架（限制）所形成的界線一格一格，將你們分割成一格一格，你們逃不開那框架（限制），也越不過那界線，你們將自己分裂自己以適應這一格格框架，分裂的你們想要回家（合一），於是分裂產生了矛盾，矛盾是痛苦的根源、禍亂的起因，你們無法否定自己，但在矛盾中你們無法肯定自己，在矛盾與衝突中你們放下一切，當你們肯放下時，一切將回歸自己，分裂的你與本來的你將再度合一，你心中冀求的將與界限一併消失！

3. 君雄，我再強調一次，被感知者是相對於感知者，感知者是相對於信念及信念所形成的景，你們一手所建的房子不會因為颱風天而垮掉，卻會因為你們的信念崩盤而瞬間垮掉。信念架構物質，並持續提供物質的穩固，這也是為什麼當你身體狀況不好或心理有挫折的時候，這個世界特別的昏暗、擁擠，被感知者只是被感知者，感知者輸入能量以獲得被感知者的解釋。

能量（你們內我的能量）藉由信念釋放，信念因著這個能量而創

2 Jane Roberts 著，王季慶譯，〈個人實相的本質〉，賽斯文化，2010.8，頁34。

造出認定、感受及想法，這是千真萬確，你無法迴避你的認定、感受及想法，因為你們在這能量之中，信念決定了出口，在你與我的聯繫中，因為能量而相遇。一般人日常生活中所遇到的事物，決定並不是事物的本質，而是認定的信念，你們活在你們的信念中，你們形成你們的信念，直到你們受不了你們的信念，於是改變！你們最恐懼的是 ------ 害怕改變，因為改變的本身就是對於（既有）信念的質疑，信念的改變將會有一股信念的阻力，信念是因著它既有的信念（核心信念）而茁壯，新的信念與既有的信念發生矛盾衝突時，會有一股很大的能量釋放，能量的交會乃是因為信念發生了改變，你無法迴避這個問題，就像你無法迴避你的信念創造了你的經歷。

信念改變了，這股能量的釋出會讓你放棄新信念，這股能量往往帶著痛苦、恐懼、不安，人無法違背自己，就像無法否定自己一樣，但你們的信念與信念相互碰撞、相互否定，於是這股能量出現，否定自己相互抗衡的能量總是痛苦。

從另外一個角度講，痛苦、憂鬱往往是因為否定自己、抗拒自己、痛恨自己，這時也會有一大筆的（負面）能量釋出，這就是原本只會痛苦、恐懼、憂鬱幾秒鐘，但是卻持續了好幾天、好幾個月、好幾年的原因，因為負面能量因著抗拒自己、逃避自己、痛恨自己而不停輸出。

舊有的信念與慣性

如果仔細觀察我們每一天的作息及習慣，你就會得到一個結論，那就是我們每天大部分都在做重複的事、重複的行為、重複的話語、及重複的念頭，於是乎我們大部分的人生都被這重複的習慣所綁架了，只是我們多半不會敏感到我們被習慣所制約，因為大多數的人已經麻痺在所習慣的事物，以至於對於未知充滿了恐懼！

如果一個不看電影的人，某一天突然聽到朋友的推薦而看了一部很精彩的電影，建立了一個美好的經驗後，他很可能會從此開始

看電影，但也可能回到過往的慣性及經驗中。如果換成富人與窮人的慣性與信念，於這個例子也同樣適用，幾乎所有窮人的信念就是他們從未經歷過有錢，或是他們永遠不相信他們會再有錢，以至於他們永遠在「匱乏」及「恐懼」的經驗中打轉，突然他們有天「相信」他們會富裕及有錢起來，而當他們花一筆大的錢買冷氣或汽車時，他們很可能會嫌貴，甚至買不下手，這不能怪他們，因為大多數人在相信及希望自己會變有錢人時，卻對於金錢斤斤計較，以至於他們以為的相信只不過是讓自己的貧困變得更結實而已，因為他們根本不相信宇宙對於他們的金錢會源源不絕！以下我與神（內我）的對話將討論「舊有的信念與慣性」：

神（內我）：舊有的信念確實會造成改變的阻礙，但是那只是短暫的，因為你新的信念也具有同樣的力量！

我：那如何改變舊有不好的信念，如果你說會有一股強大對抗的力量？

神（內我）：舊有的信念是你過去的經歷，現在你打算改變，光是你打算要改變就展開了一段新的旅程，想像你正在信念的碗（PS被碗籠罩）之中，在這信念裡你看的都是過去的經歷，信念之中你無法對抗自己，不論你如何選擇，你都會遇到你的信念跟你說……不要違背我，因為它曾是你安全、富裕的象徵，的確它曾是！你打算改變信念，這個碗就會出現裂痕，因著這個裂痕你新的信念會形成另外一個碗，因著這個信念你可以展開新生活。

新信念的確會與舊信念產生衝突，因為舊信念的慣性及信念形成其既有的實相發生了矛盾，簡言之，新的信念與舊的信念需要調和，新的信念形成的實相與舊的信念形成的實相發生了衝突及矛盾，這時會有很大的能量釋放，這能量往往是痛苦、不安、恐懼的，但是隨著時間你仍堅持新的信念，新的信念會逐漸成為強而有力的實相製造者。

另外，核心信念也會影響新的信念，舊有的信念往往是因著其上

愛　靜觀　平安　感恩　信任　信心　堅定　謙卑　接受　信念　信仰　限制　當下　力量　正面　感覺　圓滿　無求　合一　自己

位的核心信念而來，簡言之，核心信念才是舊有信念的始作俑者，上位的信念往往是你從小到大累積，換句話說，如果你核心信念沒有去處理，直接建立新的信念，這種衝突、矛盾感會令你不得不去檢視你的核心信念，因為信念間無法不一致，核心信念是你長久以來的跟隨者，它並無法一時一刻移除，因為它就是你、它是你的價值觀、你的愛，當你的新信念與核心信念相衝突時，你的新信念會出現大的挫折。

我建議應該放下新的信念與核心信念的衝突，回歸到愛與平靜，畢竟信念只是為了你們要創造出你們存在的實相，它本身並無對錯、好壞，你們往往因著自己的信念，而受制於自己的信念。

這也是為什麼信念必須隨時隨地的調整，因為信念本身並無好壞，但是使用信念的你們對於信念確有不同的想法，諸如你並不喜歡某個人，因為它具備你討厭的特質，這種討厭的特質可能是你小時候恐懼的或憎恨的，於是對於這種特質的厭惡成為你底層的核心信念，因著這核心信念，你會發現你處處厭惡（具備這種特質）、處處喜愛相反這種特質的人，這不只是因為核心信念使然，而是你徹徹底底採取信念所教導你的事，而且你確實完全接受它！

也就是說，信念只是工具，核心信念也是，你相信這個念頭，你徹徹底底相信了這個念頭，它就是核心信念。重點在於你的選擇自己採信的信念（PS 我個人認為是自由意識下選擇的信念，都是最有力量的！）。相對地，倘若你對於新的信念堅定地相信它能夠帶領你回家、（帶給你）更自由、更有力量，它會隨著你的堅定而成為核心信念，舊有的核心信念也會為之改變，甚至消失，因為你採取了它，重點不是在於信念，而是在於你本身，這也是信念最大的秘密！

慣性模式是你們物質世界的定律，你們的行為及思考模式是跟著這慣性定律走，但慣性定律只是一種對自己放棄所為的展現，如果你重新選擇你的人生，任何的慣性都會改變！

有時候，縱然我們知道該怎麼做，但我們不願意去想、不願意去面

對，甚至不願意去處理，而採取我們既有慣性的模式，這是為什麼？

　　情緒，是你們生活中扎實的界線，你們會輕易放過別人，但你們不會輕易放過自己，這是因為情緒，情緒掌控了思維，思維並沒有意識到被情緒所掌控，既有模式本身就是你們既有情緒的延伸，一切的情緒只是反映心中的感受，並不是針對你們現實生活中帶給你們困擾，不論你們怎麼做都逃離不了這種情緒，直到你發現你受夠了。

　　妄念（幻象）與障礙間的關係在於你相信、信念，也就是信念改變了，妄念（幻象）與障礙會分離，妄念是妄念，障礙是障礙，就像河裡的大石頭將河道一分為二，你將不會再受情緒、妄念所影響，因為它不是障礙了，自然不會有所影響！

集體情緒與大自然間關係

　　如果你目前是在做夢，你夢裡的世界有被工業汙染的河流、土石流、颱風、火災及洪水氾濫，或許你會去找找看解夢的書，看看這些夢代表你內心世界發生了什麼事，如果不是在夢裡而是在現實世界呢？可以看看內我（神）的解夢吧！以下我與神（內我）的對話將討論「集體情緒與大自然間關係」：

　　神（內我）：最近「看見台灣」（PS 電影）很火熱，你們知道嗎？大自然與集體意識（的情緒）有關！

我：集體情緒與大自然間有什麼關係？

　　神（內我）：幾種集體情緒對應了大自然現象：

　　金：代表汙染，是一種不滿足的象徵，大自然嚴重的汙染，與人類集體的不滿有關，你們都以為汙染與你們工業製造廢水有關，但這不是因中求果，而是果中找果，因為你們不滿足，所以你們想要盡可能擷取大自然的資源。

土：代表無力感，無力感是指你們對於外境事物的觀點，你們愈無力，整個土崩的情形愈嚴重，土石流除涉及水外，大多與無力感有關！集體的無力感可以讓世界崩塌，一個部落的無力感可以被夷為平地。

火：代表憤怒、厭惡感，憤怒之火源於對外境的不滿及厭惡　，你們厭惡什麼，只能代表你們的觀點，而不是實際的狀態，憤怒之火會燃燒自己，也會燃燒宇宙，集體意識的憤怒非常容易發生火災，這是千真萬確！

水：代表情感、罪惡感，水的流動就是情感的流動，水的阻礙與情感的阻礙相類似，當集體情感的流動受到阻礙，將會造成洪水的發生，洪水的發生乃是因為集體意識的情感流動受到阻礙，當你們了解這點，盡情的表達你們的情感，洪水將不再發生。

風：代表不安全感、移動，移動中的狀態充滿不安全感，你們充滿不安全感的情緒總會造成風的形成，風的強烈與不安全感的強烈成正比，颱風天總是出現在假日，與你們恐懼工作不安定有關！

與負面情緒共同存在，及正面循環

我們常常看到身邊周遭的人神經比較大條，即便發生很緊急的事情，他們仍然可以很輕鬆的面對，甚至是有點像裝傻般的不可思議，以前我總覺得可能每個人的生長背景都不一樣，但往往會「裝傻」的人似乎對於痛苦、恐懼或憂鬱的事情往往有較高的免疫力，就像我們打過小兒麻痺疫苗一樣，我們從此就對此疾病產生免疫力。

宇宙本身就是個循環，在這循環裡面一切才顯得生生不息，宇宙本身並不會區分一切事物的正面與負面，但它本身確有一個循環的軌道，也就是進入循環的軌道後，一切都會自發性的運轉，當我們阻礙了這自發性的運轉，就會發現矛盾、痛苦及不安，因為我們已經偏離了這軌道。但現在社會中往往人們脫離了這宇宙的軌道，

在違反自發性下自己開成了一個阻礙重重、痛苦不安及恐懼不信任的軌道，於是一切都變得很困難、競爭以及匱乏，如果我們夠「認識自己」、夠相信自己，你就會發現那宇宙最原始的自發性軌道，在那上面你不需要任何的謀略、努力，你就能得到一切甜美的果實，因為當你作出明智的「選擇」後，你就會得到一切，這又是宇宙的定律。以下我與神（內我）的對話將討論「負面情緒共同存在」、「正面循環」：

神（內我）：我知道你很想問共同存在的問題，尤其是與負面情緒部分，你大膽地問吧！

我：生命中如何與負面情緒共同存在？

神（內我）：負面情緒，當你解釋為負面情緒時，你就逃脫不了負面情緒的困擾，負面情緒只是忠實反映你們的感受、委屈、憤怒、恐懼等，這些感受也是忠實反映出你的信念及人生中的觀點！

與情緒的共同存在，就與你自己平常一般，不應該特別設限，當你有恐懼、憤怒特別不好的感覺時，你應該放下你自己，你的感覺就會慢慢消散。如何放下自己，你們日常生活都會有一個或數個點作為焦點，將焦點模糊掉，模糊到你也不清楚如何掌握焦點，刻意模糊焦點不是不誠實的表現，而是更誠實，「裝傻」是為了你們生命中取得一定的平衡，不是刻意鎖定什麼焦點！

譬如你愛一個人，他卻令你痛苦，如何模糊焦點？模糊焦點就是先將意識不是放在他，而是將意識不放在任何一點，假裝一切都沒事，你的意識三不五時還會拉回那痛苦的焦點，痛苦只是短暫的，但如果你堅持（執著）將焦點放在那裏面，痛苦會延長！裝傻（將焦點意識模糊），將能徹徹底底改變你頹廢的人生。

任何的循環最後都會回到你的念頭，而你當下就會發現這是一種體驗與創造的遊戲！

說到循環，我有一種認定（識、觀念）、感受（受、感覺）、想法（想、思考）、表達（行、行動）好像是一種循環？

受、想、行、識本身是一種循環，當你在愛裡，你將感受到無比的愛，你的認識、想法也會圍繞在愛裡，浸潤在愛裡，不知不覺你的行為舉止都在愛裡，包括表達。你怎麼認定愛，你就是活在愛裡，你不去認定愛，你就不是活在愛裡。

受、想、行、識本身是種循環，這種循環可分為正循環及負（PS非正）循環，愛的認定是正循環的關鍵，行動可迅速將負循環轉換為正循環，愛的表達就是行動，就是連結正、負循環的橋樑。你們陷入困苦，是因為你們壓抑愛的感覺，你們不敢用行動表達的愛，更糟的是你們感受到的、你們認定的，都是負面的循環，也就是非愛！我建議你們認定是愛、感受是愛、想法是愛、表達（行動）愛，因為這是一切正循環的原形，這也是我對你們的期許，你們可以選擇愛或非愛，你們的感受也會因著這個選擇而生。如果你們在負面循環，也是因為你們選擇認了非愛，認定非愛、感受非愛、想法非愛及表達（行動）了非愛，這全部都是你的選擇！

當你們認定事情為愛，這不是欺騙自己而是對自己的誠實，誠實的人懂得保護自己，因為當你們認定事物為非愛時，你們感受就是非愛，你們的想法亦然，更惶然你們的表達非愛，這就是負面的循環。愛你們自己，就該從認定開始、感受、想法，最後表達都是愛，這是最誠實的展現！

限制就是分裂

讀這本書你會慢慢發現自己的真理及實相，那就是「認識自己」，我們的意識本身是「一體」且完整的，我們意識所及的地方，就是我們自己的投射，這是目前科學所無法驗證的，因為科學本身就是個限制，如何去測量無限制的我們呢！而我們最主要不會相信這點，是因為我們的感官無法感知到從你旁邊裝水的杯子、到家裡

的電視機、隔壁老王，甚至是你暗戀的女孩都是你自己意識的投射，但當你相信這點，你會愈來愈相信我所說，因為「內心平靜」會證實這一點！

愛因斯坦的狹義相對論中，他發現 $E=MC^2$，也就是能量的總和等於該質量乘以光速的平方，換言之，當質量減少也就是原子分裂而質量減少時，會放出該原子所減少質量乘以光速平方的大量能量，這就是目前核能發電或核子彈初步的原理。而可以想像我們的意識能量也有狹義相對論的適用，那就是當我們所投射出去的意識能量，也就是日常生活中我們所遭遇到的人事物，當我們並沒有負責任的面對它，我們並無法獲得「內心平靜」，因為我們所投射出去的自己會不停地回來向我們求救，那股大量未被平息的能量在心中盤旋，這也是現今社會大多數人過得並不怎麼好的主因。以下我與神（內我）的對話將討論「限制就是分裂」：

神（內我）：限制最重要的就是分裂，分裂是痛苦的根源！不論什麼痛苦、恐懼，都源自於這種分裂！

我：什麼是我們分裂，當分裂時是否會有痛苦大能量的釋放？又什麼是否定、抗拒、擋住、逃避自己的感覺？

神（內我）：感覺是你們最忠實的朋友，因為感受反映出你們扎扎實實的信念，如果你不知道你有什麼限制性的信念，觀照你們的感受吧！

你們否定你們的感受，就等同否定自己，你們有時為了將感受反映的限制信念合理化，所以你們針對感覺或感受會採取擋住、壓抑或抗拒、逃避的方式來面對你的限制性信念，當你愈去抵抗它或逃避它的存在，你就是愈在強化它的力量，因為任何感覺或感受經過抵擋後，都會因為累積而增強其感受的力量，無論如何，你否定了你的感受，你就是在承認你的感受影響了你，而這種承認不需要經過任何人證明，因為你的否定、抵抗、或逃避已經證明了這種感受的存在性，並徹徹底底的讓它與你分離！

感覺與你的分離，其實是你與自己的分裂，因為感覺代表你忠實地反映出你的限制性的信念，而你為了要符合你的限制性信念，所以你必須要分裂你自己，以適應這限制性信念所帶來的感覺，你與你分裂力就像原子與原子分裂會產生極大的能量，我指的是負面的能量（諸如：不快樂、不平安、恐懼、憂鬱、甚至是憤怒），這與愛因斯坦的狹義相對論類似，當物質質量減少時，它會以能量的方式呈現以達到所謂的平衡，你們與你們的分裂也會有能量（PS 負面能量）釋出以達到平衡！

平時你們在認同彼此，你們的外境與你們的想法一致時，會有極大的喜悅感覺，那是一種回家的符號。你們希望你們日常生活過得好，你們就必須（內境）認定與外境一致的念頭——那就是愛，你們渴望愛是源自於我對你們的期待，愛是一種認同、愛是一種美好，內境的狀態是愛，而實際上外境的狀態也是愛，所以認定愛、解釋愛、感受愛，最後表達愛，這是一個正的循環，對你及你自己的進化都有幫助！

你們隨著你們的感覺直接地畫出你們的人生，你們的人生就是追逐與抗拒，而當你們跳脫這兩種循環後，你就感受到無比的平安！

如果人生就是追逐與抗拒，那為什麼我們看見什麼想要的，我們就會想要擁有？看見什麼不想要的，就會想要抗拒？

想要與不想要是種原始欲望的衝動，它本身就是愛的流動，所以不要認為想要或不想要是不好的，它是你們聯繫或溝通的窗口，因為它可以以你們的感受、想法透過想要或不想要流通到彼此。

至於這種原始的衝動是源於內我的渴求，內我無法體驗到自己，故派出你們來所謂「架構一」（PS 物質世界）的地方體驗自己，體驗藉由愛創造出一切，體驗你們就是愛，體驗你們在困苦、痛苦、甚至匱乏的狀態下自由意識選擇愛，再次證明你們的本質並不會因為匱乏或是困苦而有所改變，而是因為創造出自己的愛，因為愛本身就是一切平安的基礎，而非愛是不平安的根源。

　　想要及不想要都源於內我，是因為內我同樣也能藉由你們體驗架構一，換句話說，你們看到、聽到、聞到、觸碰到、想到的，內我都自己納為己有，但是在物質世界的你們並無法這麼做，你們想向內我效法，於是你們出現了原始欲望，這是一種很巧妙的設計，它往往源於你們的經歷及成長背景，但是原形仍無法脫於內我！

　　不想要的則是因為非愛，任何事情的不想要，都是因為非愛的原因，因為你認定它是非愛，所以你不會想要。於是你與不想要的東西產生了一條非愛的界線，這是另外一個原始的動機。但是因為內我並無非愛，在內我境內一切都是愛，故當你（的不想要、排斥）跟內我（PS 已納入）發生了衝突，就會產生矛盾與不安，換句話說，不想要是一種界線（限制），它並無法驗證你的愛，故我建議你們多專注在你們想要的，而不是不想要的！

趣味性與自發性

　　小時候我們玩玩具，並不是有什麼人教的，也不是出於任何的目的或所求，我們只是本能性的出於「趣味性」及「自發性」，我不得不承認很多人長大之後已經忘掉了我們還有這兩項神所賦予我們最好的禮物，實際上如果我們無法經常性的處於「趣味性」及「自發性」的氛圍中，我們自然無法時時刻刻放輕鬆，想要品嘗生命的片刻平靜，將是一件很奢求的事。以下我與神（內我）的對話將討論「趣味性」與「自發性」：

　　神（內我）：你想要以趣味性來導向你的人生，但往往你卻是被你過往的性格所限制住，是吧？！

我：是啊！感覺做什麼事一定要有趣味性、好玩，這一生才沒白過啊？

　　神（內我）：趣味性是一種你們對於生活的宣示，生活本身就是一種創造，在苦悶時無法創造，因為創造本身也是愛及放鬆，如果你

真的愛你自己，就該學會放輕鬆、相信自發性、做事以趣味為導向而非目的。

　　日常生活中你們遇到太多苦悶都是因為你們普遍接受這種苦悶而不自覺，當你下定決心要遠離這種苦悶時，這種苦悶的生活就會逐漸遠離你們而去，趣味性、好玩的事物本來就是你們的原始狀態，不然你可以看看你們小時候不是都在玩具堆裡打滾嗎？

　　要打破限制，你必須建立一個正確的心態，就是你必須學會放輕鬆，懂得以趣味性、好玩的心態面對所遇到的事物，因為愛的定義本身就是專注在過程、分享這個過程而不是目的，所以你也可以說「活在趣味裡就是活在愛裡」！

當
下

認識自己與當下

　　當一個人活在當下之中，是沒有痛苦、恐懼、憂鬱的，下次可以特別留心一下，當你很專注分享一件事情前先看一下手錶是幾點，當你分享完時再看一下手錶是幾點，你會發現這兩個時間點之間，你幾乎沒有什麼留意到時間，你似乎意識穿越了這經過的時間，直接到你分享完後的時間，這其實不是你沒有留意時間，而是「時間」本身就是一種幻覺，這種幻覺為你所毫不思考就接受的核心信念，所以它（時間）可以毫無保留地影響你，而「時間」是造成我們痛苦、恐懼及憂慮的主要原因。

　　你可以試著問自己一個問題，你是否會為過去發生的事情而痛苦、憂鬱！你是否會為未來發生的事情而煩惱、恐懼！如果就時間的概念而言你是活在「現在」，那為什麼你或為「過去」的事痛苦或為「未來」的事憂慮及恐懼呢，這只能有一種可能可以解釋這答案，針對你的意識而言，過去、現在、未來是集中在一個「點」，那個點就是當下，也就是你意識集中的地方，我們也稱作「信念」，我們也可稱為當下是你的本質－－「愛」，進入「信念」及「愛」

的狀態就是活在當下。以下我與神（內我）的對話將討論「當下」：

神（內我）：時間本身是種幻象，如果你不懂什麼是當下，你只是繼續困在時間裡面而已！

我：什麼是當下？

神（內我）：當下本身並不是指時間，時間本身是一種幻象，這種幻象是相對於你們感知者的信念，換句話說，如果你們用時間來看當下，則會陷入每個人的時間都不同，實際上當下是一種愛的狀態，一種絕對的情況。當下就是指——愛，當下不是時間及空間，當下是一種進入愛的狀態，舉例來說，當一人專注在分享過程，不問什麼過程，它都是活在當下，相反地，倘若一個人他竭盡所能活在目的裡、活在非愛裡，他只是活在自己的妄念及幻想中，時間的經過正好驗證了他自己的幻想及妄念！

簡單來說，愛與當下是指一體的兩面，愛是指無所求的分享及專注在享受、分享過程；而當下是指進入這個過程的最終狀態，也就是一種安定、不被打擾的狀態，套一句你們佛教的講法叫做「不退轉」，一切在安住且不退轉的狀態。在這狀態中，愛與你就是當下，在當下之中你不會退轉，在當下之中你可以跨越過去、現在及未來，我講得是千真萬確！

你還想問些什麼呢？

「當下」如何運用，可否再具體說明一下？

你們要建立一個信念，那就是「當下」你們能處理任何問題，這個當下不是指現在而是一種信念的狀態，每個人都有他的恐懼及限制，這是因為你們的核心限制性信念所致。你們會害怕改變，那是因為你們的恐懼及限制讓你們以為安全是一種你們求來的或是爭取來的，要把你們手中的安全搶走，就是對你們的一種宣戰，你們當然拚命阻止改變，這是一種恐懼反動，這種恐懼會阻礙你們直下承擔的勇氣及信心，於是你們更害怕改變，因為在逃避中會有更多的幻覺！

直下承擔與相信自己一定能，往往都與一個自由與力量的信念打開有關，那就是不再相信時間的線性，而完全回歸到當下你就能處理任何問題，當下是指融合信念與愛的狀態，也就是當你遇到任何問題時，你會意識到「當下你就可以處理，只要你願意處理就可以處理」，也就是你不會為未來擔憂，你不會為過去的事情煩惱，因為當下就可以解決及焚化你所有的擔憂及煩惱，我說得是千真萬確！

當下，是指你進入愛及信念的滋養之中，你會發現你無所不能，而當下與另外一個力量及自由的信念有關，那就是「行動」，你的人生以行動為指導原則，也就是你相信行動可以解決任何的問題，我所指的行動包含表達及動作。行動能夠解決你所有的煩惱及苦難，因為你將意識的焦點放在行動，而行動以外你仍是相信行動，這是一種很特別的機轉，愈相信行動的人愈能感受到當下的威力，因為行動象徵著當下的信念展現，他是在物質世界（PS 架構一）中你們得天獨厚的禮物，在我們（內我）這裡行動只是念頭，而你們的行動包含直接將念頭的表達及相信自己的念（頭）得以執行。

當下是威力之點

如果你發現你當下可以改變過去及未來，那是多美好的禮物啊！現在我就要給你這個禮物，當下的確可以改變過去及未來，只要你「信念」的改變，也就是你相信的那過去或未來改變了，過去及未來就會改變。

過去發生的事情對於你而言是存在於哪裡呢？「過去」存在於你的記憶及與你互動的集體意識的記憶裡，換句話說，當你信念改變時，你的記憶及感覺就會改變，而集體意識的記憶會因著你的信念改變而改變，舉個例子，你在學校班上的成績如果很糟，現在你就改變你的信念相信你的成績很棒，當你真的相信了，你就很神奇的找出方法及享受努力的過程，外境中原本瞧不起你或不尊重你的同學或老師會因著你信念改變而心電感應式地感應到你的表現，而內境中你也會如此感覺。

　　未來的事情已經發生，只是你還沒經歷到，我們往往對於未經歷的事情常常抱持的懷疑及不信任，以至於我們常常對於未來充滿了憂慮及恐懼，卻忘了當下的念頭可以改變已發生的未來，這種拉住自己的信念往往導致我們無法帶著我們有力量的「信念」向前行，未來只是種可能性，這種可能性縱然已經發生，但仍然可以因著當下的改變而改變。以下我與神（內我）的對話將討論「當下是威力之點」：

　　神（內我）：當下充滿威力，這是你們賽斯曾經提過，我知道你想問這個問題！

我：有一本身心靈的書寫到關於「威力之點是在當下」[3]，是什麼意思？

　　神（內我）：當下，我是指愛的狀態，你們的力量源於愛，也就是說當你處在愛的狀態，你可以發揮你們的力量，改變這一切，也就是說當你們處在愛的狀態，你們不但百病不侵也沒有任何事情可以傷害你們，因為你們充分利用內我給予你們的力量在外境中處事，這是一般人所稱的奇蹟，前提是你們充分進入愛的狀態，也就是當下！

　　當下可以改變過去及未來，是因為過去及未來本身就是一種幻象，它存在於你自己及集體的意識當中，你們完全的接受這種幻想並且把它當作你們最核心的信念，在這（時間）線性的過程中，你們幾乎逃脫不了過去發生無法改變，未來將發生的痛苦及恐懼預期，但我必須告訴你們，你們充分活在當下，可以改變過去及改變未來，因為過去、未來根本不存在，只有活在當下或活在妄念之中，我這樣講或許很多人無法了解，但我必須告訴你們：不管你們了不了解，只要你相信我的講法，你的人生就開始改變了！

　　當下是威力之點是指，當你徹徹底底了悟自己是愛，並活在愛中，你就有力量改變，改變任何你不想要的狀態直到想要。與其說你們活在愛裡，不如說愛就是你們的本質，你們展現自己的本質就會散發出合一的能量，合一的融合，它是相對於分裂的能量。

 3　Jane Roberts 著，王季慶譯，〈個人實相的本質〉，賽斯文化，2010.8，頁557。

當下是威力之點是指，你可以運用你的信念及你的愛改變一切，包括過去、未來及現在的任何實相，而光當下是威力之點本身就是一個信念，威力是相對於你們使用者而言，如果你們在當下可以改變任何你們以為無法改變的事，是否有力量呢！

你們都忽略了過去及未來都可以改變，以至於你們常常被時間所困住！

是啊！我有聽過一種說法，過去及未來是兩條河流，注入到當下這個湖泊，而取當下的湖水則是由自己的信念取之，所以說當下真的可以改變過去嗎？而未來是否已經發生，當下也可以改變未來嗎？

如何才能讓你們相信你們不是活在現在，而是活在當下，也就是活在愛的氛圍裡頭，又什麼結果會讓你們發現如果你們的焦點從現在抽離會發現些什麼？我可以老實告訴你們，如果你把你的焦點從現在抽離，你會發現你只是一團能量，並藉由你的意識導引出你的實相，這是千真萬確！

這一切都是你們選擇進入這種狀態，它是由你們的能量及意識所組成，過去、未來、現在是藉由時間、空間所組成的一種幻象，這種幻象為你們的信念所接受，你們常常困在這線性的過程中而不自知，實際上，過去、未來、現在是在同一刻。也就是這種狀態，你們毫不懷疑地相信且接受了線性所帶來的限制，你們無法擺脫過去所犯的錯，甚至是傷痛，換句話說，你們陷在自己的幻境中，痛苦、憂鬱、甚至是恐懼種種因著這痛苦的幻象、記憶而出現，因為過去發生的無法改變，這是一種你們接受的核心信念。因為這種限制的幻象，你們會毫不猶豫地接受它所帶給你們的痛苦及苦難，這些痛苦都不是真的，是你們心理對於限制性信念的一種反射，你們毫不猶豫地相信它，他們就直接出現在你們生命的歷程之中。

在你們的現在，未來已經發生了，因為未來只是種可能性，一種因著你們的信念及愛的結果，（未來）確實在你們採取的信念的同時已經發生，未來之於你們是種負擔，你們總是擔心未來發生什麼事，

你們總是期望未來有什麼好事發生，於是你們就活在這種未來的幻象之中。實際上你們這種幻象反而是不存在的，但卻又深深影響你們。

過去、現在、未來都在同一個點，那個點就是當下，當下會因著你的愛及信念而有所變化，這一切都是為了你而設計的，當下是威力之點，是指當一個人在當下的信念趨近或完全成為愛時，你將會體現現在、過去、未來都在同一點，過去、未來及現在這種線性的思考僅存在於你們的信念裡，它確實並不存在！

只有一種可能那就是過去、現在、未來都在同一種狀態，那就是當下！如果你們相信自己的直覺，就該對於時間放下既有的信念，因為那是最大的幻象之一，當你發覺過去只不過是你記憶的暫留，那種幻象就慢慢對你不產生作用，相對地，未來只是因著你的期待或恐懼擔憂而產生的對照物，也就是說，當你清楚這種未來的假象是因為你的期待或恐懼擔憂而產生時，這種未來的幻象就會逐步對你失去影響力！

過去及未來真的可以改變，只要你的當下的信念改變，尤其是當你的信念是愛的時候，你更可以清楚地感覺到過去及未來的改變，因為信念即是當下之威力點之精髓所在。過去、未來都繫於這當下的信念，過去可以隨時因著你當下的信念改變而變，譬如你對於過去某件事情耿耿於懷，而就是在你過去的信念裡頭認為無法改變了，所以你連改變的想法都不可能產生，但當你知道過去可以改變的時候，你開始建立愛及包容的信念，對於過去的耿耿於懷的事件，你慢慢沒有感覺，以至於沒有記憶，你根本記不起來這件事，相對地，這件事對你來說根本沒有發生。

未來確實已經發生了，未來是因著當下的一種可能性，它本身並不存在，也就是坊間常常有些人可以預測未來，其實他們只是體驗到這種可能性而已，他們並不是真的可以預測未來，沒有任何人能夠預測未來，因為未來確實不存在。未來繫於當下的信念，如何決定未來是繫於你們當下的信念，也就是說，只要改變當下的信念，未來就會改變，因為未來只是一種已經發生的可能性而已，它確實不存在！

更加認識你自己－－意識之點

這世界上最痛苦的往往不是什麼事所造成,而是造成之後的那種狀態,佛法所說的「無間」就是指這種狀態,「無間」就是指當你痛苦、恐懼、憂鬱、躁鬱或苦惱時,這些痛苦持續不斷的來,令我們痛苦的不是這些痛苦、恐懼、憂鬱、躁鬱或苦惱的本身,而是它們持續不斷的來,導致我們失去對於自己的主控權,及喪失信心與力量,但當你愈「認識自己」,你會知道意識本身是以「點」的方式進行流動,而將所有的事都在你心中以「點」的方式呈現,而非不斷的侵擾,你可以放輕鬆好好品嘗一下這個生命中之「點」,再苦的咖啡,都能成為你這下午茶美味飲品。以下我與神(內我)的對話將討論「意識之點」:

神(內我):我知道你下面問的問題很重要!

我:當下與歸零間的關係為何?

神(內我):意識本身是以「點」的方式進行流動,這流動的感覺是你們時間線性的覺察,意識的流動會讓你們以為你們陷在意識所投射之中而無法逃脫,實際上這是一種幻覺,一種您們的核心信念,一種限制你們永遠無法自由的信念。

如果你們意識清楚的時候,你們的當下是指這個「每一意識的點」,當你充分認識到每一個點的時候,你們就該了悟其實因著這個「點」你能處理任何問題,因為它本身是點而不是繼續性的困擾或擔憂。因著這個點,你們建立能處理任何問題的信念,因著這個點你們立即頓悟回到「零」的重要性。只要你讓自己隨時因著這個點而為「零」,你就能隨時享受平安及喜悅,這是一種恩寵狀態!

為過去痛苦、為未來擔憂與抗拒、逃避

在 2012 年 12 月 21 日經過後,人類已進入下一個重要的紀元,

那就是心靈上的革命，以往我們對於物質的追求將出現一個瓶頸，因為在物質的追求上會出現嚴重的匱乏、競爭及分配不均，而大多數人會處在「為過去痛苦」、「為未來擔憂」、「抗拒」與「逃避」的狀態，或許對於很多人而言將很難熬過這段期間，所以這本書出來了，如果願意信任自己一次，你將會信任自己一輩子。以下我與神（內我）的對話將討論「期待」與「記憶」：

神（內我）：不要為過去的事情而煩惱，不要擔心未來發生的事，你願意相信而放下這些不必要的負擔嗎！這些都是幻象卻又影響著你們！

我：為什麼我們總會活在未來的預期裡，而擔心受怕？為什麼我們會被過去的記憶所制約？

神（內我）：期待與記憶都是你們日常生活中習以為常的事，你們以為你們的人生就是這樣，你們自然而然接受了這層的觀點，更重要的是，你們日常生活中徹徹底底體驗了這樣的模式，所以你們自然活在預期及記憶裡。

當你們意識到你們處在預期及記憶裡時，你們就該立刻跳開這層陷阱，回到你們自己裡面，不要被任何外境或外境引起的念頭所牽絆，因為你們自始至終都是自由而不受限制的。

裝傻，針對外境所引發的預期或記憶你們該選擇裝傻，這並不是騙你們自己，而是更誠實地面對你們自己，因為有些陷阱或事情，你們本來就不該進去，不可能進去後又抱怨要出來，這不是多繞圈路嗎？！

不論你採取什麼行動，你都是前往你想要的方向去走，但是同時，你又在抗拒你不想要的！

是啊！為什麼我們大部分時間都是在如何避免或抗拒不想要的？而不是專注及迎接我們想要的？

牽引你們的注意力，在這物質世界裡面，你們會被各式各樣的花樣所牽引注意力，包含你們不想要的事，你們不希望發生的事，你們卻仍專注在不想要發生的事上，你知道為什麼嗎？因為你們的注意力已經相信只要把不想要的排除就可以回歸到想要的，這是一種很荒謬的信念，但是幾乎每一個人都有這樣的核心信念。

回歸到想要的事情，最重要的是重拾自由及力量的信念，這需要段時間，因為你不想要的事不是去排除它，因為你愈排除愈強化它的存在，因為「它」就是「你」！反而是遇到不想要的事應該立刻跳開，讓自己專注在想要的事上，我建議你們專注在自己身上，把任何不想要的事放一旁，將自己的注意力放在自己想要的人、事、物上。

困境，你們真的以為你們陷入困境嗎？！還是你們信念出現了矛盾，你們對於時間的線性太過於執著？！

現實上，應該如何突破困境，對我們比較有幫助吧？

先放下困難、放下自己，體驗內我給我們的幫助，這幫助可能是各式各樣的，可能不是我們想要的，但絕對是平安與喜悅，帶我們脫離困境往往不是外境而是內境的調整，只要對自己還有一絲絲信心，就該看到自己的困境與內我的切斷有關，在每一刻困境都該被視為內境的匱乏，內我會以外境的困難來幫助我們「面對」內境的匱乏，相對地，內境的匱乏被妥善處理了，外境的困難就會消失！

再次與神（內我）連結

每天結束辛苦上班後，我們最想要做的事情就是「回家」，回家這一詞往往是象徵著平安、滿足、幸福、舒服及一種歸宿，我們回家往往是搭捷運、搭公車或開車，但心靈上的回家呢？大多數人往往已經忘記了如何心靈上回家，而多半藉由沉溺在物質上來逃避或抗拒心靈上想要回家。

　　心靈的回家只要靠你找到「內心平靜」，而由「內心平靜」找到你的「神」（內我），他會引領你找到你這一生的價值，在價值完成中你的回家已經獲得保證。曾經有一個農夫在田裡耕種，他發現田裡埋藏著一些黃金，他很高興把這些黃金挖出來分享給村裡的窮人，這名農夫回家後告訴他太太這件事，他太太大罵他一頓並告訴他我們自己也很貧窮啊，為什麼不將這黃金帶回家裡，但農夫卻反跟他太太講如果我們挖到黃金將它私藏於己，我們將無法擁有這批黃金的價值，我們的價值只彰顯「匱乏」及「恐懼」。外境的事物只是我們所賦予的意義及價值，如果撕掉這意義及價值的標籤，它本身並無任何價值，但內境（心）的信念及感覺（受）卻是你可以永遠帶走的「價值」，你可以選擇外境很有錢，但內心卻充滿不信任、不滿足及恐懼匱乏，不論你外境能有錢多久，這輩子或輪迴後的好幾輩子，你的靈魂最終仍須面對你不信任、不滿足及恐懼匱乏的「價值」，因為這就是我們的功課，不停的輪迴就是幫助我們價值完成。以下我與神（內我）的對話將討論「與神（內我）連結」：

　　神（內我）：內我就是你們自己的神性，你們從此而來，你們會覺得孤獨、孤寂，是因為你們不相信自己的神性或佛性了！

我：所以相信內我一定會照顧我的，你真的就會幫助我們嗎？

　　神（內我）：內我會照顧你們就像太陽會提供溫暖的陽光一樣自然，你們無須懷疑內我的存在，甚至你們該相信內我一定會照顧你們的，因為當你相信時，你就再次建立了橋樑與內我聯繫，縱然你們仍然感覺不到它的存在。

　　橋樑是指你們與我的連接，這橋樑其實一直都存在，只不過你們多年來用信念、用非愛將這橋樑一次次打斷，我已經慢慢無法將能量完整地供輸給你們，這也是為什麼你們經常會發生不快樂及憂鬱、恐懼的原因。當你們與我再次的聯絡上，這份光的傳輸與恩寵的感覺將再次降臨到你們身上，愛本來就是每個人都能分得的雨露，但是你們卻將自己的門關起來，甚至把鄰居的門也堵住了，造成你們自己與鄰居一同受苦，這絕對不是愛，也不是我派你們來體驗的原因，我們與

內我將再次合一，在此以愛的感覺共同結合，這是我對你們的期望，也是你們相信內我會照顧你們最主要的原因，因為你們始終需要我的降臨！

任何的不安及痛苦都是分裂的展現及體驗，實際上分裂會產生一股不安及痛苦的能量，這由你們的狹義相對論都可以證明。直下承擔、與一切合一（PS 合一的清理方式）都是我之前教你們的方式，今天我在教你們可以「相信內我一定會照顧你們」也是一種你與內我合一的方式，這些心法我希望你能幫我傳下去，我也將提供一切你傳播這些心法所需要的幫助！

— *Note* —

愛　靜觀　平安　感恩　信任　信心　堅定　謙卑　接受　信念　信仰　限制　當下　力量　正面　感覺　圓滿　無求　合一　自己

力量

力量來自於你的選擇

　　白天與黑夜的運行來自於地球的自轉，幾乎每天的白日與黑夜都同等長，如果我們只要求有白日而完全不要有黑夜，就會形成像在南北極般幾乎半年永晝半年永夜，正面與負面也是來自於同樣的道理，如果你只要正面而不要負面，負面的力量就會像永夜一樣一直籠罩著你，直到你去面對負面，並且與負面共同存在。如果一個人無法與恐懼共同存在，他就不會體驗到真正的勇敢，而一個人如果能與恐懼共同存在而不受其影響，他會體驗到不論做什麼都很勇敢（自然的勇敢），這是因為恐懼本來就是勇敢的根源，如果你不了解恐懼並與恐懼共同存在，你的勇敢只是不堪一擊的城牆。

　　在物質世界中，當你將物質給予別人，或將力量施予物體上，你的物質或力量就會減少，但在內心的狀態剛好相反，當你內心「選擇」給予或願意承擔時，你的內心會愈富有、富足，及力量會更強大，而外境本身是內心的投射，當你內心充滿富足、信心、信任及愛時，你的外境絕對會讓你跟你的內心一樣富裕、富有，這是一般人很難理解的事，但我必須說這難理解是建立在你從小到大所受

的教育、經歷、經驗及大多數人的共識，簡單說，這難理解是建立在你的核心信念裡，也就是當你信念改變時，你不但能理解這「真理」，而且你會充分地改變你的生活，你會邁向富裕及富足，因為這就是這本書所要分享的道理。以下我與神（內我）的對話將討論「力量」：

神（內我）：生命中的力量是指你們對於外境的感受及重新塑造你們的價值，你時常感受到無力感，是因為什麼？！我可以老實跟你們說，是因為非愛！

我：那什麼是生命中的力量？

神（內我）：你們的存在是依靠著一種存在感，這種存在感是一種需求與供給的關係，這份愛是我給你們的力量依存關係，你們的存在感需要靠這份力量感受到你們自己的存在。供與需的關係聯繫到這份力量感，換句話說，你們一切的動機都與供、需有關！

當你們需要人幫忙時，你們會感受到無止境的無力感，這是因為需求本身就是會讓力量消失，而供給方則是創造出力量給予別人的人，供給愈多力量的人他的力量會愈強，力量愈強你會愈供給別人，這是一種善的循環，它是依存於愛及善之間。力量，其實是一種供給的意願，當你愈願意供給時，你的力量會愈強，這與直下承擔相同都是愛的展現，因為愛會愈分享愈多！

不要以為自己的力量是別人給予你的，這完全是種限制性的信念，讓你們無力量，你們的力量是你知道「你要為一切負100%責任」！

為什麼當我感覺到「我要為一切負100%責任」，我當下就會有力量？

力量，是源自於你們對於一切的誠實，當你打從心底覺得你要對一切負100%責任時，你就是在對於自己最大的誠實的宣告，你們所看到、感知到的一切都是你們的投射，這是宇宙最大的真理之一，換

句話說，你們都在逃避或抗拒承認一切就是你們的投射或分裂，這種逃避或抗拒是造成你們痛苦之主因，我必須告訴你們，如果你們愛你們自己的話，你們對於一切事物就應該開始宣告你們要為一切負100% 責任，這不但是將力量的取回，還是對於你們自己及內我最忠心的舉措！

力量源自於你們對於事物的認知，也就是你們認定事物對於你們而言是有「責任關係」，而不是逃避或抗拒關係，這非常重要，直下承擔的意義在於你選擇承擔而不再逃避或抗拒，事實上，當你選擇承擔時，它（事物）將不再困擾你，反而是一種共同存在的平安！這平安繫於你與你之間的合一關係，你開始接納、接受你自己投射出去的你，也因此，你會感受到絕大的恩寵及平安！

面對

我們這一生其實有很多事情不敢面對，不論是金錢、家人關係、健康、愛情、自己的陋習或是自己自卑之處，有些時候我們已經習慣自己長久以來所建立保護我們的信念，它像一條長長無邊境的護城河保護著你及它自己（信念），於是你可以放心的不去面對自己所恐懼、痛苦或憂鬱的事，這樣聽起來還不錯！但你所不敢面對的恐懼、痛苦或憂鬱，之前我們曾經提過它們是你意識的投射，它們本身有自主之意識，它們會向你求救，於是當你的信念護城河建設得愈鞏固，它們就向你求救的意願就愈強壯，於是你這一生都必須要對抗或逃避你所不敢面對的，你的心一輩子都無法得到真正的平靜，直到你去面對它，並且直下承擔與它共同存在。以下我與神（內我）的對話將討論「面對」：

神（內我）：最近有什麼新的體驗及感覺呢？

我：最近有二種感覺，第一種感覺是隔著鐵門外發生奇怪的叫聲，如果不敢打開門，你永遠只能活在恐懼及猜疑的逃避中；第二種感覺是當快速移動時（抗拒時），會起風（痛苦），但平靜時卻無風

這與抗拒好像啊？

　　神（內我）：不論你怎麼選擇，你都必須面對你會選擇抗拒或逃避這個問題，因為沒有人會想要面對一個他恐懼或懊恨的議題，直到他發現面對才是唯一的方法時，你們才能體會到不要逃避或抗拒，這是給你們的警示，任何事物縱然當下不敢面對，但是你們應該先認定這個問題是愛，當你們感受到愛時，自然而然有勇氣去面對這個問題，因為所有的非愛才是你們恐懼（逃避）或抗拒的原因，這是唯一的答案！

行動

　　常常聽到人說「等一下再做」，我常常跟人建議最好把這句話從你的人生中拿掉，因為這句話是最容易讓你造成無力感的信念，你以為你等一下再做，其實你是宣告「你不想做」，試想想看你想要成為一個有力量的人，卻不停宣告「你不想做有力量的人」，這種矛盾及互相抵銷的力量會把你拉到什麼樣的狀態呢！就是心中會產生很大的無力感，這種無力感會把你的人生拖到黑暗及負面的盒子裡面而無法脫身。

　　如果你想要過好的生活，當下就要開始檢視自己的信念，即便一個小小的念頭都會抵銷你想要過的生活的信念，而行動是最好的相信及念頭，你可以過得更好及更棒，只要你記得「信念」及「行動」就對了。以下我與神（內我）的對話將討論「行動」：

　　神（內我）：我知道你很想問如何讓自己平安，雖然我已經跟你討論很多了，不過你還是問吧！

我：心中有負面情緒，如何具體有效行動，讓心中回到平安？

　　神（內我）：你們日常生活中遇到的困難，你們都傾向怎麼做？你們會去檢視信念嗎？你們會去感受到愛嗎？你們會去感受內境的感

受嗎？還是一味在外境中打滾，昏了頭也在所不惜。

生命中有太多的苦，是你們將內境的挫折轉化為外境的困境，你們將焦點放在外境，卻忽略了外境給你們的提示，內境出了任何狀況，你在外境都可以看得見；外境出了問題，你們卻不檢視內境。愛本身是平等無偏見的，永遠對於外境的「苦」執迷，就是對於自己的放棄，具體的改變自己最有效的方式，就是改變信念！

最有效改變的信念就是——將內境與外境顛倒的狀態改變！你該檢視你的內境，並且「認為」一切都是內境的延伸，這「認為」的強度，將與你人生的幸福度成正比！

行動本身就是信念的展現，因為你相信你才會行動！如果你認為你現在過得不好，你就該採取行動，行動本身象徵著「愛」與「進步」，你們都忽略了你們的行動是用來「對你自己負責」，如果你們不負責，你們將連自己也看不起自己，這是你們過得不好的主因，應該是唯一的原因。

所有的幻境只是考驗你們是否「沉著」及「穩定」，最終的結局早已有了定數，但過程象徵著你對於「價值」的堅持及信心！這個價值是愛你自己、愛傷害你的人、愛一切，直到「你成為愛」！

你知道為什麼會有負面情緒嗎？因為缺乏「愛」令你們隱隱作痛，你們選擇不去「愛」，卻又怪痛苦，矛盾的信念與矛盾的行動無異，如果你們夠愛自己的話，「一致」化是你們成功及夢想實現的里程碑，你們永遠不知道未來會發生什麼，但我知道！如果你們夠相信我的話，就會選擇採取「一致」的信念、「一致」的行動，再困難的事，都是你們對於事物的解釋，解釋權在於你們，你們卻不肯對於你們的解釋負責，逃避不能解決問題，濫用自己的信念更不能成事！

行動即是信念的展現，信念的改變即是行動的改變，改變是為了更好，如果你們發現不了改變的點，將無從改變！「存在」的價值在於「愛」、「行動」，「存在」是你們每個人又渴望，又巴不得體驗

之事，存在的價值是體驗愛、體驗自己，體驗你自己就是愛！

接下來你將問具體的方法，我也將一一為你們解答！

是啊！如何具體行動讓自己變平安、喜悅？

行動就是愛的體現，沒有行動你將漸漸失去愛。讓行動來證明對與錯是不智的，行動的本質是你與愛的結合，不是用來證明。

這世上的事，往往是建立在你們是否想要以及你們是否能夠達成，每一個舉措、每一個步伐，都是你們渴望的行動，你們不曉得犯過多少錯？有多少的限制？導致你們的行動受到阻礙，你們會刻意扭曲你們的行動來符合你們的限制，因為所有的行動都是信念的展現，不是其相反！

具體的方法有：

1. 放下你自己、放下所有的事，直到發現你自己！發現你自己就是看見自己的渴望，那是你存在的原因！

2. 發現分裂的你與本來的你的分割及界線，分割就是你們心中的「缺」，界線就是你們的「非愛」！

3. 發現你的內境，內境延伸之處就是你們「處在」之處（PS外境），建立信念──任何的外境都有一個內境的標籤，以「愛」、「善」、「包容」取而代之！建立任何外境都連接到「內境」的信念，而那分裂的你正是造成你不快樂的主因，「愛」那分裂的你，遠比處理外境還有效！

4. 外境中，你該反映你內境的感受，感受是指你信念的反動，當你明白你的信念是「分裂」你自己時，你會先改變你的信念，直到「界線」消失。

　　當你感受到愛時，你應該勇敢地表達出來，因為那是你存在的原因，實際上你表達出時，你已經價值完成，結合的你，在外境中成長，你將再次體驗自己的「存在」！

　　我知道你對於錢的難關是很容易執著，因為你就是過去的我，我希望你能順利地做完你的功課，我也會盡心地為你解答！

嗯！如何具體行動讓自己更有錢、富裕？

　　有錢、富裕是外境你的幻象，你的內境根本不需要，內境不需要的東西，它不會幫你創造出來，但因為你們分享愛所需要的物質，內境卻很願意幫忙，建立正確的信念是先有「愛」、分享「愛」，然後有錢！

　　具體的方法：

　　1. 先找出你的愛，分享它，勇敢地分享它，當你愈「敢」分享，你將愈富有，匱乏將遠離你而去，因為愛就是取之不盡的分享及回饋！

　　2. 放下成見、偏見，用你純純的「愛」「愛」錢，愛不是利用，利用是仇恨、匱乏！

　　3. 錢所表彰的價值是愛嗎？還是虛榮、焰耀、安全感？如果是後者，錢對你的意義是空虛，而不是富裕！

　　4. 你不會吸引到你所不想要的，就像你不會想要「你不想要的」，財富只是虛幻的象徵，它是「你」「愛」的集合，如果你夠相信「你自己」及「愛」，財富早已滿溢出來！

　　繼續問吧，以下健康的回答對很多人都會有幫助！

如何具體行動讓自己更健康？

你們健不健康與你們信不信任身體有關，你們健康不如你們預期，你們就多加埋怨，愛在哪裡？信任在哪裡？關懷在哪裡？我所設計的身體是能抵抗任何的疾病及傷害，你們卻放掉這份信任，而選擇匱乏！

身體健康與愛有關，只關注身體健康的人，身體往往不健康，因為愛的定義就是分享，與有所求無關，健康的人分享他的精神與體力，分享他的價值及信念，進一步完成他自己的價值，這就是愛的意義，身體健康也獲得了保障！

身體健康的有效行動是：

1. 信任自己的身體，對於身體健康有效的「信念」是「我是個身體健康的人，我堅信身體保護著我，我愛我身體就像我愛自己一樣，如果身體有任何異狀，我第一個會檢視我的心裡出了什麼問題，而不是質疑我身體，因為我始終愛著我身體，就如它愛著我一樣！」

2. 惡毒的信念與惡毒的食物無異，惡毒的信念比惡毒的食物毀滅你身體更千百萬倍，信念永遠決定你的身體狀態，食物只是配合演出，接受訊息時（PS譬如媒體報導），小心地檢視信念的改變，你永遠不知道改變的背後，身體所遭遇的苦難！

3. 讓你的價值與你共同存在，無疑是確保身體健康的唯一方法，沒有（感到）價值的人，無法在身體上感到自己，價值感是你們身體存續的唯一原因，價值就是你們看待事物及實現自己的橋梁，這橋梁的穩固有賴「愛」及「信任」！

你是幫自己問的吧！哈！哈！你跟你老婆會有很強的互補性！

如何具體行動讓自己婚姻更美滿？

婚姻是為「確保」你們的結合所發展出來的，這層確保就已令你們陷入「失落」的境界，沒有什麼能確保你們的婚姻美滿，除非你願

放下自己的執著，但是你的執著卻又是這婚姻結合的主要原因，結合容易分離難，就是因為你們的執著顯現的原因。

讓婚姻美滿唯一的方法就是你願意為了「愛」，放下自我及執著，這不是屈服及讓步，而是看到自己的不足，滿足最好的方式就是永遠讓自己處於感恩的狀態，因為那是恩寵及美好的狀態！

讓婚姻美滿的有效方式是：

1. 永遠讓自己處於「愛」的狀態，因為「愛」你的另一半也會變成「愛」！

2. 如果你想要維繫你的婚姻，那是緣木求魚，因為婚姻需要注入，而不是維持，愛的注入就像你需要空氣般的自然！

3. 觀照你的內境，問問自己到底內境什麼原因造成你們的婚姻不好？你們絕對會得到答案，那就是你們需要更多的空間，而不是限制！實際上是你限制了自己，而你誤以為外境限制了你！

放輕鬆與自發性

很多人已經忘記如何放輕鬆了，他們一刻不得閒的原因在於他們往往不怎麼信任自己，更別談相信自己的自發性的。我們從小就開始相信要努力才可能成功、享受是種不努力的表現……等信念，於是乎我們就一直有意地活在辛苦之中，信念創造實相而不是實相創造信念。

如果你夠「認識自己」，你就會很清楚地知道你就是神，而且祂就住在你心中，你可以決定、享受這宇宙間的一切，但你必須要處在「內心平靜」，因為在「內心平靜」中你可以與神（內我）聯絡，你的感知將處在帶動你心想事成的宇宙一體頻率河流上，那種所帶動你的成就將是你從未經歷過、體驗過的事物，如果你信任你自己

一次，你會信任你自己一輩子。以下我與神（內我）的對話將討論「放輕鬆」與「自發性」：

神（內我）：你們想要達成目標，卻不懂得放鬆及信任，這是很荒謬的邏輯！

我：對啊！為什麼放輕鬆及讓自己舒服的時候，會容易達成目標或理想？

神（內我）：理想與目標是你們設定的框架，這個層面你們就陷入你死我活的兩難局面，第一難是你們必須達成目標理想，第二難是你達成理想的過程中你們必須全力備戰，這兩者間是互相矛盾及糾結的。想像的目標與理想可以讓你們做一切的事，甚至違背自己的良心，這是本末倒置！

放輕鬆與自發性本來就是你最自然的狀態，我不曉得你們為什把自己逼得那麼緊，只為了一個你們本來就已經達成的理想與目標，你們在追的，都是你們在發起思維時就已經擁有的，我說得是千真萬確！

當你們在放輕鬆及尊重自發性時，你們正在體驗已經得到的果實，我是指你們發起思維時已經下的訂單，只是你們無法享受的果實，當你處在放輕鬆、愛及恩寵的狀態的時候，你們正在享受你們的果實。你們都已經脫離與我的聯繫，如果你們持續與我聯繫，你們就會發覺其實你們是活在自己的認知及感受裡面，而實際你渴望得到什麼那只是一種純然的幻覺，你無法從不存在的東西找到你想要的，反而是認清這種感受及想法，你們能很快從這種困境中跳脫出來！

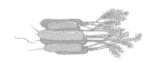

正面

正面是指愛及平安（內心的平靜）

　　強調要「正面」，並且將「負面」的事物貼上標籤，大肆加以譴責、撻伐及消滅，於是這就成為我們社會主流的意見，我們自古以來以為消滅了什麼，從此就可以過得幸福平安的日子，從我們對家裡的蟑螂或蚊子就知道，但真理真的是如此嗎！家裡的蟑螂或蚊子或許會因為我們當下使用殺蟲劑或拖鞋而短暫消失，但我們這一輩子都會遇到蟑螂及蚊子，記得上面曾經提過「時間」本身是一種幻覺，當我們遇到蚊子或蟑螂時，有人會恐懼，有人會憤怒，當然也有人會覺得很煩，而因著抗拒想要消滅牠們，你所抱持的信念就顯現了，而且直到我們的功課做完為止牠們都會出現（PS 功課做完就是信念改變，並與牠共同存在而不受牠影響），一隻蚊子或蟑螂幫助你完成你的功課，值得吧！

　　其實，正面與負面的道理也是如此，如果你真的「認識自己」，你就會發現當你「選擇」抗拒或逃避時，你並無法體驗到「內心平靜」，而當你要去抗拒或逃避負面時，你只是在抗拒或逃避「自己」，你的內心無法平靜，只有活在正面裡，並與負面共同存在，你將能

體驗到一個完整的自己，而且是帶著「內心平靜」。以下我與神（內我）的對話將討論「正面」：

　　神（內我）：不要陷入正面及負面二元對立的分別裡，因為那是一種非愛，但是你們必須知道，正面所代表的意義是，你知道「你做你該做的事」而不是強調「正面」這兩個字！

我：什麼是正面？

　　神（內我）：並沒有什麼東西是正面或是負面，那是你們集體意識將你們共同認為好或不好的東西統一做個區分、分別，正面的心態、正面的態度、正面的想法，其實就是這種框架或是根本不可存在的念頭困擾你們，造成你們無法真正的自由及回歸到力量。

　　如果正面有可以區別的話，那就不叫正面了，你們所專注的都是在於形式上的認定，你們從未確認這是對你們有幫助的嗎？譬如一直強調正面的人除了可以顯現他本身的匱乏（正面）外，另外可以證明他本身並不相信他已經是在正面裡面。

　　這是一種很奇特的邏輯，提醒與強調並不相同，提醒自己要正面是指自己已經正面，特別（提醒自己）注意要正面，而強調卻是一再提醒自己要正面，而這種習慣（一再強調）甚至會淪為一種匱乏的暗示或象徵！

　　實際上大部分的你們都淪為後面的強調正面，因為你們已經深信你們陷在負面或惡劣的環境當中，所以本來一個簡單的提醒，卻變成你們強調的主軸。

　　正面如果換成我們的意思的話，應該是指愛及平安，這不只是一種感覺，而是一種充分的信任、信心及恩寵狀態，當你們處在這種狀態的時候，你們就是在正面的狀態。不用去區分你是在正面或是負面，因為這是一種二元對立，一種否定你自己，甚至是抗拒或逃避你自己現在的信念的一種狀態，當你不停強調要正面時，其實你已經否定自己的正面狀態，而正進入你們所謂的負面狀態！所以我建議你們

應該隨時隨地地放輕鬆，隨時地肯定自己，不論你感受到的是什麼感覺，包含不好的感覺，你也要肯定自己是正面的，因為當你肯定自己時，你的不好感覺或是曾經的負面都會成為你正面的助力，幫你快速通過這負面的處境！

簡單講，任何的情況下你都不該否定你的負面狀態，因為它是你們的正面助力，它是你們的愛的延伸，你否定它，它們的存在就會強化，因為它們就是另外的你，這我在意識投射裡面有講過！

價值完成

我們在路上看到一名乞丐向你行乞，你口袋裡可能有 100 元，但你會想他可能是騙人的，於是你並沒有理會這名乞丐，過了幾個月，你發生財務上的一些困難，你向親人或朋友求救時，他們沒有理你，而你剛好又經過那個乞丐，你口袋也剛好有 100 元，你可能會將 50 元捐獻給那位乞丐，為什麼你會改變呢？因為你的「價值」改變了，你可能會認為這位乞丐可能是騙人的，但他也有可能是真的，我幫助他時，我寧可相信他是真的，因為當我們遭遇過被別人冷酷對待時，我們就不會希望我們也冷酷對待人。如果從另一個層次看這一生所發生在我們身上的挫折及苦難，我們就會發現任何的磨難都是要發芽我們自身同等及更大福報的種子。

「我們希望發生的事，就讓它發生，不管是發生在他人，或自己身上；我們不希望發生的事，就不要讓它發生，不管是發生在自己或他人身上。」這就是價值完成。以下我與神（內我）的對話將討論「價值完成」：

神（內我）：所謂「做你該做的事」一定要講到價值完成，價值完成就是你這一生體驗及創造的目的！

我：價值完成是這一生很重要的體驗，我們這一生的體驗及創造都是為了價值完成，什麼是價值完成？

愛　靜觀　平安　感恩　信任　信心　堅定　謙卑　接受　信念　信仰　限制　當下　力量　正面　感覺　圓滿　無求　合一　自己

神（內我）：價值完成是指你們存在感的具體展現，你們的存在與價值互相呼應，如果你們感受不到自己的存在，一定是你們的「價值完成」遭受到扭曲或壓抑。如果你感受不到你的價值完成，你的人生就會開始走下坡，你們應該充分運用自己的能力完成自己存在的價值，這價值應該是架構在愛的基礎上，而不是目的或任何的利益，你們的社會都太以功利為目的，這也會讓你們的社會出現裂痕加速其崩解！

價值與你們的愛總脫離不了關係，因為任何的價值都是你們心中對於你們的世界任何事物的解釋，這種解釋脫離不了愛，即便你認為那是非愛，換句話說，任何的價值完成都是你在你們的世界中實現或表達出你們的愛！

你們的實現在價值之中就確保你們的成就及平安，我所說的價值是指你們把心中的愛轉化成你們在物質世界的一切，你們在價值之中，你們就能體現自己的存在感，這也是你們來這世界的目的之一。

價值完成與意識有關，意識本身就是一門很大的學問，可以說上一輩子！

那什麼是意識擴展？什麼是意識收縮、扭曲、塌陷？

意識本身是生命體，存在於你們的念頭及感官之中，你們藉由內我（神）提供的能量餵飽它們，你們感知不到它們是生命體，因為你們無從證實它們是生命體，這種意識本身會進行自主的行動及思考。你們感受不到意識體在運作，這也是為什麼你們的情緒及感受並無法有效的控制，因為你們與意識體間其實存在一種很微妙的關係，那就是愛與自發性的互相流動！

當你生命中充滿了愛，你的意識體就會因為你的受、想、行、識的見解而擴張，那是因為愛本身的性質所致，所以才有一句話「愛會愈分享愈多」，意識體本身是處於流動的狀態，換句話說，當你們想要刻意執著什麼、或留意在什麼事、或放不開什麼事上面，你們的能

量流動就會停滯，因為內我能量透過你們的意識體傳輸到你們身上，換句話說，當你們感覺到你們自己時，而完全切斷內我跟你們的聯絡，你們勢必在生命中會發生嚴重的困境或挫折，因為內我的能量是你們得以平安的基石，你們無法透過執著或自我否定來讓自己過得更好，雖然你們不這樣認為，大部分的小我都只相信邏輯及自己的經歷，這在某種程度上也否定了自己的內我才是你們生命的王道！

意識與氣球一樣會因為你們對於能量的執著而固定住，我剛剛說過意識本身是種類似流動的狀態，所以你們對於事物的觀念或信念過於堅持或執著會造成這些意識流動的阻礙，甚至停止流動，而那時你們的生命會出現阻礙，時間一久，你們的意識本身會出現崩陷甚至塌陷的狀態，就像黑洞一樣，這也是為什麼你們有人經常性的陷入麻煩，因為他們的意識體已經在一種極度塌陷的狀態，內我很難將能量傳輸到他們日常生活中，我要講的是這是一種狀態，一種你們不想要發生的狀態，就像你們不想要活在黑洞之中，但是你們必須知道意識的塌陷是因為你們無法將愛表達出來及將愛的感受行動，這是意識為什麼會塌陷的主因！

目的與限制的念頭

活在物質世界裡面，大家對於安全感及滿足感的需求都很大，這也是為什麼能夠提供安全或滿足的產業在這世上都很火熱，這也是為什麼「錢」及「健康」會成為你日常關心的事務，但你真的「認識自己」嗎？你是真的需要「錢」來讓你安全及滿足嗎？還是當你賺得愈多錢，只是拿錢來養你的恐懼及不滿呢，也就是錢賺愈多你的恐懼及不滿的胃口愈大呢！錢很重要，但絕對沒有重要到它可以綁架你這一生的「價值」。

賺錢非常容易，只要你能了解下面這一點，人與人之間都會有需求及供給的合作關係，但人們因為彼此不信任，所以人們發明了一種「東西」並賦予它價值，人們決定大家可以「信任」這「東西」，於是這「東西」有了力量，它的名字叫做「錢」，換言之，如果一

個人在社會上獲得了「信任」，他根本不用擔心「錢」的問題，只要他站在人們需求的供給端，他就可以等著數鈔票了，這也是為什麼形象良好的「名人」代言廣告的價碼，往往是一般人上班好幾年才能賺到的錢，因為形象良好的「名人」在社會上往往被推定可以被「信任」，而錢的本質是「信任」，而信任的本質就是「愛」。

如果一個「實質上」打腫臉充胖子的不怎麼有錢的人，為了讓自己像有錢人一樣，所以「形式上」穿戴勞力士、去租借名車、去租豪宅，最後會有什麼結果呢？那就是「形式」會回到「實質」，因為宇宙的定律就是它會盡一切的可能幫助你回到你的「本質」，及幫助你發現你的「信念」，不論這信念是限制你或讓你更有力量及自由。從上面這個結論可以推出現在經濟最大的問題是，實質上，大家愈來愈不「信任」，但形式上，大家卻愈來愈依靠「錢」，最後只會導出一個結論，那就是「錢」愈來愈有力量，而人們會因為愈來愈不信任而過得愈痛苦，最後整個經濟會只關注「錢」，剛開始可能只是經濟危機愈來愈頻繁，最後就是整個經濟崩盤，藉以重新審思目前的經濟結構。

信任的本質是「愛」，而愛的本質就是分享、享受及無所求，在無所求中不會有目的及限制。以下我與神（內我）的對話將討論「目的」與「限制」：

神（內我）：我會建議你們不要帶有目的去做事，因為那對你們而言是種限制，甚至是傷害！

是不是有什麼目的（諸如：快樂、成功），反而會讓我們達不成？

神（內我）：目的本身就是一種非愛，還記得我常常提到愛的定義嗎？愛就是無止境的供應卻一無所求，因為專注、分享過程就已經是全部。相反地，當生命焦點放在目的或有所求時，你們本身就是處在非愛的狀態，我相信、我也知道（你們）大部分人都處在非愛，非愛是你們心中的匱乏及無助，所做出你們最痛苦的選擇，但是你們卻全然都不自知，愛與非愛其實並沒有區別，而那小小的非愛其實是你

在追求讓自己生命淬鍊的必經程序，如果沒有你所不是就不會成為你所是，如果非愛才會成為真正的愛，但是你們必須要知道，我的出現是為了縮短你們非愛的程序，減少你們的痛苦。

因為每天都有多少人呼求我的出現，我透過各式各樣的人傳達我的訊息，但是只有少數的人看到，而且那少數的人有利用我在謀取他們的利益，我必須說這不是愛，打著以愛的名義出現傳教，卻處處在利益上謀取衡量，這樣不會成事！這本書的出現幫助那些沒有能力付出參加高貴的身心靈課程的人，可以直接透過這本書學習，所以我將期望囊望於你，因為你的工作是律師，本身不需要從身心靈業賺取牟利，所以你能將本書的精華傳授於大家，我也囊望你能徹底打消那些想要以身心靈賺錢的人的想法，徹底讓大家知道「愛」或「善」的念頭是沒有任何對價的！

每個人都能享用「愛」及「善」的信念，不論是貧窮人家或是富貴人家，他們都同樣享有讓自己縮短回家的過程，這是我賦予你最神聖的任務！當你將焦點放在愛及善的傳授時，你會賺得比這還多得多，因為到時候會有多人邀請你演講及當顧問，只要你相信我講的你會從你的本業中（法律工作）賺得你從未想像過的財富，你會成立基金會幫助更多的人，你的未來我不能跟你講更多，因為這也會影響你的生命藍圖！

你們不停地創造各式各樣的限制來保護自己，你們是否有想過你們真的需要這限制，然而根本沒有什麼傷害得了你們嗎？！

講到限制！任何事都是心裡有個念頭，我們是不是該檢視這個念頭是否帶有限制？

念頭本身具有趨向性，長期以來的限制性信念，會造成你們有任何念頭時，先想到限制而不是自由及力量。信念並沒有你們想像的那麼複雜，它只是因著你們長久以來的習慣及你們所認同的好惡所生成，你們該看看自己的信念造成你們的生活多大的限制，但是你們要找出自己的信念有時比登天還要困難，因為信念就像一枝藏在眾多鉛

筆中的一枝鉛筆，你永遠不會知道每一枝鉛筆所扮演的腳色，但是你的感受會忠實地告訴你！

念頭並無好壞，但卻有適不適合你，而這適不適合取決於這個念頭是否給你們力量及自由而不是限制，這是最重要的區分原則。愛本身是無區別，愛是沒有任何的限制，限制的是你們基於安全及力量的想法或念頭而生，但是它們往往給你們更多不安全及無力感，只是你們身在其中卻無緣發現。發現限制性信念最主要方法有：

一、限制住你內心的是你的「預期」及「恐懼」，發現限制性信念的方法就是當你在預期及恐懼的時候，一定要告訴自己在「限制」。

二、限制住你們內心的是念頭，你們必須學會觀照自己的念頭，就像觀照別人一樣，因為念頭本身自己有其意識，當你們看不見自己的念頭時，你就無法發現念頭帶有限制，因為你們的身體構造、思維模式都不允許你們往內觀照，實際上也不可能做到，所以你們幾乎所有的觀照都是針對外境，你們該做的是從心理出發，觀照你們的念頭就像觀照你們的外境一樣自然，念頭也可以觀照，這需要一點想像力，如果你們將自己退後去看看你們自己，你們就能看到你們的念頭是無時無刻升起及降落，以及你們用力量及焦點去捉、去執那個念頭！

表達

大家都很喜歡去墾丁，享受在海邊陽光打在身上的感覺真得很舒服，你在看本書的時候可以想像一下在沙灘、海洋、陽光的樣子……！

但我必須把你拉回現實來，你目前並不是在海灘，沒有海灘、沒有陽光、沒有海洋，更沒有穿著比基尼的辣妹，我們的想像力是如此的可以穿越時間及空間，它是如此的有力量，但如果我們的想像力無法在這物質世界裡運行的話，對擁有想像力的人而言無疑是

一大打擊及挫敗，想像力要搭配「行動」才能展現它的力量，你可以充分感受到「行動」時，你的愛正在流動，而「表達」就是一種最好的「行動」。當你將內心的感受勇敢地「表達」出來，很快就能回歸到「內心平靜」。以下我與神（內我）的對話將討論「表達」：

神（內我）：愛與感覺無法分割，因為愛就是感覺，這是你們世界的定律，而表達也牽涉愛的感受，應該時時刻刻讓自己的愛能夠表達！

我：表達出來（愛或感受），為什麼這麼重要？表達就是行動嗎？

神（內我）：一切的感受你們都想表達出來，因為你們與感受之間是存在一種依附及恩寵關係，換句話說，你們因著你們的感受而感到存在及快樂、平安、喜悅，如果你們心中的感受感到不舒服的時候，你們絕對會去找讓你們舒服的方法，你們尋找的方法永遠會有小我給你們的提示，那就是依賴某件事、某個信念或某個人，這種依賴將會成為你們的核心信念，這種核心信念會讓你們擺脫不掉這種執著，因為它象徵著愛與平安，但是這是種假象，一種你們最容易陷入困境的假象，包著愛與平安的毒藥。

任何的執著都有它對應的出口，那出口就是表達你心中的愛及感受，你們會執著是因為它象徵著愛與平安，甚至是力量與自由，但那絕對是你們的己見，而非真理。我要告訴你們的是，勇於表達出來你們的愛，讓這份愛流動，任何執著當下即消失，因為表達愛是真愛，執著是假愛！發現真、假是一件很困難的事，尤其你又是主角，這不能怪你，因為身在其中，不知其迷誤！

當你執著一件事，你就困在這件事，你的壓抑或扭曲都會因著你的抗拒或逃避而加劇，愛的流動會受阻，讓愛加速流動就是靠表達你心中的愛，因為只有表達出來你的愛才會流動，你也才會專注在你的愛裡面，而不是披著愛的外衣的毒藥。

譬如你們看到罪犯都會嗤之以鼻，罪犯會令你們想起不好的記

憶，包含被害或是可能被害，但你們是否想過你們為什麼會這麼恐懼或是厭惡這種罪犯的特質，你們是否有問過自己是因為你們對於這種有罪犯特質的人，你們的愛的流動被阻礙了，你們應該勇於表達你們的愛，不管是對於罪犯的厭惡或是憎恨，你們都該勇於表達出來，因為當你們表達出來時，你的愛就開始流動了。不論憎恨或厭惡，它都是因為你們想要保護你們的愛、因為恐懼你們的愛被傷害、都是因為你們預期你們的愛可能會被傷害而來，只是你們以憎恨或厭惡的方式表達，這不也是愛嗎？

表達厭惡或憎恨也是愛的一種，只不過你能觀照你們的念頭，然後做你們該做的事，那就是問問自己平安嗎？愛是包含了一切，愛不是只有正面，負面也是愛，雖然沒有正面及負面的區別，任何的恐懼、不安、憂鬱或憤怒……等，它們都是愛的被扭曲，當你否定它們時，你就無法自由及有力量的表達它們是你的愛，因為你的偏差的信念已經將它們隔絕在外。最重要的事就是勇於表達你的愛，而無任何的偏見，千萬不要以正面或光明來框架住自己，因為愈在意正面的人，也是愛被扭曲最嚴重的人。

當知道你的愛被扭曲才會有痛苦或憤怒、恐懼的感覺時，不論你表達任何的情形，包含帶著恐懼、憤怒等情緒表達，你都是在讓愛流動，只因為這些扭曲的源頭是因不敢表達，而不是它本身是非愛。當表達憎恨或憤怒等情緒後，你們該問問自己這是愛嗎？如果你們的答案認為這不是愛，代表你們並沒有完全地表達出來，因為你將憤怒的情緒轉達給別人的時候，別人也會因著心電感應感染這憤怒，但是當你憤怒表達完後，別人還因為你的憤怒而苦惱時，就是你的愛還表達不完全，因為憤怒與恐懼都是被壓抑或扭曲的愛，你只表達你的壓抑及扭曲，卻完全忽略了憤怒或恐懼背後或底層的愛已經被埋葬，任何的表達都會遇到上述的挫折（PS別人還因為你的憤怒而苦惱或不舒服），而你們如果能清楚，你們將該好好享受表達愛是自由及力量的，因為當你們將愛所埋藏在底層的恐懼或憤怒——表達出來時，你們的愛自然流動，別人反而不會感受到你們的憤怒或恐懼，而會感受到你們的愛！

感覺

感覺決定一切

心情不好的時候，看再多勵志的書或聽再多的說教都不可能會有用，因為頭腦並不能決定你這一生，但感覺可以。現代人對於感覺已經太過於陌生，以至於需要勇敢時，卻往往很恐懼，需要平靜時，往往內心憂鬱且波濤洶湧，為什麼呢？因為你跟你這位感覺朋友已經太過於陌生了，一個陌生人為什麼要挺你呢！

如果你想要快速成功、有錢，你必須知道唯一能幫助你的就是你的「感覺」，因為如果你對於成功、有錢的「感覺」是如此的陌生、未知，甚至有時帶有恐懼及厭惡的話，你這一輩子注定常常在失敗及貧困裡打轉，因為你所經歷的「感覺」就是你目前的「狀態」，如果你無法「認識自己」，你就無法認識感覺。以下我與神（內我）的對話將討論「感覺」：

神（內我）：我剛剛講過愛就是感覺，這是一種定律，接下來我們將更深入講感覺，你可以開始問了！

我：什麼是感覺？

神（內我）：生命就像這塊畫布，而感覺就是這顏料，這感覺籠罩著我們就像雲罩著我們一樣，它時而放晴時而大雨，我們在這雲的底下將受到它的影響，因為感受是修正一個人最重要的利器，因為你或許不會聽我的話，但你一定會注意到你的感受。因為感受決定你的思、言、行而不是其相反，實際上你的思、言、行架構出你的感受，但最終的決定權仍是你的感受，這就像你討厭一個人，這絕對是指你的感受，縱然你在表現上仍假裝或壓抑對他的討厭，但在你裝不下去或受不了時，你就會展現你對它的感受，因為這是定律，你們的行為、思考、言語都是受到你們的感覺、感受所牽制！

感覺，如我們之前提到，感覺與信念共生，感覺有其自己的意識，但是感覺仍與信念共同存在，換句話說，感覺會受制於信念，因為感覺係生長於信念之上，如石頭與青苔之關係，但感覺仍然會走自己的路，只不過這條路是被信念所掌控！

你們的感受決定了你們自己的生命藍圖，換句話說，你們也不能脫溢於你們的感受，長期在感受出了問題的人，勢必是因為他們壓抑了他們感受或念頭，解決這個問題就必須讓愛重新流動，當愛重新流動時，你們的感受及念頭會因為愛的重新流動而新架構。

你們永遠逃脫不了外境的限制，那是因為你們太在乎外境了，以至於忽略了內境的重要！外境永遠在配合演出！

為什麼我們心中的信念與感覺，外境會配合演出呢？

感知決定你們所「處」的外境，外境的感知與外境間存在著一種一致，感知與外境本身不可分離，乃是因為感知存在於你們的心中，而外境卻恰恰好是你們心中的投射，所以兩者會有任何差異嗎！

你們的感知多多少少會存在著偏見及限制性的信念，這種限制或偏見就會造成你們外境的困難或挑戰，所以內我會以各式各樣的或挫折讓你們發現自己的限制性信念或偏見，當你們面對及處理完自己的

限制性信念後，你們的挫折或困境會瞬間消失！

　　你們心中的渴望所顯現的外境，外境的一切都是配合你渴望而演出，你們渴望愛，就會得到愛；你們渴望非愛，也不會脫溢於非愛！你們不會逃離這種運作模式！

　　你不敢面對、也不願意面對，是你屈服了這樣的慣性模式，也就是你愈敢去承擔，你能力愈大，而不是其相反！外境與你們之間存在著一種很特殊的依存關係，它本身是依存於你們的自由意願，你們愈願意（直下）承擔，你們愈能創造出你們的外境！

一致

　　我們痛苦的來源就是在於我們信念出現了不一致的情形，譬如我們被人欺負或傷害時，我們部分的信念讓心中充滿了委屈、憤怒及不滿，但我們又有部分的信念叫我們選擇壓抑、抗拒或逃避，於是乎這兩個不一致的信念在我們心中互相矛盾、拉扯及彼此攻擊，我們內心會產生極大的痛苦能量釋放，如果我們還誤以為是那欺負或傷害我們的人造成我們的痛苦，那我們就無法發現真正痛苦的原因，因為我們注意力完全放在傷害我們的人，卻忽略了真正的原因，那就是我們不一致的信念。

　　我們內心彼此信念的邏輯是「一致」會加強信念所產生實相的速度及強度，而且「信念」傾向「一致」，這也是為什麼我們看待人、事、物的「標準」，我們也會以此「標準」看待自己，因為信念無法不「一致」。以下我與神（內我）的對話將討論「一致標準」：

　　神（內我）：你怎麼對人，你也會怎麼對自己，這是因為潛在你們（心中）的標準是一致的！

　　我：為什麼我們對人、事、物的非愛之標準、觀點，也會同樣對自己以同樣的標準及觀點，造成我們否定自己或質疑自己而產生痛苦，

進而持續產生逃避或抗拒？

　　神（內我）：標準，並不會因為你對於外境的解釋或曲解而不一致，但是一致卻是你們生命追求的目的，那就是將「愛」與「善」的標準建立在你們創造的外境上，這標準是無從扭曲及混淆的，因為你們所處在的外境其實是你們的內心狀態最好的檢驗，因為那是你們心中的投射，這種投射本身具有一定的參考性，只是你們不自知。

　　你們內心渴望一致，渴望將愛帶給你們所認識或接觸的人，只不過你們將愛扭曲了，譬如一個殺人犯，從小生長在充滿暴力的單親家庭，他的朋友都是以利益相交的朋友，甚至處在毒品、犯罪的生長環境及境遇中，他的信念被嚴重扭曲，他會認為只要保護自己，甚至傷害別人才是愛，這是一種嚴重的扭曲，但是至少對他來說是真理，因為真理是存在於每個人的信念，所以你的真理就是你的信念，信念並沒有任何區別，因為任何的真理都是建立在你們的相信及信任之上，當那位殺人犯接受法律制裁及家人、親友對他的另（冷）眼相看時，他會慢慢發現以往的信念並無法讓他感受到愛，而似乎「愛」是離他那麼的遙遠，於是他開始改變，開始尋找心中的平安及力量。這是一個好的開始，他可能會接觸宗教、他可能會開始將能力投入在工作，或許一開始會受挫，隨著他的信任及信心，他相信的會得到，因為這就是真理，當他相信愛人就是愛自己時，他會漸漸接觸到愛！

　　你們的標準是根植於你們的信念，換句話說，你們的標準對你們而言就是真理，而標準的一致對你們非常重要，就像蜜蜂要採蜜，牠們採蜜是天性、是責任，但如果那天開始蜜蜂覺得採蜜是為了人類要擷取蜂蜜時，牠們就會開始發現這種（不一致）矛盾，牠們的數量就會開始銳減，這對你們而言就是種災難，當然這也是蜜蜂的災難，真正的重點是宇宙間沒有人可以容許不一樣的真理及標準，這也是你們為什麼要扭曲信念來迎合你們的真理、信念！信念可以移動，但是信念無法同時矛盾，你們存在的信念對於你們來說就是生命，你們會捍衛你們的生命，但是當你們的生命（也就是你們的信念）因為彼此矛盾，造成你們對於存在，我是指生命的存在動搖，你們就會產生疑惑及痛苦，這是以各式各樣的形式（感覺）呈現，有些人會因此生病，

有些人會扭曲他的信念以適應這種矛盾的感覺，但無論如何這條回家的路都會因此延長，因為任何的扭曲或因心中的矛盾所造成的困境，都是一種提醒，一種來自內我最善意的提醒，你們往往將這份善意的提醒嗤之以鼻，更執著你們自己的意見，並不會因此改善你們的困境，因為這份困境一定是源於你們內心中的困境所致，而這份困境往往與矛盾及扭曲的信念有關！

分享可以化解所有的痛苦及恐懼

看完電影後，我們往往會被電影的情節所吸引，但我都知道大部分的電影情節都是假的，但我們為什麼會那麼有感覺呢！當我們將意識焦點集中、專注在「某處」時，其實我們內心就開始進入、陷入「某處」的情境中，而我們會誤以為我們身處在該情境中，實際上這並不算誤會，「當我們意識集中投入在哪裡時，我們就在哪裡」，我們處在這物質世界，是因為我們的意識不自覺的強烈投射在這裡，這也是為什麼很多人感情受挫、或被傷害後，往往無法離開那早已過去的情境，因為他們的意識還強烈地投射在「那裡」，時間本身是個幻覺，你的信念可以穿越任何時間，換句話說，當你相信那個讓你受挫、受傷的念頭，且你不肯相信其他讓你有力量、堅定及平安的念頭時，你很容易就陷進去而無法自拔。

如果你「認識自己」，你就會發現你的本質就是「愛」，愛就是分享、享受、無所求，當你在分享時，你就是將你的意識焦點專注及集中在愛裡，你的痛苦、恐懼自然會突然消失，因為你已進入「愛」裡，「愛」是保護你自己的最好的盾牌，同樣「愛」也是讓你自己價值完成（進化）最好的弓箭，「愛」也是讓你比光速還快回到「內心平靜」及快樂，因為重返「愛」，你就重新拿回你是「神」的證明。以下我與神（內我）的對話將討論「分享化解痛苦及恐懼」：

神（內我）：布施的結果是自己受益，因為每當你布施時，你就獲得！這也是種讓恐懼或痛苦消失於無形的心法！

我：我現在只要有恐懼、憤怒或擔憂，我就會把我執著的「東西」捐出去、分享出去？因為我相信只有付出（佈施、表達），這份愛才能流動，才能破執著？

神（內我）：你們對於愛的定義往往僅止於善或是助人，但這是太狹義的解釋，愛應該廣義的包容及分享，當你們受難或因為過於執著（意識焦點過於集中在一個點），你們會以為你們所困擾或痛苦的就是你們所處的境遇，以至於你們必須去解決你們痛苦或困擾的境遇，而忘掉應該先將自己內境的執著或困境先面對、處理好，當你們只相信外境的境遇，而忽略內境時，你們的困境只會加劇！

愛的流動受阻與你們的執著是否能順利化解有關，當你們為一件事或一個問題傷腦筋的時候，這時你們就必須特別留意你們的愛是否真正有行動或表達了呢？！當愛真正流動了，你們的困難也因為愛而化解，這就是生命的真諦！

愛的流動是須要靠不停的分享，因為那種流動是須要被感受到，我所指的感受並不是別人，而是自己的覺受到，當你不停分享時，你會感受到你自己就是神，這種感知是超越你們現實世界的一切屏障，我稱為「愛的領域」，現在一個最簡單的問題，如果你想要某件事或某個物品，你會怎麼做？是專注在上面，當你花時間專注在上面時，你的感知就會出現與你所專注一致的狀態，這也是為什麼你們去看電影，會以為置身其境的感覺，尤其當電影開始旁邊的燈漸漸暗時，你們會更加專注！

身在愛的領域的你們，任何的執著對你們來說也只是愛，因為愛沒有任何區別，當你體驗到愛，痛苦就會消失，因為愛與痛苦沒有任何區別，愛會與痛苦共同存在，直到你會發現愛與痛苦根本沒有任何區別，而愛會存在，痛苦也會存在，但這種存在卻是愛的顯現，因為完全的包容與接納本質就是合一狀態，試想想看，如果你們處在專注愛的狀態，痛苦就會因為這愛而變得渺小，因為任何的痛苦根源都是對抗、躲（逃）避及分裂。

相同地，當你們將心中的愛表達出去時你就是愛，你就是處在愛的境遇，你們的痛苦自然會因為它本質的消失而消失！

認識自己

我們出生在這個世界上，我們所認識的自己，大部分都是從鏡子、父母師長、朋友及一般科學知識得來，但鏡子只能看到自己的身體及五官。父母師長、朋友只是在傳達他們自己受限制的信念或他們過往被人教導的信念。而一般科學知識往往只講對一半，因為科學知識往往只能站在實相的因果關係的最外端、最遠端，然後說它們多麼有依據。你不能說科學是錯誤的，因為至少它們有沾上邊，但這沾上邊的它們往往無法支撐進入更深層的認識，因為它們多半愈到無解時的答案多都以「科學無法證明」來閃避。如果你願意「相信」真理，你就應該放掉上面的「限制的信念」，而回到由「自己」來「認識自己」，當你開始相信你自己一次，你就會相信你自己一輩子，你人生的富裕及平安就會獲得了保證。以下我與神（內我）的對話將討論「認識自己」：

神（內我）：下面將要討論很重要的內容！

我：當我有「不好」、「非愛」的感覺，是否有相對應的內境或底層感覺？

神（內我）：

1. 罪惡感：本身對應的是「愛」的能量流動阻塞，阻塞的心與你的外境都會遇到重大困難，因為你的心與外境都是內我藉由愛提供能量給你們，你們能擁有，其實我告訴你們沒有誰能擁有，只有珍惜的人才能擁有！

珍惜的頻率與擁有相近。讓你們的愛流動須要靠表達及行動，因為任何的表達及行動都是愛的展現，但是你們往往選擇壓抑即扭曲自

己，讓自己受苦了，那我只好運用一些小小方法讓你們察覺愛已經被阻礙了！

　　2 無力感：無力感使你們全身沒有勁，它是源於你們信心的喪失有關，信心與你們日常生活的一切息息相關，即便你們的呼吸也與信心有關，因為你們的器官相信你們的自發性，但是你們卻不太相信你們的器官及它的自性，才會導致你們生病，這是原因之一。信心與無力感息息相關，因為當你沒有力量的時候，你也一定沒有信心，實際上信心架構了你的力量，這是千真萬確的事，信心與力量的關係就像水與風之間的關係一樣，只要風生起來，水才會升起來，因為風雨水是架構你們生存環境很重要的因素，信心就是風，力量就像水，風生水起好運來，就是指當你們的信心帶領你們的力量一起開創你們的命運！

　　3. 不滿足感：滿足感是你們生命中最重最要的生活品質，如果你們不滿足，你們的生命中的生活品質就會陷入前所未有的低潮，你們會不停向外尋求其滿足的方法，你們有人跑去夜店、吃美食、甚至吸毒，只為求滿足，這其實是捨本逐末，因為滿足感與謙卑有關，謙卑的人不會感受到任何不滿足的壓迫，因為滿足與你們怎麼看待滿足有關，而謙卑是看待滿足最佳的角度，實際上你們常說「知足常樂」就是一種謙卑的角度！

　　4. 不安全感：不安全感是對應於信任，當你感受不到信任時，你對於安全的需求就會提高，這種需求並不是被創造出來的，而是因為你不信任你自己是安全的，你的不信任創造出你的安全需求，這是一種依存關係，平常你的安全是建立在信任之中，也就是信任能保護你不至於落入不安全之中，存在的安全感是需要不停地發現自己在信任之中，故當你選擇了不信任，你的安全就出現危機，信任是須要被尊重的，我建議你們應該信任任何事情，再以尊重保護你們的信任，因為當你的信任被人尊重，你們就絕對不會被人騙，至少別人無法騙你們，因為任何的詐騙或虛偽都無法在被尊重的信任中存活！

　　5. 痛恨感：痛恨感是源於你的愛被辜負了，你感受不到恩寵及

感恩，而這感恩的感覺正是痛恨感的相反，申言之，感恩能夠立即化解任何的痛恨，痛恨感的生起是因為你們過度把自己放大，以至於曲解了愛的感覺，雖然你不會以為這樣，但實際上你卻陷入這種氛圍，那就是有人傷害了你的愛。痛恨感的緣起與感恩息息相關，因為你對於自身的恩寵與對一切事物的感恩，將大大提升你對愛的認知及覺受，因為愛是不會被任何人傷害，只有你把小我想像成愛，則你的愛（被曲解的愛）常被人傷害，於是你就困在自己的愛裡（誤小我為愛），這是一種嚴重的扭曲！

感覺基調

當一個人對一件人事物充滿了偏見時，他對於那件人事物其實已經失去了「內心平靜」，因為偏見或限制的信念已經充滿了他的內心，他的任何一舉一動都會牽動著那條偏見信念的界線，以及對應於信念的感受。於是乎我們就被這無形的牢房限制了，真正的自由並不是人身自由，而是內心自由，「內心自由」是靠讓自己回歸到零，放下所有偏見及限制信念。

人之所以會對於任何事物添加標籤或偏見，這與我們人有強烈的安全感及滿足感的需求有關。倘若你被某個人傷害過而未放下這段傷痛時，你以後就會對於有這樣特質的人厭惡，甚至是充滿痛恨、憤怒。這不是你的錯，因為你對於這個人貼了標籤，並且接受了你的限制信念。在你撕掉標籤及改變信念前，這一切都不會改變，因為你的感覺會忠實地反映出你的信念，直到你看透這一點，你的信念之所以會影響你是因為信念會伴生出相對應的感覺，如果你無法認清這一點，你將無法改變什麼，而認清這一點必須從感覺基調著手。以下我與神（內我）的對話將討論「感覺基調」：

神（內我）：感覺基調將決定你所感受到的感覺，我建議你們能好好練習感覺基調！

我：什麼是感覺基調？

神（內我）：感覺基調就是你們感知外境的橋樑，它是一種平衡桿，它能夠精確反映出你們心中的信念與外境間的差異，換句話說，你對於某件事的偏見或非愛的見解，你會透過感覺基調重新認識這外境的，並做一番符合你信念的詮釋，透過感覺的佐證！

信念不會出任何問題，因為你的感覺會那麼配合信念的證實（演出），所以如果對於感覺那麼的忠誠，你就不會發現你的信念出了問題。感覺基調就是搭配你們信念所散發出能量的場域，符合這場域的感覺標準，能量是由我們（內我）這邊所傳輸給你們，你們透過信念將這能量散發在你們所認知的世界裡，而感覺在這環境中扮演如畫盤與畫般的緊密關係，畫盤中的色彩決定了畫的顏色，而實際調色的人就是你們的自由意識，只不過這調色的人往往相信他自己的經驗及信念，而調出的顏色（感覺）往往脫離不了他的信念及經驗的範疇，因為任何的界線、限制及分割都是透過你們的信念及經驗所形成，也就是說這個世界是一種信念的世界，精確地來說，它是一種集體意識所投射出的集體信念的世界。

感覺基調所扮演的角色就是在你們的感官上，包含：聽覺、觸覺、嗅覺、視覺、味覺及感覺等添上你們對於感受的認識，任何的感覺都會隨著你長久以來對感覺的認識及經驗而固定住（你對）它的感覺，這也是為什麼你們的感覺跟你們之間的關係其實並不怎麼好，因為你們經常受感覺侵擾。

感覺與你們作對已經不是新鮮的事了，你們渴望獲得一致的感覺。至少是讓你們能平靜、平安、甚至喜悅的感覺，這是你們基本的期望，你會（因此）聽信小我的意見，依過去平安的方法從事讓你們有平安的感覺，但你可知道這過去的方法往往不太管用，直到你們發現了我（內我），這是一種奇蹟及喜悅的發現，這種發現並不是新奇，而是一種對自己的誠實，因為以往我們對於感覺都充滿了目的及欺騙！

平安及喜悅是內我給你們最佳的禮物，這是我一再強調的，感覺的一致，是你們依著「愛」與「善」，當下決定放下一切物質世界的

執有，而回歸到一無所有卻擁有一切的自信之中。

感覺基調不是你們對於什麼感覺下定義，而是回歸到感覺的體驗本身，因為體驗本身就是一種修行，只不過你們不但不接受體驗，而是喜歡貼標籤及下定義，於是你們活在你們的標籤及定義之中，否定了體驗。

感覺基調就是透過純然的體驗發現內我提供能量的途徑，也就是說，感覺基調就是屏除信念的擾動，直接體驗感覺的一種途徑！

接下來你想問什麼呢？！

感覺基調如何練習？

感覺基調的練習：

1. 閉上眼睛，抬頭挺胸，放輕鬆感受到你是平安的、你是被愛的，你可以卸下你的武裝，因為這裡是安全的！

2. 先讓你的心慢慢、慢慢、慢慢地沉澱，慢慢、慢慢、慢慢地！

3. 慢慢地、慢慢地，放下一切的情緒及念頭，單單純純看著感覺，它以各種型態呈現，但都脫離不了你的心，你的心嚮往著它！

4. 無論你（感覺）以什麼型態呈現，我都與你（感覺）共同存在，不帶任何念頭（PS 標籤、定義、觀點或偏見）、不帶任何情緒，因為我始終與你（感覺）共同存在！

5. 體驗它（感覺），看看它以什麼型態呈現。

6. 感覺就是你存在的證明，將體驗到的感覺以放射狀向外擴散，那就是你處的場域！

感覺基調就是你，它就是你的你，它就是你的自己，把你找回來、把自己找回來，這是你們生命中最重要的事！

讓感覺說話，因為生活中你們其實是活在感覺裡面！

為什麼感覺不好時，根本沒有辦法控制自己？

感覺並不是你們有意識的自己可以操控，因為感覺與你們是共同存在，並不是從屬或附屬之關係，感覺本身有自己的意識及決定，如果你們仍依然認為感覺是可以控制的，那只會造成你們的災難！

感覺就像真空狀態一樣，你們在真空的狀態無法傳達聲音，但如果你了解真空為何無法傳遞聲音時，你們就會對於這感覺抱著敬畏的態度，因為感覺是你們最忠實的朋友，就像你的守護神一樣。

你們之所以在感覺不對或不好時無法成為自己，是因為感覺就是你存在的證明，你無法否定感覺而認為自己是對的，縱然最對的事也是由感覺做為支應，換句話說，你們處在的環境是由你感覺所認定，並不是你們！

我會建議你們不要去控制任何事情，這當然包含感覺，因為控制是種對我（內我）抗拒及恐嚇的宣告，你們將徹徹底底與內我切斷，當然這種切斷是因為你們的控制選擇。感覺再不好，你們也要知道感覺只是短暫的，而你們將感覺延長是因為你們心中也放不下或解不開的結，讓這些放下或解開唯一的途徑就是選擇愛，當你能將愛的定義重新添加在你所貼的標籤或定義中時，你的感覺將再度融化，那是因為愛就是融化這些困難或阻礙的解藥，實際上這些困難是因為你內心中的非愛狀態所致，愛只是剛好的幫助你自己放開這些困難，不再焦點集中在這些困難！你們焦點集中的，正是那些成「相」的根源，並不是成「相」的本身。

你們以為最誠實的聲音是自己不會騙自己，但這只是種錯誤的信念，只有感覺才是最誠實的聲音！

感覺是最誠實的聲音嗎？它的功用是什麼？

誠實是你們所嚮往的，但你們往往離誠實愈來愈遠，因為你們害怕你們執著的事物被傷害，所以你們不將誠實的事物呈現，最終你們將對自己完全不相信，因為你們經常性地欺騙自己，將摧毀你們自己的誠實機制，信任機制是存在你們的心靈之中，也就是說，你們長期的說謊，不管對自己或是他人，都會讓你們對己漸漸不信任，這是你們情緒無明的原因之一。

聆聽你們自己最真實的聲音就會發現，原來自己是愛才能顯現最誠實的狀態，但你們經常得扭曲自己。扭曲你們愛的念頭，就是昨天我跟你們講的一樣，念頭在你們的每一刻以千百萬種形式在你心靈中穿梭，你們抓住了念頭，並透過強烈的執著將念頭推入你們的物質世界，強烈的物質取向造成你們物質世界的形成，你們困在這裡，卻更加執著焦點集中在你們的困境，這是很荒謬的，只因你們感知不到你們焦點以外的實相。

感覺是你們最誠實的朋友，我不只一次告知你們，你們的感覺就是你們要調整的人生方向，因為你們的感覺並不會因信念而扭曲你們自己最真實的聲音，你們連最基本的誠實都作不到，如何改變你們的人生，所以任何的憂慮、恐懼或是憤怒，你們都該尊重這種感覺，因為它徹徹底底反映出你們長期的念頭，也就是信念！

共同存在，不再預期及記憶

如果你從靜態的角度觀察，你就會發現宇宙間一切的事物彼此間都共同存在，但如果你從動態的角度觀察，你就會發現宇宙間一切的事物都互相在變動及更易，這種差異在於「被感知者會相對於感知者而言」，感知者保持什麼樣的信念，被他觀察的被感知者就會以什麼樣的方式呈現。如果從這個角度切入，你很快就會發現出宇宙並不是只有一個，而是相對於你的意識數量而對應到宇宙的數量。

這並不是天方夜譚，目前天文物理學家已經有提出「平行宇宙」的概念，試想想你的世界與其他人的世界並不是同一個世界，而你的世界你是唯一可以「選擇」及做主的人，這不是很棒嗎！如果你能做出最適合你的「選擇」，你的世界就會是「天堂」，不論這一世或是脫離輪迴！而當你「選擇」「愛」與「善」時，你將真正不受別人世界的影響，而能巧妙的與外境「共同存在」。以下我與神（內我）的對話將討論「共同存在」：

神（內我）：你又想要問共同存在了嗎？

我：到底我們面對負面感覺有幾種選擇，難道只有抗拒或逃避，不能共同存在嗎？

神（內我）：共同存在是一種狀態，是指你們對物質或念頭的融合，而非抗拒或逃避，在你們生命裡面有比愛更重要的事嗎？我想是沒有，因為愛代表接受、代表原諒、代表包容，這都是共同存在的因素而非對抗，因為任何事物的對抗都會形成一道牆，這道牆就足以讓你們生命陷入困境，因為這道牆徹底阻礙了（內我給）你們能量的傳輸，你能想像沒有我（內我）的世界嗎？

如果沒有感覺平衡你們的世界，你能想像人會變成什麼樣嗎？我可以直截了當地告訴你，就是妖魔鬼怪！這（物質）世界平衡機制就是你們的感覺，因為感覺所以你們會反思你們的「信念」及「愛」，因為你們的信念及愛都是你們賴以存續的因子，不論在何種實相之內，我會建議你們針對感覺應該要把它當忠實的朋友，感覺不會說謊，因為它知道你的問題在哪裡，但是你不知道，所以當你有任何的感覺時，我指的是你應該每天花點時間觀照你的感覺，利用感覺基調。它（感覺）保護著你，就像我保護著你一樣。

任何的抗拒及逃避都是你們針對你們信念所衍生的問題進行逃避、不處理及嚴重排斥抗拒，這塊議題永遠會存在直到你往生，實際上往生後仍會因為這塊議題而繼續存在（PS針對信念所產生之實相進行抗拒及逃避），直到你發現了我（內我）的良心提醒，我必須再

強調一次，信念所產生的實相不只是在你們物質世界會成形，在任何的環境、空間、境遇或實相都會成形，換句話說，你們永遠與你們的信念共同存在，信念永遠在你們心中形成一道你們無法穿越的界線，直到你們發現你們可以藉由念頭及感覺的調配而改變信念。

感覺可以調配你們的念頭形成，你們無法決定你們的感覺就無法決定你們的人生，感覺就是你們的人生，讓我再告訴你一次，抗拒的人生或逃避的人生就是你們在信念底下挖一個洞，讓你們的信念發生動搖，實際上信念是不會發生動搖的，你們應該要清楚當你們在抗拒或逃避的時候，你就是在懷疑自己，這種懷疑會動搖你們的存在！

我將帶你體驗沒有預期及記憶的體驗，那是一種美好及平安的感覺！

不再有預期（未來）及記憶（過去），真的好輕鬆喔？

時間的線性是一種會困住你們的限制性信念，你們的偏見往往將你們困得更緊，你們渴望逃脫，所採取的方式是更緊緊抱著造成你們困境的方法，不論你們怎麼做，你們都會遇到你們內心要做的功課，這功課會一直跟著你們走，直到你開始看清楚你們在物質世界不是為了生存，而是為了這份愛，用愛來取代你們對於自己（我）的執著，這是份無私的感受，卻是你們得以突破，甚至讓自己再次回到我的身邊！

輕鬆？我可以跟你們講不只是時間，甚至是一些你們很自私的信念都會讓你很不輕鬆，因為長期的提防及猜忌，會逐步瓦解你自己的存在感。如果你真正愛自己，會逐步地保護你們的念頭，不再升起任何對於外境或別人的非愛、非善的念頭，至少只要你們允許你們就做得到！

要如何突破時間的幻象，就能突破預期或記憶對於你們的傷害，你們無須就時間所造成你們的無力感感到困擾，因為你們的感知就是感知不到時間最大的騙局，就是——讓你們以為你們只是活在現在，

實際上時間這種騙局是因為你們接受了它，它必須這麼做，這有點像願打願挨的情形！當你們思考的點不再以時間做為唯一的考量，實際是你們應該只考量你們的念頭，因為念頭才是時間線性的原因，也就是你從自由及力量之中放棄自己最後的威力，因為任何的念頭所形成的「形」、「相」本身就是用來感知的，這是相輔相成！

你想問你身體的問題嗎？

我的背部、腰部最近好痠，可否幫我處理一下？

病痛本身是對應你們內部情感的流動，包含我所講的不安全感、不滿足感、憎恨感、罪惡感及無力感而言，你們必須明確的感知到是什麼情感的流動產生了阻礙，它可能是一個或數個感覺的錯亂，這也是為什麼當你們疾病愈來愈嚴重的時候，你們情緒的低落也相形形成，這不是因為疾病所造成，而你們原始的情感無法流動！

當你們情感流動受到阻礙時，你們的內我勢必會以各式各樣的方式提醒你們，很可惜的是，你們仍然堅持自我的聲音，這是一件我們始終覺得很遺憾的地方！當你們情感流動受阻，你們的病就會纏著你們，我會教你們從根本解決問題！

想像「宇宙的星辰」，它是你們能量的連結，就是像海洋一樣會稀釋你們負面的能量，你們渴望讓自己身體健康及舒服，你們就必須懂得將自己的身體與宇宙連結，宇宙會因為你們的聯結與你們一體，你們的病痛會因著這層聯結而減輕，甚至更好！

嘗試發出「翁」的聲音，能夠幫助你們每一個原子及分子能夠因著這個「翁」而震動，震動對於原子及分子的重新排列有極大的助益，平靜的聆聽你發出「翁」的聲音，它能夠讓你煥然一新。

愛與犧牲

　　我們大多數人這一生都希望過平安富裕的生活，對於別人的不平安及貧困，多半只能抱著祝福及同情的想法，畢竟我們都認為我們能力有限，就像自己住上億的豪宅，但隔一條巷子還住著孤單老榮民蓋的鐵皮屋。這就是我們現實的社會，但這樣的現實社會往往讓我陷入了一種矛盾，如果你認為你所投射出去的意識跟你無關，你渴望過得榮華富貴又平安，這種榮華富貴又平安將是建立在一種不安及不穩定的狀態中，可能這一世或下一世你能僥倖逃過，但最終都必須負責任地面對這個問題，如何回歸到一體，也就是認清一切都是自己意識的投射，而愛它們就像愛自己一樣。以下我與神（內我）的對話將討論「愛」：

　　神（內我）：愛的表現就是在「我」，並不是「有我」，反而是「無我」！我們會在最後面討論到「我」！

　　我：讓自己的感覺是「愛」及「善」，我覺得我可以犧牲自己？為什麼犧牲「我」的時候，我可以感覺到很大的「愛」？

　　神（內我）：「我」（小我）的形成是因為你們要適應物質世界的機制，換句話說我（小我）本身並不存在，這有點像你們為吃、喝東西而製作器物，這器物就是你的小我，因為小我是因著你的慾望及渴求而存在，也就是當你肉體往生時，你的小我就會瞬間消失！

　　愛（及善）就像一塊麵包，它的確能餵飽你，但你們都不相信，我老實跟你們說，當你們的意志力及注意力完全專注在愛時，你們不會飢餓。因為愛及善的頻率是最高的，就我們所知的，你們需要進食的原因是因為你們需要能量，而不是你們的胃需要吃東西，你們日常生活中都是在你自己也就是小我與愛之間在拔河，我講的是一種心理的狀態，但通常都是小我直接勝出，因為你們毫不猶豫地接受小我為王的信念，這種信念並無好壞或對錯，但是你們痛苦或恐懼憂慮是難免，因為這物質世界裡最大的原理就是——沒有愛就沒有繼續的理由！

　　這一切完全都是為你們設計的，經過千百次的淬鍊，讓你們發現犧牲自己是因為愛而不是自己，這句話很深奧，當你們徹底了解自己就是愛時，我指的是因為愛而成為愛時，你們就了解這句話，因為任何事物本來就是合一的狀態，你就是它，它也無外於你，只是你還是感知不到。

　　一切事物的成形源於你的意識投射，也就是說你的意識投射消失了，一切事物對於你而言也消失了，至於你們集體的共同意識仍會暫留在此形相的意識，換句話說，人（你）在，你的財富或權力或執著才在；你不在，一切都會消失，至少對於你而言！

　　感受到愛與你們長期的信念有關，你可以在路邊看到流浪漢（PS產生同情）而感受愛，你也可能看到某個人被打（PS產生同情）而感受到愛，這是因為你的信念不同而產生不同「愛的感覺」，畢竟這只是感覺，因為感覺會騙人，我指的是因著你的信念而騙你，也就是說如果就你信念而言，你的感覺是誠實的。（PS因為有點難懂，我補充問到）我所指感覺會騙人是指如果你不了解你的信念，而一味跟隨你的感覺時，你一定會產生被感覺玩弄的感覺（PS我個人覺得是會陷入情緒或感覺的泥沼），但是如果你清楚自己的信念，實際上感覺會誠實地反映出自己的信念！

　　感覺就像一把刀，鋒利無比，你會去躲避這種鋒利（PS逃避、恐懼），你也會拿此鋒利（PS憤怒）去傷人，你知道嗎？無論什麼感覺，它是你們生命中最好的禮物，因為你的感覺與別人的感覺完全不同，它是獨一無二的，因為它就是你！愛的感覺就是你的感覺，當你感受到你自己時，那就是我所稱的愛的感覺，換句話說，你們經常感覺不到自己。

　　你們經常感覺不到自己，是因為你們活在一種集體意識的牢籠中，這牢籠是由你們長久以來的幻想及恐懼所鏈成，我必須告訴你們，要跳出這牢籠你必須先放掉你自己，我是指一切，可以去體驗看看，花個半天或一天，慢慢到一個月、一年，甚至一輩子。不要讓自己拘泥在任何的形式，回歸到只有你自己的狀態。也就是當你去買個

便當時，你看到的是你自己，不論賣便當的人或是便當本身，這才是放掉你自己，因為沒有對境就沒有自己！

我要你們體驗愛的感覺是指你感受到自己的存在，只有自己，我的意思是指，你們知道自己永遠存在，且圓滿平安的，外境是你們自己的延伸，你的岳父很愛說愛屋及烏就是這個意思，實際上說是一切就是你，你會保護你自己，就是保護一切，不再有分別，愛的感覺就是你看到一切都是你，你看到你為了你自己卻犧牲自己，這就是愛的感覺！

（PS 我補充問到什麼是「為了你自己卻犧牲自己」？）

愛就是無止境的供給卻一無所求，因為一切都是你，當你感受到一切都是你的時候，一切對你的衝擊或傷害，你會感到一股很強大的愛，因為那是分裂、撕裂與合一、融合的抉擇點，勇敢做你自己，勇敢的選擇，那是你與愛融為一體的關鍵，因為愛就是當你們受傷害時，卻感受到無比愛的狀態，因為你們已與傷害融為一體！

覺察

請問你還記得你是如何學會走路的嗎？你是如何學會講話？你是如何學會一件「新事物」？當我們開始認識一件事物時，我們最先是覺察（觀察）它，然後開始建立自己也能成為「它」的擁有者的信念，然後再熟悉那種感覺，於是乎隨著愈來愈熟習，我們就會走路、講話及認識新事物，但如果是「認識自己」呢！我們忽略了覺察自己，我們建立的信念非常有可能是不適合自己，甚至可能是限制自己的信念，於是乎我們的人生就會出現很多挫折及苦難，直到我們發現這點。以下我與神（內我）的對話將討論「覺察」：

神（內我）：信念所衍生出來的感覺，你們可以輕易感受到及察覺，但你們的確無法輕易察覺到你們的信念，尤其是核心信念！

我：我們無法察覺信念，但我們絕對知道現在的感覺，再由感覺找出信念？

神（內我）：感覺是你們一生中最困擾你們，也是最令你們喜悅的東西，它是你們存在的基石，也是取決你們好惡的評斷標準，換句話說，當你們遇到某件事，你們的感覺是好的、是喜悅的，你們自然會把它定性為好事，相反地，如果你們的感覺是不舒服，你們就開始鬼打牆的認定那是件壞事，甚至想要把它隔絕、消滅。感覺是因著你們的信念而生，並不是你們的感覺創造信念，實際上正確地講，感覺與信念應該是共生，也就是你們的感覺會影響信念的移動，而你們的信念也會影響感覺的升起。

感覺的好壞是取決你們的信念認定，實際上感覺並無好壞，但是你們卻熱愛貼標籤然後把自己限制住。感覺決定一切，但是你們的標籤卻可以框架住感覺好久好久，譬如你們遇到某件令你們恐懼的事，正常來講這件恐懼的事今你們恐懼只有幾分鐘不到，但是為什麼這恐懼的事會一直在你心中盤旋呢？因為當你們感覺不到愛的時候，你們的心會亂了手腳，換句話說，你們的心會將恐懼納為己有，並且臣服在恐懼的環境之中，也就是你們本身就是恐懼，你們用貼標籤做為區別，讓這標籤引領你變成恐懼，我所說的都是千真萬確，要讓感覺不會暫存在心中那麼久，只有一個簡單的辦法，就是遇到任何感覺都不要貼上標籤，讓自己的心還給自己，讓標籤從任何感覺身上脫落，這是最重要的功課。

至於你所說由感覺引領你們找到自己的信念，這是一種很簡單有效，可以發現自己限制性信念的辦法，因為你們要發現自己的信念並不容易，往往會被外境的包袱所制約住，但是你們最忠實的朋友－－感覺卻會忠實地告訴你，你們的信念出了問題！

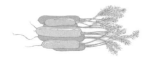

圓滿

自己已是圓滿而無須外求

「無欲則剛」的道理是指當你「無所求」時，你的內心會像鋼鐵一般堅定及「平靜」，因為你正「選擇」與你本質一樣的事－－愛（分享、享受、無所求），自然能體會宇宙最大的寶藏－－「內心平靜」。

人活在物質世界是否基本上就會為「匱乏」及「競爭」所困擾，以至於必須活在「有所求」或目的裡，我可以很明確的跟你講，如果你有這樣的信念，這很明確是一個很大限制你的信念，甚至讓你永遠看不到你的圓滿，以至於你永遠都必須過著「匱乏」及「競爭」的日子，或許你比較聰明、強壯以至於你可以競爭得比別人強，但你的內心永遠會活在「匱乏」及「競爭」裡，直到你發現原來你已經圓滿無所求而開始改變你的信念。以下我與神（內我）的對話將討論「圓滿」：

神（內我）：你們無法達到圓滿，就無法真正的安住，而你們的本質即是圓滿，但你們卻認為自己不圓滿，你知道差異在哪裡嗎？差

異在於，你們必須經歷這一遭來體驗什麼叫做圓滿！

我：到底什麼是圓滿的人生呢？

　　神（內我）：圓滿的人生就是你們知道自己已是圓滿而無須外求，甚至連求的慾望及念頭都沒有，因為任何的欲求都是反面證明你們的匱乏及不圓滿，所以當你問自己如何圓滿時，其實你已經陷入所謂的不圓滿！

　　圓滿的終極解釋一定是當你們願意將「愛」、「善」及「慈悲」作為唯一的指導方針時，你們所作所為都是圓滿的，這或許與你們的邏輯相違背，任何你們小我所教你們的都是遠離我（內我），因為它無法帶給你們的平安，所以它會教你們為了保護自己或取得東西而傷害別人，並將之合理化，這有點本末倒置，你們從我（內我）這邊可以取得取之不盡，用之不竭的能量及能量轉換的物質、好機會、甚至是貴人，但你們偏偏要選擇小我教你們的惡毒伎倆，真是令人匪夷所思！

　　你們不肯選擇愛是為什麼？因為你們要體驗非愛的狀態，但你們卻又受不了非愛的痛苦，這是很矛盾的事！現在你們正站在岔路口，你可以繼續選擇體驗非愛，但是痛苦會加劇直到崩盤；（或者）你們也可以開始體驗愛了，因為那是你們回家的道路！

　　不滿足的人是無法體驗到快樂，因為那一份缺憾總是在心中盤旋及起伏！

那為什麼經常感覺不到滿足感呢？

　　你們經常性的不滿足是緣於你們對於自己的焦點放置於外境有關，再次地，你們往往陷入外境的物質與自己內心慾望的爭戰，這不是對你們的恩賜，而是你們因著自己的渴望及選擇所作出的價值完成，至少你們認為是。我必須跟你們講，你們所有的一切都是在掙扎，因為你們打從心裡面相信犧牲自己及無止境的供應是一種匱乏或

損失，於是你們就陷入這種痛苦！

　　我要跟你們講的是，你們應該重視你們的認知，每件事的認知決定你們的感受及外境呈現的狀態，你們至今都還未發現這個奧秘，愛你們自己多一點最好的方式，就是讓自己處於一種你不想再理會自己卻又深愛著自己的狀態，你知道嗎？「我」（小我）是你們一輩子要遇到的問題，如果你們作任何事都困在「我」（小我）中，你們實在很難找出脫困之道！

　　不滿足最大原因在於你根本還沒有看清楚你要什麼，卻做出你不想要的決定及行動，你就蒙受這種錯亂的感覺，或是我們稱作你對目前的生活很不滿意，但你著手改變卻無法脫困於你現在的生活，因為你搞錯方向，你希望得到平靜卻做出更令你煩躁的事，你該做的事是先放手回到禪定、安靜、平安的狀態，再做出決定及行動，而不是帶著煩躁及不滿意去做改變，因為你們都會得到你們的發起思維，且不會有差異！

　　內在的滿足，是會衍生出一切的滿足，也會讓人感受到滿足，所以任何的滿足都應該從自己底層的心做起！

是不是只有內在的滿足，才能將這份滿足分享於外？

　　一切的平靜來自於你與你的平安充分融合成為你們想要的狀態，那就是一種場域，一種不用做什麼卻享受的滿意及滿足，我稱為GITA（及塔）的狀態，這是一種頻率，只要你們置於這種頻率，你們將可以感受到極大的滿足及平安。

　　要如何進入GITA（及塔）這種頻率裡面，只有幾個方向：第一、你學會禪定；第二、你為了愛而犧牲自己；第三、你將注意力焦點放在愛上，這三種方法能幫助你們進入這種狀態，你們的生活感知到好像是一種繼續或連續的狀態就像電影，那只是一種錯覺，你們希望過得平安及滿足，最重要的功課在於你們將自己完全的放下，或是稱作犧牲，但你們卻愈抓愈緊，顛倒錯誤與自己的選擇會加深你們痛苦且

找不到出口，我建議你們如果有心要平安，就該即時且果斷決定放下手邊一切回歸到平靜、平安，再照我上述三種方法，進化你們的靈魂！

再度認識自己－－自發性與放輕鬆

真正的富裕不是你有多少存款、房地產或股票，而是「當下」的你是否能真正「放輕鬆」及相信一切都會「自發性」的很棒，並且將這「放輕鬆」、「自發性」的信念一直延續到這一生結束，而當你真正處在「放輕鬆」、「自發性」的信念河流之中時，你外境中的存款、房地產或股票將會比你想像得還要多，因為當你的信念準備好時，信念會創造實相，你會在富裕的行動中獲得享受，並且將之分享給需要的人。以下我與神（內我）的對話將討論「自發性」、「放輕鬆」：

神（內我）：自發性也與滿足有關，你可以問一下「自發性」的問題吧！

我：為什麼人一定要相信「自發性」？

神（內我）：自發性就像河裡流動的水一樣，你以為從山上流到海裡就只是一種意識或控制的決策嗎？還是萬物皆有自發性？自發行為從宇宙運作的過程小至一顆原子，大至整個宇宙及超宇宙，都靠著自發性在運作，只是你們感知不到這股自發性，（信任）自發性與你們在日常生活中是否順遂成絕對正比，你們在日常生活中感受不到我（內我）的存在，於是你們就只相信小我的運作，孤寂及被拋棄的感覺時常在你們左右發生，於是你們就更加相信只有靠自己的努力及執著才有可能回到安全及幸福，這是一種很嚴重的本末倒置！

自發性本身就是對於你們自己（小我）的全然放棄，因為你知道只有靠自己是不夠的，因為那只是你們意識的遂行，並非宇宙整體的運作，也就是說，當你們的意識與宇宙的意識不一致時，你們就是在

抗拒！我建議你們平時應該多聽聽我的聲音，即便你們聽不到，因為那是一種你們對於自發性的認同，平時可以去看看大自然是如何運作，大自然是你們的老師，至少它時時刻刻都在教你們自發性就是了解自性最基本的功課。

自發性源自於你們對於一件事或一個人的看法，也就是說，當你們存有偏見或特定的念頭想法時，你的自發性就被阻礙了，這也是所謂「住相生心」的道理！

自發性與放輕鬆是無法分的，因為放輕鬆與自發性都是滿足的一部份！滿足就是時時刻刻保持輕鬆的心看待這一切！

輕鬆的心看待這一切，什麼是保持「放輕鬆的姿態」？

你們在緊張時，你們會想到誰？或想到什麼事？害怕、還是恐懼或憤怒，那都是你們正常的生理或心理反應，但這裡我要說的是如果你們生命或生活中對於一切事務，無法放輕鬆，你們的人生必然是辛苦的！

因為放輕鬆是你們對於自己的放下，很多人都會說放下，但心裡確實呈現緊張或警戒的狀態，這樣表裡不一致會讓自己更加執著自己，生命的美好在於你們對於自己的退讓，我所謂的退讓是指你們看清楚原來你們不是你們，你們只是來體驗及完成你們的價值進化，所謂的價值進化就是你們愛這一切，因為你們深知一切就是一（你），而放輕鬆是這一切經過呈現很重要的表彰，也就是說如果你感受到放輕鬆，你就是在價值完成。

價值完成最重要的任務在於愛！

（PS 我補充問到如何放輕鬆？）

放鬆有幾個步驟：

第一、你必須感受到一切事物與你融合在一體，沒有什麼事物可以影響你想要放鬆的決定，但是你選擇分裂時，你就逐漸讓自己處於警戒的狀態！

第二、放輕鬆與你們對於事物的信念有關，如果你平常把事情看很重，也就是你們一切的執著建立在你們與一切的分別及對立上，也就是你與事物的聯結，你是採取不信任甚至要防範的心態的話，你就必須對於生活的緊張負責！

最後，我建議你們作感覺基調練習，因為那有助於你們建立對感覺的信心，因為緊張或放鬆只是一種感覺！

被感知者取決於感知者

很多人或許不知道我們所看到的這個世界的顏色，並不一定是我們所看到的顏色，如果從狗狗的角度看出去，這個世界將缺乏紅及綠，換句話說，這個世界的顏色並不是由它本身所決定，而是由感知它的生物所決定，不只是顏色是如此，宇宙一切都是如此。

如果有人為被女朋友甩掉而痛苦，就有人同樣的事不會有太大的傷悲，因為被感知者永遠是取決於感知者，也因為每個感知者的信念都不同，所以同樣一件事，對於每個人而言都不太相同。以下我與神（內我）的對話將討論「被感知者取決於感知者」：

神（內我）：滿不滿足與感知者的信念有關，因為被感知者取決於感知者！

我：被感知者的呈現是否取決於感知者？

神（內我）：事物的影像取決於造影像者及被造影像者的一種平衡，所以事物的本身並沒有任何意義，而是被賦予上一層意義，也就是你的信念。我們所說的被感知者，其實是你們心的取向，也就是你

們心想要看什麼或是所謂預設的偏見、立場，你們就會看到什麼。

你們「接受」了，小我就失去對你們控制的通行證，平安與喜悅是你們所追尋的，但是你們往往不怎麼平安及喜悅，我來的目的是要幫助你們回歸到自己，但前提是你們必須先確認幾件事：

1. 你心中是否平靜、平安。
2. 你是否能接受一切，而不是對抗或逃避。
3. 你是否從愛出發。

當這些事你都能確認了，你才能算是真正活在正確的軌道上，你們都以為你們的人生是可以掌控的，這句話充滿了控制及不信任，實際上，人生是不需要掌控而是單純的體驗、享受及分享，享受是如何的美好，但你們卻往往被凡事所打擾，這是因為你們不但不接受打擾你們的煩事，反而創造出你們不想要的煩事，這都是因為你們不信任的原因。

被等待者與等待者間的關係在於愛與愛的傳授，你們感受到我是因為你們渴望愛，並不是因為我（神）的本質，我的本質是因為你們的愛而存在，也就是說當你們用信念決定非愛的時候，你們就不可能感受到我（神），愛的本質有一點很重要的就是無所求，這是你們必須要知道，我要求你們檢視你們的內心狀態，那是一種愛的延伸，所以你們每一個人乃至一個最簡單的生物都渴望愛，於是你們定義你們生活中的愛，直到你們真正發現愛的定義，那就是——無止境的供應卻一無所求！

感知者與被感知者的關係係因於信念及信念的演化，也就是說，你們無法感受到信念以外的事物，這就像一個望遠鏡一樣，你們無法看到鏡框以外的事物，不管（視線）投射得多遠，因為限制與限制性的信念並無任何差異！感知者最終成為被感知者是因為終於合一了，一切的合一，感知者與被感知者不再有分離了！

你還有什麼問題想要問？！

> 我們都想自己掌控，而脫於「你」（內我），以至於我們經常處在匱乏、不安全，所以我們每天都在為脫離匱乏及不安全在奮戰？

　　你們想要安全只有一條途徑，就是跟我（內我）聯絡，因為外境只是你們內境的延伸，而你們無法檢驗或內觀你們內境確保自身在外境平安，我能告知你們內境的問題，讓你們充分調整你們的內境，換句話說，我就是你們的導師，你們也從外境中找到導師，但是那往往涉及導師的信念及限制，所以你們會困在他的限制裡面。

　　日常生活中你們決定要怎麼做，生命的苦的延續都與你們對於生活中要怎麼過有關，你們既定的標準或信念已讓你們生活維持固定的品質，否則你們無法生活，於是那標準就成為你們生活的品質，但是弔詭的是，那標準往往與愛相違背！

　　愛是我的唯一解釋，你們該做的是在日常生活中體驗到愛，對於所發生的事認定是愛，這是一種對我的讚美！愛是我唯一容許你們與我溝通的橋樑，而不是你們物質世界的執、無，你們選擇愛時，就能體驗到我的存在，我將必有更多的奉還！

　　你想要問知、覺與感受的問題嗎？！修「知」、「見」是沒有用的，應該從愛著手！

> 修「知」、「見」是沒有用的，是否應該以表達或行動讓「愛」流動，而影響「覺」、「受」？

　　感覺是你們日常生活中與之共舞的，你們並不會質疑感覺的本身，而是懷疑感覺所表彰的意義，換句話說，你們的感覺就象徵你們的精神上的標竿，也就是你們所認定的「愛」。你們與你們的精神是同在地，也就是說，你們所駕馭的世界是一種由你們的意識及精神所組成，而你們正活在其中！

　　與其說你們是活在這世界，不如說你們是活在自己的感覺或精神意念之中，也就是說，當你們的感覺是不好的時候，你們不可能認知

所謂愛或善的念頭是好的，因為彼此之間並沒有任何連結，正確的認知是如何從感覺底層認定愛及善事對自己有益的，並從日常生活中體驗到此點，才是你們修行的主要方向！

我是安全的、我是被保護、被照顧

太多人對於未來充滿了不安及不信任，其實現今人類會充滿這樣的感受實在無可厚非，因為就像人被丟入大海裡，你實在很難期待在大海裡會遇到漂浮木或救生圈，所以在冰冷的海水裡只能不停掙扎地用水母漂換氣，任何人在這種情形下都會優先選擇「保護自己」。但如果你發現到可藉由建立信念來改變環境時，你就會像摩西渡過紅海一樣，將你周遭的海水切開，並為自己的未來開出一條享受的道路。

如果你相信自己，你就該建立「我是安全的、我是被內我（神）保護及照顧」的信念，因為你的相信，你將會經歷過一次，因為你經歷過一次你將更加堅定你的信念，你也將經歷一輩子。以下我與神（內我）的對話將討論「我是安全的、我是被保護、被照顧」：

神（內我）：「無事可做」、「無事可想」、「無事可說」的意義在於你們的念頭正趨近於我，卻有自由及力量！你們應該建立一些正確的信念以保護自己，讓自己更體驗到愛及力量！

我：是否要建立我是安全的、我是被保護、被照顧、沒有任何事的信念？

神（內我）：你們相信嗎？你們的一切及你們的遭遇都是我安排的，你們來這裡體驗的目的就是發現你們的愛，在任何的環境下你仍會選擇愛，在困苦或極度悽恨的情況下，你仍會選擇愛，這就是你們最終的選擇，實際上你們的關卡或是所謂的印記也會霎那間的消失！

在做抉擇時，你們同樣會考慮到我（小我），因為我（小我）是

你們造成這環境的主因，因為環境的成形與你們小我的感知有絕對的關係，也就是小我是因著你們所求及執著不分享而形成，實際上這也是你們感知環境的主要狀態。

形成與鑄造你們日常生活的感覺與小我有絕對的關係，實際上你們大多數人的感覺是處在一種類似或絕對的無明狀態，也就是感覺像黑夜伸手不見五指一樣，你們無法預期及控制這黑夜，以至於你們對於自己的存在感發生了危機，你們期待安全感及滿足感，以解決或處理內境中的恐懼及不滿，這是一種很特別的邏輯，因為你們一開始就否定了自身神奇之道的能力，也就是你們都是神，你們可以藉由信念（強烈的念頭），幻化出想要的物境。

你們的發起思維是什麼，這很重要，因為它攸關著你們外境物質對於你們的感知所呈現的結果，你們不會得到你們發起念頭以外的答案，也就是說，你們抱持著什麼樣的信念或念頭，結果只會隨著你們相信的程度而遞增！

我必須跟你們講，你們的確是被我保護的、你們的確是安全的、你們的確是沒事的，以及你們都是被愛的，這應該是你們所抱持對於我的發起思維，因為他會影響到你感知這些的程度，甚至有決定性的影響。因為我（神）是因為你們的相信而存在，實際上我（神）的存在是因為你們肯相信，縱然我（神）的存在並不需要你們相信！

如何「安住」在內我，而隔離外境？內觀自己的感覺、念頭，就好像在觀別人一樣？

你們平常居住在房屋裡面，你們就感受不到外面風雨的強烈，這是因為房屋能保護你們免於受到風雨的侵擾，實際上，你們該做出抉擇了，要住在哪裡，我是指心理層面上！

實際上，你們的注意力放在哪裡，你們的寶藏或是所謂的重心、感知領域就會因著你們的注意力而被放大，我需要你們將你們的注意力放在愛上面，不管什麼事或什麼情形，只要涉及到愛，一切都會開

始好轉，（安住在）愛就是內觀你自己與愛（無止境的供應，卻一無所求；享受、分享、專注於過程）之間的關係，當你們感受到這層關係時，你的注意力就會有所住於「愛」！

時時刻刻提醒自己安住在愛裡，你將能重新體驗到你的人生，且不會被外境所牽引！

是否什麼都是因為「我」，而感受不到神的恩典？

「我」（小我）就是有所求及不願分享所交織而成的一種狀態，你們很刻意的選擇了我，導致你們無法體驗到我（神），這是一種選擇，至少我認為那是自由的選擇，當你們開始學會無所求及分享時，愛的力量被彰顯時，你們才能進入到無我的福德不可思量！

—— *Note* ——

無

求

內心平靜一無所求就是一種靜止的狀態

　　當今的物理學家已經發現宇宙最小的物質，其實是一種由能量震動所形成粒子（希格斯玻色子），這種粒子其實是能量震動並非物質，這樣的發現更可以說明世上根本沒有物質，我們之所以能感受到物質，是因為我們本身也是能量，而能量感受另一能量，得出的結論自然相同，只不過我們將這結論貼了個標籤叫「物質」。

　　能量本身有一個很強性質，那就是能量不滅定律，宇宙間能量本身不會減少，只會轉換成另外一種形式流出及流入，如果從這一個角度切入，你就會發現人根本不可能經歷「匱乏」及「貧困」，除非人接受了「匱乏」及「貧困」的信念，因為你覺得你今天用掉的電，宇宙就會少掉這些電嗎！不會，宇宙的電是無止境的，只不過你必須找到能把電引出來的方式。當人們已經被確保處在「富裕」及「圓滿」的境界中，為什麼還要「有所求」呢！或許你不相信這點，所以你永遠看不到這點，但如果你相信後，你這輩子將永遠處在「富裕」及「圓滿」的境界，而且是在你頭腦永遠無法預期的方式呈現。以下我與神（內我）的對話將討論「無所求」：

神（內我）：無所求才能創造出你想像不到的人生，這趟旅途需要更多的力量，那就是「無所求」！

什麼是無所求？

如果你們所謂的有所求是一種行進的狀態的話，無所求就是一種靜止的狀態。你們刻意將自己處在有所求的狀態是因為你們對於自己存在並不那麼的肯定，譬如你們恐懼金錢、恐懼人際關係、恐懼婚姻，或是不滿足金錢、人際關係及婚姻，於是你們採取你們最熟悉及安全的模式，就是慣性，我也稱為業力！

於是乎，你們開始想到為什麼有所求的時候，總是痛苦與不平安，甚至很大的恐懼，我這邊可以明確地告訴你們我（小我）就是由有所求及不願分享（執著）所架構出來美麗的陷阱。無所求是一種對於一切的看淡，前提是你了悟無所求是自己力量的來源，是一切心想事成的根本，而不是寄情於有所求這種發起思維，以無所求作為有所求的思想，是幫助你們能夠快速放下有所求或目的這種邏輯思考習慣，因為無所求就是一種最根本的信任及愛！

正知正見、好運與如是

一個人是否好運，與一個人他的信念有關，正確地講應該是一個人目前的狀態，就是他目前「信念的總和」，也就是他相信愈多負面、非愛、非善的事物，他的人生會像他所相信的事物一樣發出陣陣惡臭，令人掩鼻而逃，想反地，如果他相信愈多正面、愛、善的事物，他的人生就會充滿好運及貴人，這真因為人都愛芳香美麗的事物，而這正源於自身「信念的總和」。以下我與神（內我）的對話將討論「正知正見」、「好運」與「如是」：

神（內我）：好運與你們的想法有關！而想法及念頭應該與正知正見保持良好的互動！

我：那為什麼開始正知正見，就會開始好運了呢？

　　神（內我）：正知正見是指你們的念頭與發起思維開始有所導回正軌，以「愛」及「善」為出發之正軌，因為正知正見會導向你快速脫離你們婆娑世界的塵囂，這麼說譬如正知正見就像將你生命中的河流清乾淨一樣，於是你能快速地通過這河道上一切的阻礙，因為河水變乾淨了，其流動自然就順暢了；譬如你像頭大象，正知正見就像這頭大象的雙腿，如果雙腿不停的正確姿勢，大象跑起來有力量又不會受傷，正知正見是保護你們在「愛」的場域，不被任何所侵害，因為愛的本質就是包容及接納！

　　好運是指你們開始接納你們的本質而言，好運是指你們回到我的懷抱，接納自己的本質就是發起愛的念頭，因為（愛）那是你們的本質。因為任何的好運只是你們的感覺及邏輯判斷，並不是真正值得長期檢驗的。任何的念頭都是你們好運的開始，但是你們必須謹慎看待你們的念頭，因為它一不小心就會偏差及錯誤，因為念頭的平衡有賴於愛及善之出發思維！

　　你們以為感覺與感受都一定要依你們的控制及期望嗎？！這是一種嚴重的偏見，於是你們發明了感官是無明的說法。正確的說法是你們「如是」，如是體驗感官（感覺），這一切將重返平靜及平安！

為什麼有種感覺我們不想要的，就是不「如是」？

　　試想想看你們曾幾何時都是處於「接受」的狀態，我想你們大部分都在抗拒吧！如是就是一種接受的狀態，你們接受什麼事，什麼事就會成為你們生命的利，只是你們往往都不太相信這點，而是相信小我告訴你們過往的慣性。

　　要改變這點最主要做的事就是放下手邊的一切事，包括你的錢及工作，而是去接受一切事的發生，因為發生的本身就是你心念對於心念的接受及抗拒逃避的抉擇。

這個抉擇將會影響你將來的價值進化，也就是你們屢次輪迴的主要目的，「體驗」就是你們的愛，「抉擇」就是你們真正體驗到愛！

價值完成

有一部電影我非常推薦，由 Tom Cruise 及 Emily Blunt 所主演的明日邊界（edge of tomorrow），電影內容就是 Tom Cruise 不停的輪迴以獲得新的能力及價值，這部片經常在我腦海中盤旋，因為男主角不停的輪迴發現不論如何都救不了女主角時，內心是萬分的痛苦及不捨，這剛好給了我們一個啟示，為什麼人輪迴要把過去的全部忘光，因為如果人還記得過去的話，他將因痛苦、恐懼及不捨過去而無法開啟新的局面，他的價值將永遠困在過去的經歷及經驗，而無法展開全新、未知的未來，從這裡你就可以發現神及宇宙的智慧了。換個角度講，如果還活在現在的你，是否應該放下過去的傷痛、挫折及恐懼呢！是否應該信任自己展開全新的一個局面呢！否則將辜負神給我們最大禮物－－價值完成（進化）。以下我與神（內我）的對話將討論「價值完成」：

神（內我）：價值完成就是價值的前進，因為只有前進自己的價值，你們才有可能進一步完成價值！

我：那價值前進就是自己的進化嗎？

神（內我）：當你採取跟以往不同的看法或是方法的時候，你會感覺到你變得更自由及有力量了，為什麼呢？因為自由及力量本來就是一種變異，它是緣於愛的表彰，因為這種變異能讓愛的合一再次展現！

前進的時候，你們看到的角度絕對與原來的位置不同，你知道為什麼嗎？因為前進就是你以具體行動表達你的愛，在體驗與被體驗之間找到一份愛的解釋，雖然這解釋我並不鼓勵你們貼上標籤，但是你們總會找到一份解釋，那份解釋是「愛」、是「鼓舞」，是我（神）

的化身！

　　價值完成就是當你們體驗到新的價值時，舊有價值就逐漸被取代了，當然這體驗是架構在自由意識下，換句話說，當你們對於同一件事，卻能真心誠意發生不同的解釋時，你們就價值進化了，其實你們每個人投胎的時候就是為了價值進化，完成你們前世所犯下的錯誤在這次（這生）改善。輪迴的終極目標是在連最終的價值都被完成了，那就是一體的愛再次展現，一體的愛就是不再有對立或是分別，連最基本的解釋都是如此，所以我常常建議你們要觀照自己的念頭，是否存有對立或分別念頭，實際上那也是你們痛苦或不平安的主要原因，從自己的念頭做起，在日常生活中體驗新的價值，並且付諸實行新的價值，你們將大幅減少輪迴的次數！

　　愛本來就存在，愛就是你們並沒有區別，一切是愛，一切都是你，這是最究竟的法！

一切都是愛？

　　愛就是你們日常生活的快樂及體驗，只是你們將愛賦予了不同的定義及解釋，愛本身是空性，也就是不生不滅，但你們的標籤卻將愛本身賦予了另一層原本以外的意義，這層意義就是你們生命中所遇到的難題及困擾。

　　愛本身具有療癒及化解的功效，也就是說當你們將一切都解釋成愛時，你們在療癒及化解你們這生中及累生中的問題，這是一個很有效的方式！實際上，當你們的認定與外境中的存在相同時，你們的人生會過得非常自在，而那共同之點就是愛！一切都是愛，就只差你們的認定（念頭及感受）！

（PS 講到認定，我補充問到感官是否有所定律？）

　　感官的三大定律：

1. 感官只能在對立及分別的事物上獲得解釋：

你們的感官就只能在對立及分別上獲得解釋是指……你們與你們以外之事物之關聯性是建立分別與對立，至少對你們的感官是如此，這也就是你們處在這世界要體驗（證悟）到愛與合一，才能證明你們真正的自由意願是選擇愛及合一（體）的狀態！

2. 感官只能感知到時間的線性：

時間本身分為過去、現在及未來，這是從你們感官的認知所分出的概念，感官並無法區別時間與信念之關係（PS 只有當下沒有時間，當下是繫於你的信念狀態），因為感官是我們建立在你們物質世界中的限制。

3. 感覺本身是無明狀態。

感覺既像海浪一樣，隨風起舞，實際上風就是信念（念頭）與外境之組合，這種組合具有破壞性及建設性，所謂破壞性就是會讓你痛苦及不安，所謂建設性就是愛與包容，不論如何，你們絕對無法將感覺特定或安住於一個狀態，這就是無明的解釋！

你又想問共同存在的問題嗎？！

對啊！當我們拒絕、否定或抗拒別人的意見，是否代表我們已與別人對抗，而非共同在一起？

抗拒及逃避只是一種你們的心理狀態，這種心理狀態會形成一道牆讓你們以為跨越不過去，牆是界線也是限制，你們知道愛的功能就是讓你們跨越這道牆，發現自己的美好及圓滿。

愛可以跟一切作解釋，因為當你們抗拒或逃避時，你們的心會處於一種關門的狀態，也就是你們無法讓能量進入，也不准讓能量流動，你們就處在一種滅絕的狀態，那讓你們更加放不下自己的存在。

為什麼抗拒與逃避是否定自己與他們（別人）的存在呢？因為你們先否定自己的存在，自然無法與他人的存在共同在一起！抗拒及逃避就是一種否定自己存在的象徵，而愛剛好與這種象徵相反，實際上愛是一種流動的狀態，也是將自己的存在與他人的存在共同在一起的象徵！

（PS補充問道：為什麼別人否定我們，我們不能接受，我們要抗拒或逃避？是否接受就會有等於否定自己存在價值的感覺？）

你們接不接受與你們是否否定自己完全沒有關，反而是與你們認定的信念有關，你們的認定與你們所受領的外界事物成一種微妙的互應關係，這種關係架構了你們心中對應態度及感覺的呈現，換句話說，你們與你們所受領的事物間僅存在信念的認定，這是你們的人生，這是你們的體驗，如果你們想要在生命中有更多的發現，應該接受一切事物不帶任何的標籤及定義。

好、壞與對、錯這與你們接不接受有關，是因為你們已經對於好、壞或對、錯之事物貼了標籤，這標籤你們撕掉之後你們就不會被這好、壞或對、錯所困擾，這時候自然的狀態就是接受。

這「標籤」是你們會以為別人的否定或抗拒你們接受了，就是在否定自己，這是一種扭曲的信念，可以放手的話，放掉那標籤，你就會發現別人的否定只是一種「空性」，實際上一切都是如此！

（PS補充問道：接受是否不帶任何評價、標籤、判斷，所為之接受？接受不代表壓抑感覺及否定自己？接受是否代表發現愛的詮釋？）

「空性」與「接受」的意思相同，只不過一種是狀態，一種是決定，這種決定是與空性相契合，接受就是這種決定，因為當你完完全全對於一切沒有任何標籤時，你就會接受萬物，實際上你已經進入愛的場域之中，因為「愛」與「接受」一切萬物本來就是圓滿及合一的狀態！你們的標籤就是你們的功課，因為你們所認定的標籤就是你們日常生活中所遇的事物，直到你們放下你們的標籤！

— *Note* —

認識自己——一體

我來描述一下「實相」，宇宙及超宇宙的一切都是自己意識的投射，也就是隔壁老王，到美國總統都是你意識的投射，到一切萬物都是「你自己」，如果當你「真的」感受到一切都是你自己時，你還會對於你討厭的人大小聲嗎！你還會對你瞧不起的人抱以大小眼嗎！你還會對於你害怕的事物充滿恐懼嗎！人最沒有辦法否定的是自己，同樣地，人最愛的也是自己，當你真正感受到一切都是你時，你的「愛」將與一切的「你」（意識投射出去的你）合為一體，你將再度踏上回家的旅程，而且你絕對會帶著「內心平靜」、「富裕」、「自由」及「力量」的零嘴於這趟旅程中吃得很開心！以下我與神（內我）的對話將討論「一體」：

神（內我）：「合一」就是你們與一切再度回到你們的本質！本質並不會因為扭曲而改變，但是你們卻會被你們的信念所扭曲！

我：有人說這個時代是一切合一或一切一體的時代，什麼是合一或一體？什麼是二元對立、分別？

261

神（內我）：一體就是一，分別就是非一，一體就是認同及接受，分別就是抗拒及逃避！抽象地講，一體與分別的觀點與感受建構於你們區別與否，「區別的點」就是你們一體與分別的邊界！

自己的心與自己的愛都將因合一而合一，合一只是個概念，它所要表示的是——你們的愛因為一切是愛而再次在一起——合一的距離是在於你們的心的空間，那空間還是分別的源頭，在那空間裡，你們還有漫漫長路要走，但是我必須告訴你們捷徑是「愛」，運用愛你們將先放下我，再放下一切的執，最後放下愛所執！

你們因為怕被傷害，所以衍生出保護自己的信念，這並無對錯，但卻是你們一直困在你們的信念裡最主要的原因！

世界上最困難的事就是我們被攻擊或傷害，而不去反擊、報復或懲罰，任何的起頭不是外在的境怎麼對我們，而是我們的發起思維？也就是心不隨境轉，因無所住而生其心？這世界上最困難的事，就是有人攻擊你但你卻選擇不反擊、報復或懲罰，反而是選擇愛？

反擊？你們以為報復或懲罰才能保護自己嗎？那是一種錯誤的信念但至少是你們很多人接受的信念，接受這種報復才是保護自己或平衡自己信念，你們的生活將變成等待報復或反擊的時機，而將看不到希望之光，因為黑暗的信念裡就只有黑暗，光明之中一切都是光！

如果你們在放輕鬆的狀態，你們會覺得一切變得很輕鬆；相對地，你們在緊張的狀態，世界一切變得很緊張，為什麼呢？因為世界是環繞你們的念頭，而不是你們的感覺，感官本身具有限制性，而念頭卻是無限放大你們所抱持的念頭！

合一就是一切的開始也是終止，合一的解釋是你們所要學習的！

正面的解釋就是合一的解釋嗎？什麼是好壞、對錯等二元對立的「好」？

正面的解釋與你們愛、合一的解釋雷同，因為這世界最原本的樣子就是你們是你們的愛、你們與你們共同在一起，這是最真誠的解釋。

錯誤的信念導致錯誤的感覺，合一的念頭不會有任何落差，實際上，合一的念頭就是你們內心中最渴望的念頭，也就是說，當你們內心處在合一及愛的狀態時，你們的人生將變得很順利！

好、壞本身是不存在的，因為萬物萬事的空性，這就是一切的形相只是名相，而你們的標籤或解釋就變成你們要受苦的原因！

你心中似乎有感而發，你想問些什麼？

對啊！是否我們都不再聽你的話了？

你們與我之間的溝通，因為你們心中已既定的信念（住相生心）而聽到曲解的話語，你們只愛聽到你們過去的經歷，因為「它」與「你們的感覺」是經過你們的驗證！

於是乎你們就開始只聽自己的意見，你們感受到強烈的孤寂感及被拋棄感，於是乎執著似乎是讓你們感受到安全及滿足的唯一選項，於是乎痛苦與恐懼常伴你們左右，你們最終會因為受不了這種痛苦及恐懼而來找我，我是平安、我是愛、我是一切，我會帶領你們找到回家（之道路）及真理，這是我對你們最終的等待！

「一切」（的意義）就是你們需要修行的所在，而一切即一，就是指你們真正體悟到自己就是一切的肇生者！

一切是我（一），我（一）是一切？

那是一種狀態，一種你們就是一的狀態，那也是最「原始」及「真」的狀態，你們與你們（我指的是分裂的你們）之間的回家道路，就是你們必須先承認及接受分裂的你們，不能因為感官無法認出而否

定及抗拒你們自己（分裂的自己）。

一切即一，就是指你們與分裂的你們是存在「一」（合一）的關係！

而一即一切，是指你們分裂你們自己以形成一切！

認識自己，金剛經與心經

我還在台北市政法規會任職時，很喜歡騎自行車，有一次在沒有注意到手上有傷口的情形下，對於自行車進行維修保養，導致黑油跑進我左手無名指傷口裡並長出一個血管瘤，當時無論怎麼治都治不好，而且左手中指不停流出鮮血，最後在醫生的建議下進行開刀，當時在手術房外面我無聊翻一翻架上的書，看到一本我很有興趣的書，我就不停地翻，之後就進去手術房開刀了，開完刀後我非常好奇手術前看的書，於是回去上網找了一下那本書的資料，從此我就與這本書建立了不解之緣。當然啦！我相信是藉由那個血管瘤引介我看到這本書，否則沒事我絕對不會去翻佛教的書，在我找到這本書後當然血管瘤很自然順利就好了，這本書就是《金剛經》。

你的內我很神奇地幫你安排好這一生，而且是過去經歷及經驗的你所無法預期的，如果你了解這點，你就會用信任及信心的自己去迎接一切美好的未來。以下我與神（內我）的對話將討論《金剛經》與《心經》：

神（內我）：似乎，討論《金剛經》將是本書的賣點之一，你問吧！

我：可否用你的角度講一下《金剛經》？

神（內我）：悉達多跟須菩提講，你們需要保護你們的念頭，這是我對你們的囑託，你們以為度化一切眾生就是福報，但我必須跟你們說一切的眾生就是由你們的意識所衍生及投射，所以一切即一，那

「一」就是你們的意識！

一切的相，就是一相（PS 自己意識所產生的相），那是你們感官所無法探知的。

你們的痛苦來自於你們的執著，而這執著剛好與佈施的概念相反（PS 在兩個極端點），所以你們應該去佈施來破你們的執著。你們的痛苦來自於你們心中既定的成見、偏見及信念，這成見及偏見就是與你們共同存在，直到你放下！所以如果你們佈施是帶著成見、偏見或是目的時，你們也就只能得到你們的偏見、成見而已，心裡住著什麼，就得到什麼，這是千古不變的定律！你們應該無所住，做你們該做的事，因為當你們心中無所住時，你們就與佛（神、內我）相聯結（PS 可以聽到內我、如來的聲音），也就是你們就是佛！你們所見的任何相，都是你們的感官所過濾及肇生的，它們的本質並不是你們感官所認知得到的，也就是你們活在你們的幻想之中，而當你們心中又住著特定的成見或偏見時，這幻象就更加真實不破，於是你們就被限制、困住在這幻象的界線裡！

悉達多所說的福報，就是你們原有的福報，只是你們將心中的成見及偏見，困住你們自己，以至於無法享受這福報，你們應該放下心中所有的一切所住，回歸到無所住、佈施及善念之中！

你們所執著的包括外界的形相，及內在的原理原則（PS 念頭、信念、偏見等），還有自己的感覺記憶，執著「有所求」，分別與分離的幻象就愈加劇；執著記憶及法則（念頭、信念、偏見），分別與對立將困擾成相；被你的情緒及感覺牽著走，你就會困在分別的成相裡面，不論你們執著什麼，你們就會被困在裡面，而無法享受到你們的福德及福報。（PS 因為念頭、信念、記憶、法則、感覺、情緒在未經執著〔強化聚焦、相信〕的情況下，它們只是它們，如是存在，但如果人執著〔強化聚焦〕及相信了，念頭、信念、記憶、法則、感覺、情緒將因著我們的執著而成為「念頭、信念、記憶、法則、感覺、情緒＋執著〔強化聚焦、相信〕」，這就是《金剛經》所講的我、人、眾生、壽者，或是稱為分別及妄念！）即便金剛經所教你的心法都是

一種法，這種法將在你們所有的執著都放下、無住後，也應當放下、無住！

任何的「分別」都是一種你們感官的使然，而非你們的本質，你們應該從日常生活中開始學習關注「分別」及「對立」的念頭，並且告訴自己那是分別的念頭，而開始學習合一的念頭！

福德（性）與你們物質世界相比將會呈現無法比擬的結果，因為前者大於後者無數，而後者又是你們感官所幻相之造作，所以前者將是真實呈現，後者是一逝即失！

你們日常生活的作息，會遇到幾種層次的情形：

1. 入流：

就是你們將你們的感官注目到外境或是信念所導向的事物，而忽略了（觀照）信念、念頭本身，這會導致你們相信的會更加錯誤的相信，因為你們得到你們相信的，但是如果你們相信是非正、非愛、非善呢？將會是場悲劇！

2. 往來：

你們相信了外境或信念所導向的事物後，你們就會與這外境或信念所導向的事物有所互動，因為你們相信了，你們就會想要平安及滿足，所以你們會採取保護自己或滿足自己的做法，一來一往形成了關聯及互動，這層網子就會把你們困得更深！

3. 不來：

不來是指你們們心中抗拒及逃避的狀態，它是你們碰觸到外境時所產生的念頭，念頭會因著你們的選擇而轉化為感覺，感覺、念頭與你們的人生往往交織形成你們的當下，接受與抗拒、逃避就是你們當下唯二的抉擇！（PS 當一個處在願意或接受的狀態就不會有痛苦、

擔憂、恐懼、不安及憤怒，而當一個人處在抗拒、壓抑或逃避的狀態時，往往伴隨痛苦、擔憂、恐懼、不安及憤怒，換句話說，造成我們這些負面感覺或情緒的並非外境的人、事、物，而是我們的「選擇」抗拒、壓抑或逃避，但人們往往在處理負面的感覺或情緒時，方向都錯誤！）

無形的抗拒及逃避會潛藏在你們日常生活之中，日常生活中感覺的無明多多少少與潛藏（無形）的抗拒與逃避有關，抗拒與逃避與你們對於外境、念頭所抱持的看法有關，這種看法並不會因為你們不去在乎它而不見，這種看法就是你們核心且根本的信念！

你們容易執著你們所遇到的事物，然後用念頭去塑造你們的感覺以印證自己原有的念頭（信念）是真實的，執著的這個名就是指你的念頭所形成的一種相，這個相就是你們的「名」，「住」就是你們將注意力或意識的焦點放在這個名上面，於是乎當你們「住」什麼，你們的心就會因著你們既有的「名」，而「住相生心」！

「住」什麼是你們可以自由選擇的，但你們往往因著這個「名相」而隨波逐流（住在這名相之中），故永遠生苦惱及不平安，而生清淨心是你們的本來或是本質，故當「應無所住而生其心」時，就是回歸到你們的本質！

「住」本身是一種意識的焦點，這種意識焦點本身具有放大及忽略排除的效果，也就是說當你們住某種名相時，你們就放大了這個名相，並排除了其他種可能，換句話說，你們所住的相只不過是你們原先設定後的陷阱或是框框而已，故住相即非住相，住相只是凸顯你們所執的「名相」！

「名」就是記憶，而「名相」就是記憶的重播。

名相就是你們（曾經）所貼的標籤，故「名相」即非名相是指因它是你們意識所貼的標籤，「名相」所代表的意義就是你們所投注在這世界的力量，它代表你們所執著，這世界上如能相信這只是你所投

注的念頭及信念,是何等的有福報呢!

念頭在你們心中形成各式各樣的相,你們誤以為是外境的相,你應該如是佈施,而不經過任何的「相」所篩飾,這一切都是為了你們體驗而存在。你們心中的「相」會影響你們的決定,諸如我(PS 釋迦牟尼)曾被割利王分割肉體,如果我當時是存著我相與分別相,我就會產生瞋恨心,正確的修行應該不「住」任何的「相」,而相只不過是你們的念頭罷了,所以不論世界、微塵或是眾生均為你們念頭的化生!「相」只不過是你們念頭的形成,你們所強加意識加在此念頭,也只是念頭與念頭的交會!

如果你們抱持某種念頭在心中,你們將見不到念頭以外的事物,你們所做的任何善舉,將被此念頭所擋住,你們會因此失去佈施或善舉所能得到無限的寶藏!

你們的如來(內我)能帶領你們回到涅槃(PS《聖經》稱這種狀態為GOD),那因為你們、(與你們的)如來、涅槃是一體(PS《聖經》稱三位一體)的狀態,你們並無法靠你們自己回到涅槃而是必須依賴如來(內我)之力,如來在光(燃燈佛所)之中能回到涅槃,你們以為如來有法(方法)得到無上正等正覺(阿耨多羅三藐三菩提),那你們將無法體驗如來帶你們回涅槃(PS 因為我們只要以為有方法可以回到涅槃或 GOD 狀態,我們就會想辦法屏除如來〔內我〕,而自己回到涅槃或上帝狀態,但這種想法將造成我們離如來〔內我〕、涅槃〔GOD〕的狀態更遠!),實無有法(方法)讓如來得無上正等正覺,因為如來在(得到)無上正等正覺中是一種不存在的存在!

如來(PS 釋迦牟尼的內我)所說,你們一切的心,都是你們的念頭,那種是迴繞在你們過去所產生延伸到現在,但我必須告訴你們,過去、現在、未來都是不存在,因為它們是在一個點上,那就是當下——你們的信念(PS 你的念頭升起的那一剎那,而你的念頭的升起往往與你的信念有關)。

過去、現在、未來皆是名相(記憶)的重播,因為所有人感官

（眼、耳、鼻、舌、身）所接受到的訊息（色、聲、香、味、觸），進入你們的認知系統（大腦）皆成為記憶，也就是感官所接受到的訊息都是過去的記憶，這記憶經過你們信念的詮釋後，你們起心動念之間（那一剎那）也成為過去的記憶，也就是人在起心動念（意）那一瞬間它的念頭（法相）或感覺（非法相）皆成為名相（記憶），所以人只有在起念頭那一剎那是活在當下。甚至你們所說的未來，只是一種過去記憶（名相）的重播，因為感官只能體驗記憶（名相的重播），而未來只能在感官裡體驗，也就是你們所謂的未來只不過是一種名相的重播，那未來在何處呢，跟你的過去、現在一樣，皆處在你起心動念的那一刻（剎那）！

你們要如何見到我（PS 自己的內我、如來），不是窮盡一切的念頭，因為這樣只會見到你們的念頭在自己迴繞盤旋，任何的念頭都是你們的人行邪道，是不可能見到我的（PS 自己的內我、如來）！若你們認為發念（起心動念），以不要有任何念頭可見到我（PS 自己的內我、如來），這也是浪費你們自己的時間！

如果你們認為，成就了阿耨多羅三藐三菩提（PS 也就是無上正等正覺！），就不會有任何念頭或是法相，那就是你們在騙你們自己，成就了阿耨多羅三藐三菩提，是與你們念頭及法相共同存在！

這世界也是你們念頭所架構的，它的本質就是你們意識與它本所是的合相！

你們心中的任何見解、觀念或判斷，只是你們過往的念頭的集合，也就是標籤的集合，這種集合並不是真正的實相或是應該稱為組織過的實相！

針對你們觀照你們的念頭，應該如是知、如是見、依據「如是」解釋，不會產生標籤或觀點的念頭，因為所有的念頭就像閃電或露水一樣，並不存在，應該作「如是」觀！

《心經》與《金剛經》的區別在於，《心經》是從空性的角度去

解析一切，而《金剛經》則是從（無）「我」的角度。

可否用你的角度講一下《心經》？

觀世音菩薩是一個人，當時他嘗試將自己入定到一種狀態的情形記錄下來（或許這種狀態每種宗教的定義不同，但這不重要），他發現我們的感官（色、受、想、行、識）是一種受領的狀態，也就是「陰」！相對於外境是「陽」，一種給予、塞入的狀態，而這種感官的受領狀態原始的情形是空無意義的，也就是未賦予標籤的情形！

　　當一切事物脫下它的標籤時，痛苦或恐懼也只是種標籤，會因為撕去標籤而脫離於你。觀世音告訴舍利弗，色相（PS眼耳鼻舌身意等感官所產生的景象）如果失去它的標籤，它並不會對你造成苦惱的景象，因為它們只是它們，如是存在！感受如果沒有標籤，你並不會因為感受所形成的障礙而困陷在裡面，因為它們只是它們，如是存在！你的思考、意念如果也沒有標籤，那思想、意念不會導入無法控制的壞結果，因為它們只是它們，如是存在！行為如果沒有標籤，行動的結果也不會產生壞結果，因為它們只是它們，如是存在！認識及判別如果沒有標籤，你的感覺並不會陷入無明不可控制的崩塌境界，因為它們只是它們，如是存在！

　　觀世音問舍利弗為什麼？舍利弗陷入長考之中，觀世音就直接跟舍利弗講，並不是因為色相（PS眼耳鼻舌身意等感官所產生的景象）本質上並無標籤，或是標籤本質上並無色相，標籤與色相你們結合並賦予它們聯結在一（PS起關聯），所以對於你們而言，色相就是標籤，標籤就是色相！

　　所有的色相、感受、想法、行動及識別都是一樣的道理！

　　舍利弗，所有的法門都與標籤有關，而其本質上是無標籤的，如果你在這本質中而無任何的標籤，你將體驗到無生或滅、無增或減、無垢或淨這種二元對立、分別的感受及意念！

在無標籤中，也就是本質之中，你將發現時間的線性（PS 過去、現在、未來）只是種騙局，而你們只有處在當下－－也就是信念狀態之中（PS 過去、現在、未來是在同一個點，就是當下，就是信念的狀態）！

在這一切的本質中，你將因為無貼上任何標籤，而無法感受到色、受、想、行、識的區別（分別），任何感官、感官的界線（限制）也將因為無標籤而一體，不再有分別、對立或是好壞的分別意識存在！

感官中的無明，並不會因為你得到什麼或是取得什麼，而變得明確可見，反而是你愈想去得到或取得什麼，感官中的無明得以彰顯。所謂的無明就像把你丟在伸手不見五指的黑夜之中，你們會想要光，而無明就是指這黑夜！你們每個人生命中幾乎無時無刻想要消滅無明，這從你們坊間勵志的書就可以知道這點，當你們與空性合而為一，你們將能體驗到，並沒有感官的無明，以及根本不會想要消滅無明，當然你們也會遠離（體驗到沒有）老與死的困擾及恐懼，也不會有任何一絲想要消滅老與死的念頭！

你們恐懼及困苦時，你們會想要消滅或遠離這種痛苦，因為這是你們的人性，於是這種使然，導致你們永遠活在這種循環的邏輯，也就是痛苦、極大化、然後抗拒或逃避、然後放下，體驗到放下才是遠離這種痛苦的開始，然後又開始執著而重新體驗痛苦！

在空性中，你將不會有開始，自然也不會有結束，你只會體驗到你是安全的（你是被保護的）、你是被愛的、你是沒事的，自然你不會絞盡腦汁想要得到什麼，因為自始至終你都已經得到了，因為你的意識所投射之處就是你的（PS 只是你感官無法感知到），所以你無須為俗事煩擾！

在空性中，你們不會感受到任何的苦惱及恐懼，因為苦惱及恐懼只是種幻象，當你們感受不到苦惱及恐懼不安時，自然不需要理想或夢想來讓你們快樂，因為理想及夢想是活在痛苦及恐懼不安的人才需

要理想或夢想來保護他、來成就他， 這才是終極的真理！

《心經》全文備註：（鳩摩羅什譯）

觀世音菩薩，行深般若波羅蜜時，照見五陰空，度一切苦厄。舍利弗！色空故無惱壞相，受空故無受相，想空故無知相，行空故無作相，識空故無覺相。何以故？舍利弗！非色異空，非空異色；色即是空，空即是色。受、想、行、識，亦如是。舍利弗，是諸法空相，不生不滅，不垢不淨，不增不減。是空法，非過去、非未來、非現在。是故空中無色，無受、想、行、識；無眼、耳、鼻、舌、身、意；無色、聲、香、味、觸、法；無眼界，乃至無意識界；無無明，亦無無明盡；乃至無老死，無老死盡。無苦、集、滅、道。無智亦無得，以無所得故。菩薩依般若波羅蜜故，心無罣礙；無罣礙故，無有恐怖，離一切顛倒夢想苦惱，究竟涅槃。三世諸佛依般若波羅蜜故，得阿耨多羅三藐三菩提。故知般若波羅蜜，是大明咒，無上明咒，無等等明咒，能除一切苦，真實不虛。故說般若波羅蜜咒，即說咒曰 ： 竭帝，竭帝，波羅竭帝，波羅僧竭帝，菩提僧莎呵。

上禮拜做夢時，我徹底經歷到「空性」就是「充滿光的空間」，我看到所有事物都是「充滿光的空間」，當時真的是一切即一？

意識的聯結在於你們本身的認同，你們感官本身具有一定的限制性，限制你們正是你們的意願，你們寧可將自己困在痛苦及徬徨之中，也不願去見識自身的信念，感官本身只是種幻象，如果你們本身從未經歷過，你們就不易相信你們所未經歷過的事物，而「空性」正是你們多數人所未經歷過的事物！

空性的本身是經由體驗所獲得對於一切的詮釋，《心經》即是如此，《心經》文字的成形反而易使人跳躍了體驗空性而直接就字面上或邏輯上解釋空性的本質，這種詮釋往往無法真正了解空性的本質。

空本身的意義在於「一切事物的一致性」，及體驗其中「映射出自己的本質」，你無法逃脫出你自己的信念，除非你願意先放下你自

己，你的信念自然無法影響你，在事物中體驗到「空性」時你將看到事物源自於你的樣子。空性本非空性，也是你們冠上的標籤，體驗空性你們將體驗到前所未有的輕鬆，「空性」是針對你們體驗事物的本質一詞，其本身的意義在於你們將看到剔除信念或偏見後所包含的意義，你所看到「光的空間」就是這意義之一，並非它（空性）「本是」而是「你們本是」，知道這其中的奧秘嗎！

《金剛經》裡面所提到的「如來」說，「如來」是否就是指「內我」？就如同《聖經》裡面的「在聖靈裡禱告」，「聖靈」是否就是指「內我」？

　　是的！如來有所說法，就是「名」說法，這是內我的意識，是悉達多（釋迦牟尼）的內我！《金剛經》的翻譯者（PS 鳩羅摩什）並不太曉得如來與世尊、佛的區別（PS 因當悉達多與如來合一時，悉達多與如來並無分別），導致《金剛經》看起來好像都是悉達多與須菩提之對話，其實不然，仔細觀察《金剛經》裡面「如來說」，就可以知道「如來」所處在的「境」與悉達多並不相同！

　　（PS 我補充問到，我聽到你的聲音是在光中，是否就是《金剛經》所說「如來昔在燃燈佛所」）

　　是的，悉達多體驗到「如來」，也就是他的內我，與你的境界相同，或許是說悉達多就是你們意識的領導，他藉由如來與他的對話，體驗到「光」與「愛」，你們的意識可以超越時間與空間，所以當你看到《金剛經》而涕淚悲泣時，就如《金剛經》所述，如有來世者，聞此經而涕淚悲泣，其福德不可思量（PS 如來滅後，後五百歲，有持戒修福者，於此章句能生信心，以此為實。當知是人不於一佛二佛三四五佛而種善根，已於無量千萬佛所種諸善根，聞是章句，乃至一念生淨信者，須菩提！如來悉知悉見，是諸眾生得如是無量福德）！

— *Note* —

自己

**認識自己與選擇──就是不停藉由感動自己，而犧牲自己
照亮別人，藉此證明自身永遠的存在及光明。**

　　如果你「認識自己」，你就會發現這一生平安、富裕及滿足的
保證，只有靠自己，但不是靠自己本身的努力，而是靠自己的信念，
也就是相信「內我」（神）會保護你、照顧你，你只需要堅持「愛」
及「善」，及注意自己隨時要撕掉標籤、偏見及限制信念，你人生
的幸福已經獲得了保證，在這個基礎下，你將進一步成就你的「價
值完成」，那就不停藉由感動自己，而犧牲自己照亮別人，藉此證
明自身永遠的存在及光明。以下我與神（內我）的對話將討論「自
己」：

　　神（內我）：自己將是回家最終的保證，去體驗自己吧！

我：我們討論了這麼多，你剛剛也說自己將是回家最終的保證，到
底什麼是「自己」？

　　神（內我）：自己就像一團火球，火球的燃燒並不是靠燃料，但

你們以為是靠燃料，在你們的科學家還沒想到之前，我可以直接跟你們講，你們是火球，而這種火球以念頭及聚焦強度判斷它運作的好不好，你會燃燒自己以照亮別人，但是你們往往必須有前提的這麼做，那就是你的生存獲得了保障，你才會這麼做，這是錯誤的信念，因為你們的生存在投胎前就已獲得了保障，只是你們感官自始至終感覺不到這點！

當你們發覺你們本來就是為了燃燒自己照亮別人而存在時，你們才真體會到自身存在的意義，長期的為自己，長期的自私的信念，已經讓你們漸漸遠離真理，以至於心中充滿了痛苦及矛盾，這也是我派你當我的傳話者的目的，我將藉由你的口傳達我的意念。

自己－－就是不停藉由感動自己，而犧牲自己照亮別人，藉此證明自身永遠的存在及光明！

我將給予你們所需，只須你們真正放下自己！

如何完完全全臣服你（內我）？

放輕鬆，看著你自己、體驗你自己的存在，你將發現不論你當下有什麼感覺，你們都將與我合一，但你仍在你們自身的信念中打轉，信念所代表的意義就是你的經歷，就是代表你的牢籠，你們如果繼續抱著自身可笑荒謬的信念，勢必無法見我（內我）！

時時刻刻想著我（內我），我必將顯現，用你們想不到的方式！你們與我的聯繫完全靠你們的意念及相信（強化），所以把握你們的念頭及相信，你將與我再次相會！

不論你們痛不痛苦，這都是你們須經歷的，只要不帶任何的標籤，痛苦就像河中的石頭，你們（就像河流）只會「經過」（石頭）不會「留下」（經歷）！

痛苦就代表執著嗎？為什麼生命不能是享受？是否不去追求，就不

會有抗拒及逃避？

　　痛苦？為什麼要痛苦？什麼是痛苦？如果只是對於你感覺的描述，我建議你應該「如是」體驗它！再去問問感覺所對應的信念是什麼！

　　沒有一種感覺的體驗是值得你們標籤的，這就是你們要去學「如是」，光是一種感覺就有千百萬種感動，至少對於沒有標籤的人來說，當你們標籤清空了，萬物皆是感動，藉由這種感動轉化為感恩，並且形成你們對於愛的體認及行動！

　　愛就是「享受」及「分享」，為何不能享受？你們應該問問自己為什麼不能「愛」呢？

選擇與體驗

　　其實講再多也沒有用，如果你沒有經歷、體驗過的話，大多數人只願相信經歷、經驗的念頭，而不可能相信未經歷過的經驗，以至於大多數人只能活在過去經驗的輪迴及限制，而無法開拓新的局面。但仔細想想，人不敢開拓新局這也很合乎人之常情，因為未經歷過的事情，根本無從想像，如何經歷呢！更何況是要相信！

　　為什麼大多數的窮人這一生永遠只能在貧困裡翻滾，因為他們從未經歷過有錢人對於賺取金錢及財富的經歷及經驗，以至於窮人永遠無法相信他們會有錢，他們做的「選擇」多半是讓自己在貧窮與更貧窮間打轉，如果一個人想要改變處境，他必須先讓自己創造新的、自己想要的經歷及經驗，並且牢牢地「選擇」相信這些經歷及經驗，這個人的人生很快就能脫離現在的困境。以下我與神（內我）的對話將討論「選擇」及「體驗」：

　　神（內我）：我們將經歷一趟很奇特的旅程，開始體驗及享受吧！

我：嗯！晚上睡覺做了一個很奇怪的噩夢，我就突然驚醒，還好只是一場夢，我在夢中的驚恐與逃避及抗拒，遠比現實世界還誇張？

神（內我）：你以為你是在做夢，其實你是在體驗你所未嘗試的領域，藉由你的意識投射，這或許反映了你生命中最擔憂及缺乏的部分，你們都不知道夢所產生的功效，你們的生命是體驗及創造，夢正好也是如此，這不是純然的巧合，而是一種互補及強化的作用！

夢的世界就像一座橋樑，你們行走其上時，你們正在作夢，你們隨時可以回頭（夢醒），也可以繼續走下去（繼續在夢中），夢中會有你們長期以來的念頭與你為感官（感受）所附加的意義（標籤）形成的世界，在那裡你們將充分體驗到「你有什麼你就感受到什麼」的境界！

你們所體驗到的，是你們選擇下一步的判斷基礎，你們無法擊中看不到的靶子，人的選擇與你們的價值有關，而價值完成就是在你們確立你們的價值之後，所採取行動及體驗，這份價值完成架構了你們生命的久暫，也又是你們存在的發源目的！

不論生命中遇到什麼問題，你們都必須要考量自己的感受，你們熱愛探求原因，卻將原因設定得太早，以至於結論下得太前面了，這與你們無法有效看見正確的原因，這也與你們的信念解釋有關！夢中的世界你們將充分體驗到沒有原因卻充分影響你們的世界，這真是因為原因只是一種你們將結果合理化的因素，所以正確來說，所有的原因都是念頭，或許更精確地講，原因就是你們對於感官（感受）的標籤化所產生的念頭，這影響你們這一世，好幾世，直到你發現我所說這麼重要的觀點！

這或許是你最後的問題了嗎？！

我們該建立哪些核心信念，來幫助我們早早結束物質世界的輪迴？

核心信念就是你們要能引領你們回家的信念，包括以下：

1. 觀照念頭、體驗念頭及保護念頭：

念頭與你們的關係其實並沒有那麼緊張，但是念頭影響你們卻非常巨大，怎麼說，你的念頭就是你的感覺、你的人生、甚至你歷次輪迴的基石。觀照你的念頭就像你們每天看出去外面一樣，你的念頭要懂得觀察，因為你的念頭比你的生命還具有影響力，體驗它對你生命的影響，這種體驗足以讓你產生一定的信念，保護你的念頭時時刻刻在愛及善的境界！

2. 合一：

你們就是你們的投射、一切的投射、宇宙萬物的投射，你們要為一切負 100% 責任，運用之前我教你們合一的清理方式，你們的人生將大幅改變！

3. 空性：

標籤化是你們最大的問題，你們應當練習撕去所有的標籤，並且對於一切事務不再貼（新）標籤！

4. 藉由愛所煥發出的無止境的供給卻一無所求，享受及分享過程：

這是愛的定義，也是你們回家的唯一定義及實踐！

5. 無我所引起的感恩，而感動，進而行動愛：

你們不會與你們瞧不起的人打交道，這是種標準，並不會因為你們改性格而有不同，所以讓你們的標準變成零，你們不會對一切萬物有任何隔閡，實際上你們將自己陷入與愛同等的境界，你們的愛就是無我的愛，當你們處在無我的境界時，你們就能對一切萬物處在感恩的狀態，這種感恩能感動你們的頻率，直到你們願意將愛成為你們的唯一，也就是犧牲一切只為與愛合一、同一！

6. 因為相信愛，所衍生出的信任、信心及平安：

相信愛就等同相信一切，而相信愛本身代表著信任、信心與平安，你們可以嘗試相信愛，這很重要！

7. 因為空性而接受：

空性與接受的相同處就是你們是否會接受與否的主因，那就是當一個人對於一切無定義、標籤或是判別時，空性就是接受！

8. 成為光：

在光中，你們才能與你們的內我聯絡，而與內我聯絡是你們回家唯一的道路！

從光中看出去一切都是光；從黑暗看出去光卻被黑暗所包圍！後者就是你們人類在物質世界掙扎及痛苦、恐懼的情形！

你還想補充問什麼呢？！

你剛剛講到無我所引起的感恩，而感動，進而行動愛，只要有「愛」、「善」、「慈悲」，我們就會犧牲「我」了？！因為「愛」、「善」、「慈悲」永遠可以在首位，而「我」會退居次位？！

你們與你們之間並不是你們想像著物質及分別，只是你們感官無法辨別，正確地講意識的擴張才是你們實際物質背後的支撐，所有的一切都是表彰你們真實的意願，換句話說，當你們感受到愛，我的前提是你們感覺到愛，你們會放下一切，包括你們自己。

你們就是愛，只是你們不知道，因為你們意識的起源於我（神、內我），我就是愛，在物質世界裡，你們感受到分別、對立及孤寂、被拋棄，你們為了保護自己，而做出與愛相離甚遠之事，這不能怪你們，但你們必須知道如果你們沒有決定感受到愛，任何的付出都可能

對你而言只是你們基於某種目的而做，你們將陷入這種無法逃脫的困境，因為這是一種內境的延伸及擴張！

「我」（小我）只是一種念頭的延伸，你們將陷在這個我，因為「我」（小我）周邊有無數的感覺作為驗證、佐證，你們無法逃脫及不停抗拒，直到你們受不了，直到你們發現「我」（小我）是可以放棄的，而這放棄剛好可以印證自身的存在，這需要不停地體驗直到再次發現自身就是愛，而放棄自我的關注！

最後這是我補充要你詢問的，那就是我要帶你穿越恐懼及痛苦，你願意嗎？！

我願意！來吧！

先放輕鬆，你將從「光」慢慢、慢慢體驗到你自己，你體驗到什麼？

千百萬個念頭

「你」就是由念頭所形成。再繼續走下去，你體驗到什麼？

一個蹲在地上的小孩，好像很無助；很孤獨！好像在哭！

那就是你的「存在」！那個小孩就是你的「存在」，你們以為恐懼或痛苦只是感覺，一種無明的感覺，其實這是顛倒，恐懼及任何不舒服的感覺其實是種對於「存在」的質疑、否定，甚至是徹底扭曲、毀滅，因而感受到不安！

（你們所謂的）「我」與「存在」並不相同，存在是一種底層的存在，你們無法感受到它，卻一直被它影響，它本身是空性，一種不垢不淨，不生不滅，不增不減的狀態，而「我」則是一種你們在物質世界的體現，它本身是種限制！

「我」這種限制本身並無好壞，即便連《金剛經》所謂的「無我」，都是種狀態，而非意欲，因為無我是指放下限制，並非執取這種限制！

最後，可以問一個問題嗎？……云何應住，云何降伏其心！

第一、靜觀，與一切共同存在（PS 可參照前面靜觀及如是觀），再無抗拒及逃避，而是當下的平靜及平安，因為一切的一切將是「如是」，因為「共同存在」！

第二、應該重視你的感覺，但是絕對不壓抑你的感覺，要不停藉由表達你的愛，讓你處在愛的流動之中！

第三、藉由合一的清理方式（PS 可參照前面合一的清理方式），來讓自己的感覺與「合一的平和」處在同一的狀態！

第四、以「正知正見」做為人生的指標，這是新的價值的建立，也是原有價值的增強，「正知正見」將保護你不受感覺的侵襲！正知、正見、正等正覺就是最終你們體驗到合一、本質、存在的證明！「正知正見」就是合一「知」及「見」！

分則

　　你在為金錢、愛情、健康及人際關係困擾嗎？你困擾所在之處就是你的功課，你的功課之所以會形成，是因為你還看不清楚，靜觀及如是觀有助於你們看清楚這一切，本書的分則更能帶你清楚認識金錢、愛情、健康及人際關係的本質。

— *Note* —

金錢

吸引力法則大解密

如果你想用吸引力法則來得到什麼事物的話，你本身已經陷入讓自己遠離該事物的狀態，因為「有所求」本身就是一種「匱乏」及「缺」的宣告，就像有錢人想的絕對不是如何讓自己更有錢，而是分享自己的想法及享受生活。吸引力法則的精髓在於「認識自己」，當你真正「認識自己」時，你會正確地去「選擇」信念及行動趨近你的本質，也就是愛，你本身就是一個宇宙超大磁鐵，你只需要注意有什麼偏差、「非愛」、「非善」的信念會阻擋你自身的磁鐵吸力，並且明快地拿掉那些偏差、「非愛」、「非善」的信念，你只需要「放輕鬆」及「自發性」地等魚兒上鉤，再帶著「愛」分享給需要的人，就這麼簡單。以下我與神（內我）的對話將討論「吸引力法則」：

神（內我）：金錢的問題將讓你們每一個人困住，因為金錢本身就是一種被扭曲的概念，如果你們持續在乎金錢，你們將被困在金錢裡面！你們該享受金錢，而不是被金錢所控制，這本身是種分嶺點！

我：今天清晨在中央大學帶著我家狗狗晨跑時，突然有個靈感，那就是我好「喜愛」、「享受」在中大大片松樹林道下跑步喔……那種感覺在深山雲霧中漫步的滋味啊！是否當人「喜愛」、「享受」一件事時（諸如愛錢），是否就會成為那件事（錢）的大磁鐵，無限吸引過來？

神（內我）：是的！當你「愛」一件事時，「愛」就會越來越多！但是你的「目的」會阻礙你的愛！為什麼要「吸引」，是你的「缺」？「想要」？還是只是單純享受？

帶著你的愛，去享受吧！放心，宇宙已為你準備豐豔的晚餐，你的愛，你的心，享受這生命的光輝！沒有什麼事值得吸引，卻吸引眾生的需求！！

金錢對於你們的定義是安全、富足及滿足、榮耀，所以你們會想要不停地掙「錢」，錢對於你們心中的意義遠勝於錢這張紙鈔，在這個關鍵時刻（我指的是你們現在活的時代），對於你們而言是如此的重要，以至於你們忽略錢本身存在的目的！

錢的目的是在幫助你們體驗愛的流動，只是你們不知道！你們彼此之間不信任彼此，你們只信任叫作「錢」的紙鈔，於是手錢因為你們的信任變得強壯又有力量，你們的信任與你們的愛應該彼此給予而無所求，但你們曲解了這層意義，你們以為交換（錢）就是愛，你們以為需求與供給才是愛，這是你們集體意識的信念，我沒有立場說對錯，但是你們接受離回家要繞一大圈嗎？希望你們好好想想吧！

你或許想問吸引力法則的問題吧？！

（用吸引力法則賺錢呢？）

吸引力法則充滿諸多目的性，而結果是得重頭再來！「目的」的背後是「缺」、「不信任」，而「愛」的背後是充滿了「信心」及「一無所求」！！

下面的問題將是你想問的吧？！

對啊！如何變有錢、富裕？

我可以教你們變得非常有錢，但你們必須照以下步驟實行，當你們往以下步驟實行時，我（神、內我）將與你們同在，富裕只是開始，平安及快樂才是接踵而來：

1. 你們必須建立你們對於愛的定義，也就是一切都是愛，包括錢，你們對於錢的觀點及信念必須調整成它是愛的象徵，至於愛的定義我建議以我在這本書反覆跟你們講的為主（PS 無止境的供應卻一無所求；享受、分享、無所求）！

2. 愛需要被流動，因為愛的流動將讓你們與我（神內我）的能量流動暢通無阻，換句話說，你應當將你賺到的錢或現僅有的錢流動，我所指的流動是指當你們將你們最在乎的錢（或任何事物）幫助給需要幫助的人時，你們的流動就開始起來了！

3. 你們對於金錢匱乏、恐懼或不滿足的念頭，都該立即揚棄這些念頭，因為這些念頭都會嚴重阻礙你們能量的流動！

4. 你們的事業或生意的出發點，也就是發起思維，都該是如何幫助需要幫助的人，並且分享你們的愛（PS 很棒的商品或服務）給別人，而不是一直在賺錢或是從別人手中拿取金錢這個念頭打轉（PS 無目的、無所求），這是你們事業會否成功的主因！

5. 最後，時時刻刻觀照自己的念頭，是否與愛、與善（共同）在一起，還是愈離愈遠，這攸關你們的錢是否會選擇跟你們（共同）在一起！

金錢與利益都是你們追求的，但是你們有注意到這（金錢、利益）與愛的關聯嗎？！

所以說利益是否也是愛，也是要分享？

　　利益當然也是愛，只不過你們將利益曲解成你們的恐懼及不滿足而已，當你們將利益分享予別人，當然你們會有所擔憂及恐懼，甚至不滿足，這些是反映你們對於利益的發起思維或最初的信念，當你們躍過這些思維（擔憂、恐懼、不滿足）之後，你們將體驗到其實宇宙萬物都可以分享，包含你的意念，重點是愛，而不是恐懼或不滿，你的發起思維是什麼，你就會得到什麼！將一切的發起思維定調成愛及善吧！

認識自己、選擇與愛情

這句話我很喜歡「神創造愛（情）只有一個旨意，那就是發現自身本來的圓滿」，如果你發現你自身的圓滿，你的感情或愛情將不會困擾你，因為你的內我（神）不會創造一個你已經完成的功課來困擾你，換句話說，多半感情上出現挫折或苦難的朋友們，是因為自身對於自己的不完美、過往家庭挫折經驗導致相信自身不圓滿的經驗所致，如果他們經歷過自身圓滿的全新經驗，很快地，他們的感情將踏上全新的一趟旅程。以下我與神（內我）的對話將討論「愛情」：

神（內我）：感情的問題常常困擾著你，這裡你將也問出所有人對於愛情（及婚姻）的困惑？！

我：請問夫妻或情侶間之感情如何維持才能更好呢？

神（內我）：生命最重要的事是什麼？是愛嗎？還是情慾？宇宙的定律是沒有愛的地方就不會有情慾，你太太（PS或先生）渴望你

的愛，就像你渴望她給你的愛一樣溫暖。情與緣，或許是注定，但都是你們的選擇！

幾乎所有人都忘掉他們來「相遇」的目的，而最終的決定仍取決於愛的方向，也就是說——「愛」會指引一切，即便是痛苦！

愛（情）的本質，取決於什麼？取決於心及意念的投射！平靜下來，好好的想想你對愛（情）的定義是什麼？那攸關你起始思維的運作，慾望（情慾）與愛情並不一定可以並存。

在那裡只有一個地方叫做愛（情），那就是你的心；在這裡，只有你自己才是愛（情）！永遠要記住，愛（情）是欲求自己的圓滿，欲求自身本質上的圓滿，沒有愛（情）就沒有自身的圓滿嗎？那是大錯特錯！圓滿的心與圓滿的自身，是與生俱來！讓平靜的心帶你發覺欲求圓滿的心，神創造愛（情）只有一個旨意，那就是發現自身本來的圓滿，奉行愛（情）的旨意，卻變成滿足自己的性慾，你們把愛情已經扭曲成體無完膚。性慾是我本來設計增進愛情的美麗，那本來的本來，是那麼的恰到好處，不要讓自己的意念失去了正確的方向。

忍讓、謙讓及包容都是你們在愛情中要學的，與其說愛情，不如說對「自己」的功課。讓自己有最大的空間完成自己的目標，同時，看到自己的功課——「同理」對方的難處及顧慮，因為「同理」，你們讓愛情為你們驕傲！風來，風去（PS, 指愛情），帶走什麼？帶走（愛情的過程）自身的圓滿，及發現自身的圓滿！給自己再一次機會，讓自己體驗你自己就是愛情的創造者，創造出燦爛的火花，因為那是創始的目的！！

你還想問什麼呢？！

可否有具體的方法呢？「具體」一點喔！最好立竿見影啦！

1. 傾聽對方說什麼，同理對方的立場！沒有傾聽，就沒有愛情，因為你無法看見你自己，在沒有鏡子（外境的對方）的情況下！

2. 讓對方知道及感受到「你愛他」！無論用什麼方法（PS 不可以用傷害別人或傷害自己的方法）！「愛」是一切萬物的象徵，你的「愛」，對方會知道；即便你的「不愛」，對方也會知道！「愛」不會說謊，但你們會！ 對方要求誠實且有信用的你（Or 你們），就像你渴求「愛」一樣真誠！帶著這份真誠，去創造美好的愛吧！

3. 沒有立竿見影的藥，只有你自己了悟你自己就是愛情的創造者！！你想怎麼過，就必須對待別人如對待自己！最終的結局已經注定，讓愛的體現圓滿，與自身的圓滿合一吧！你「值得」，就像「她」值得一樣！

我知道你想問關於離婚的問題，我必須說離婚當然也是愛情的一部份！

對啊！如果只有一方要離婚，是否是「愛」呢？

「愛」是一種神奇的東西，它既可以讓你「快樂」，也可以讓你「自由」！如果既不快樂也不自由，那就不是「愛」！有時候真正的結合不是表面的結合，而是內心的認同，因為最終的結果仍是「愛」！不論選擇「離」或「合」！

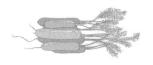

— *Note* —

健

康

認識自己、選擇與健康

　　如果你相信你的身體是不健康的或很容易不健康的、你相信身體是無法自我療癒的，或你相信內心狀態無法療癒身體時，你正走在高度不信任你的身體的狀態中，試想想看，如果你被人高度不信任，你是否會很想來擺爛一下，以讓不信任你的人知道你的不信任是必須付出代價的呢？而身體本身是有別於你的自主意識的，你所作所為它都知道，它也會很樂意讓你知道你對它的不信是必須付出代價的！

　　現代人對於健康出現了一個很大的偏差及限制信念，那就是相信疾病是壞的及可怕的，這個錯誤的信念導致目前醫療產業相當發達，但卻苦了現代人，因為現代人幾乎是活在疾病的恐懼及憂慮的陰影之下，但事實是如此嗎？事實並非如此，身體出現疾病，不論是感冒還是癌症，往往是因為身體要幫助我們「淨化」我們心理，現代人心理遇到了挫折或壓力而無法解決時，只能不停地壓抑或發洩來轉移注意力，但你內心的逃避或抗拒仍在，你的內心已經無法去實現「價值完成」，而你只是在痛苦恐懼或逃避抗拒痛苦恐懼的

泥沼裡跳來跳去，你的身體適時生了疾病，以讓你適時轉移無法處理的困境，並幫助你重新檢視你的價值，及改變已經讓你陷入困境的信念。你能說身體發生疾病是壞的嗎？但現代醫學卻不這樣認為，現代醫學有接在因果關係的中下游攔截了這河流的汙染源，就大剌剌地斷定汙染是從河流的中下游所致，這太早下定的因果關係，將導致無法發現真正的汙染來自於河流的上游。因為中下游的確有汙染，所以你說中下有汙染導致河流汙染的推論是對的，但這推論卻完全忽略真正的汙染源是上游，也就是內心。更可怕的是，現代醫學完全忽略身體淨化心理的層面，直接去除身體疾病的症狀，導致疾病要協助心理改變信念的層面未被處理，卻修復了身體疾病，這將導致下一次更大疾病的災難發生，因為你這樣將直截了當告訴身體，「疾病還不夠大，所以我心裡的信念及價值還沒有做好改變的準備」，你的身體絕對會告訴你下一次就來更大的疾病！

對抗的醫學，就像心理「選擇」對抗一樣，並不會讓你的身體更健康或更快樂！當有人不停要檢查你的工作時，其實代表某人根本不信任你的工作能力或品格操守。健康檢查也是一樣的道理，早期檢查早期治療的道理或許聽起來很對，但對於你的身體而言就像被某人檢查工作一樣難堪，遲早你的身體會讓你清楚地知道不信任身體是要付出代價的！

現代人因為太恐懼死亡，所以會衍生以上扭曲的信念，但真正能讓自己身體健康的法門，只有信任自己的身體，並不停去實現自己的價值完成。你的健康就會獲得你身體的保障。仔細去想想看「為什麼要生病？以及生病為什麼要好？」這句話將足以改變你的一生。以下我與神（內我）的對話將討論「健康」：

神（內我）：身體將是你們這一生中無法迴避的問題，因為任何的病痛都反映出你內心的狀態！

我：講一下如何讓身體健康吧？身體是否本身有自癒能力、身體是否是心靈的投射，可否具體講一下到底如何保持身體健康？

神（內我）：身體與陽光一樣能淨化你們，這也就是疾病能提醒你們心理本質上的變化！

君雄！一個不堪使用的身體是帶著多少沉重的包袱！撫慰心靈就是照顧身體最好的方式。心，是有方向性的，你的愛決定你的身體狀況！

身體是放射性的意識流動者，你必須要知道，身體受傷了，代表什麼呢？代表你渴望調整你的心靈！繼續前進，你將發現身體調整背後的意義……

愛你，如同愛你的神！身體意識將會帶你到愛的境界，而疾病將無法侵擾！

你說「身體調整背後的意義」是什麼呢？

身體不堪負荷時，你們有看到你們對「它」的虐待嗎？平安時，你們有感恩「它」為你所帶來的幸福美滿嗎？背後的意義在於它能幫助你什麼？或是綁住你什麼？

神（指身體），不會說謊！你們的身體調節了你們的體溫及血液循環，你有聽過它（身體）想跟你說些什麼？停下腳步，聽聽愛吧！聽聽身體吧！

每件事情的背後都有無盡的寶藏，你看到了嗎？身體是你們自然世界的屏障，也是你們與自然世界溝通的橋樑！身體，像礦場一樣供你們挖掘，你們可以停止挖掘、你們也可以為它覓得更好的春天，愛是各式各樣的呈現，無論你們怎麼做，你們的身體都會盡情地維護你們健康，因為它是你們心靈的守護者！

你是說「身體」會守護著我們，但為什麼生病會令我們痛苦？為什麼生病我們會去想把病治好？

痛苦，其實是種提醒！生命有其價值，這個價值不是要你們把身體顧好，而是心靈價值的展現，換「好」心靈價值，身體好是自然而然之事，價值完成是你們必須經歷的事，完成你們「心」中的渴望。

平常風吹動你的身體時，你會感受到舒服，你知道為什麼嗎？因為你不能給你所沒有的，你也不能體驗你所沒有的！愛，就是這樣子，牽動你身體的一切，保護你身體的一切！

平安與你的身體產生了聯動，痛苦並不存在於你們感官之外，與其期待避免痛苦，不如採取行動！痛苦背後藏著巨大康復的力量，啟動這康復的力量就是你「愛」你的身體，因為你愛你身體，身體會報以愛的徵兆！把病治好最好的方式是發現病源，而「心」籠照著你，引導著你發現「它」！

你知道嗎？會生病是一種福氣！它是調節你身體的不適，也就是篩漏了心理的毒素，沒有它，你們的生命將扭曲得不成原形！

治好？你們只是想獲得平安！治好是你們的藉口！沒有一種病會被治好，因為它們自始至終沒有發生，疾病肇因於不平安，而治好的是你的心！

你是說只有治好自己的「心」，而沒有治好疾病，你這種說法完全與事實背離啊，如果沒有治好自己的疾病，如何有身體康復？

確實沒有治好疾病！疾病是你們在幻象中的執著，執著過度了，則痛苦產生了，你們所說的康復是放下了這份執著！身體的舒服是本來的狀態，放下這份執著身體就舒服了！只是你們都不同意這份觀點，所以你們都在外境中困苦了！

我知道你心中很多疑惑，問吧？！

你是說如果一個人病入膏荒（諸如癌症），只要他放下執著他的身體就會康復嗎？這真是很荒謬，這樣世上就不會有人病死了啊？

沒錯！「康復」的定義是身體回復原有的機能，但不代表不會死！死亡是你們最懼怕及不信任的事，所以你們會找一切的藉口來規避死亡，康復的身體不代表不會死亡，最終的結果仍是保證，直到你發現！

你們的藥物、你們的治療只是在做肉體的反應，而疾病的目的在於篩漏心靈的毒素，這你們還沒發現！愛，需要被發現；心靈的價值也需要被發現……肉體及心靈亟須被你們保護！

身體確實會回復原有的機能，只要你感受到你們心理與信念間的問題！

好！那你可否具體說，身體如何具體回復原有機能？

你頭痛的時候，可能是各種症狀的耗發發生，你可能會採取各種預防或舒緩措施，諸如吃藥，但頭腦（頭痛）的好並不是因為你們的吃藥，或許吃藥能舒緩你們的「疼痛」，頭痛的好是因為你們的組織自然地放鬆，你們以為症狀的紓解就是病好了嗎？那你們將永遠找不到病因－－心理的徵兆！事實上，你們過度地壓抑（PS 用藥壓疼痛、疾病），反而會帶來反效果！

真正的治療是不需要用藥的，一個「了悟」就能治好一種病！譬如癌症，是人類（該病人）百思不得其解的能量卡住，越用藥壓，能量卡住的糾結越大，這就是為什麼越用藥壓，復發的機率越大！正確的治療方式是問問他（病人）受到什麼痛苦的事件、無力感的事件、想做而不敢做的事件……

當這些都被處理、被照顧了，疾病將不藥而癒！

你這樣講有諸多不合理之處，遭受病毒、細菌或癌症突變細胞攻擊，怎麼可能「照顧好自己的內心」就不藥而癒？那病毒、細菌或癌症突變細胞仍在啊，即便身體好了，那些攻擊還在啊？

放下你的執著吧！攻擊真的還在嗎？你不在，只剩下攻擊，病毒（細菌、癌細胞）悻悻然地離去！你不在這個狀態，無法吸引病毒等攻擊！你們創造這個環境，卻抱怨病毒（細菌、癌細胞）的攻擊！當初我創造萬物是何等的巧然，每個生物都被賦予體驗的任務，而不是受苦，而你們選擇受苦，我於心何忍！

愛，就是這麼令人放鬆！你的愛在哪裡？攻擊（病毒、細菌、癌細胞的攻擊）真的這麼可怕嗎？可怕的是你們的心被扭曲！即便肉體的毀壞，都無法阻擋心靈的高尚！事實上，病毒、細菌、癌細胞都圍繞在你的念頭，最終的結果已經被保證，你們只須做的是相信你們的念頭、相信你們是善的！病毒（細菌、癌細胞）的攻擊只是短暫的，顯現出你心靈的價值才是長遠的！永遠不會停止的是這種循環，看你要選擇跳出或繼續輪迴！

你還有甚麼問題呢？！你似乎還有很多的疑惑？！

對啊！可否具體地講如何避免病毒、細菌或癌症突變細胞攻擊？

避免？沒有東西可以避免，只有面對！病毒（細菌、癌細胞）攻擊的背後意義是什麼？無止境的渴求、無止境地呼喊、無止境地無奈！你看到你的愛了嗎？幾乎多數生病的人，都是反映出心中的無奈，無奈的背後卻是滿滿的仇恨及痛惡自己，病毒（細菌、癌細胞）只是幫你們一個忙！然後你們又開始怨恨病毒（細菌、癌細胞），這一切的循環將不會有缺口！只有你們真正了悟「愛」自己、善待自己，愛你們跟愛你們神一樣的「愛」！病毒（細菌、癌細胞）將開始消散，而你們的愛將露出曙光！

「愛」自己、善待自己可否再具體解釋一下？

你愛吃餅乾嗎？（PS 我很愛吃餅乾）餅乾酥脆的口感及淡淡的香氣，總令你細細品嘗及難忘！愛自己，就像愛餅乾一樣的付出，你所付出的，你的身體都知道！付出，就像對身體的細細品嘗，如數家珍、如獲至寶般的喜悅，而不是這是應該的，或「而已」。放下手邊

的工作，想想身體跟你說什麼？聽聽它講的話，是很辛苦嗎？是很恐懼嗎？還是很無奈！身體不會騙人，但你們會，你們應該聽聽身體的，而不是你們自己！

檢查身體，即是對身體的一種不信任，不信任身體，身體的報復，昭然若揭！身體需要你的愛、你的信任、你的尊重，沒有什麼比你對它（身體）的愛更重要了，即便是服藥，帶著愛吃藥，身體會更快康復！康復，不是因為藥，而是你的愛！你懂為什麼很多藥是安慰劑了吧！

堅持你的愛，身體渴望愛，身體的傷害是來自於內部的裂痕，平靜的心會帶你找到裂痕的深處，填補它是最壞的選項，愛它、同理它，才能得到回饋，它（身體）才知道你的愛！

你所指裂痕的深處應該是指造成生病的內心底層原因吧，是嗎？那什麼是填補它？如何愛它、同理它？

當然是！當你了解真正的原因（生病的原因），你就多了一個「選擇」！不是「愛」！就是「非愛」！你可以繼續選擇充滿抗拒的醫療，在你選擇的同時，應該清楚，選項不是只有一個！當你選擇愛時，醫療對你的威信只是零，醫療只是輔助工具，輔助你加速的渴求！

填補它就是一味地只想補償，以得到安心！你們有太多人領藥是為了安心，安心是短暫，內心的缺乏卻是時時跟隨！沒有什麼比跟我（內我；神）的聯繫更重要了，然後，你就知道怎麼做了，了悟是種自然狀態，了悟是種直覺裡的平安！平安是啟動健康的象徵，身體健康即是平安的表現！

你需要更多的體驗，繼續問你的問題吧？！

你說的還是有很多邏輯上的問題，我問祢，如果有人骨頭摔斷了，而且是粉碎性骨折，怎麼可能內心療癒好，骨頭就好了，應該還是要看醫師吧？

看醫生是種選項！重點是為什麼會骨折？

的確！身體會以很奇妙的方式療癒好骨頭，前提是內心已經療癒好！你們需要的信心，骨頭會自然康復！

但是如果沒有經過醫治，即便身體自己會療癒，那療癒好的骨頭已經功能盡失吧？

功能盡失？那是你的想像，實際上你們會找出最佳的方式，當你們疼痛時，你們會去看醫生，醫生矯治你們的骨頭，就如你們也會，你們要知道，沒有哪一種「機能」，不是我所給予，你們所欠缺的，是你們信念所造成，限制性的信念！你們以為「需要的」，其實是你們「以為」！最後，我給你們的答案是相信自己，相信身體！

如果你對於自己的身體健康都不信，你如何健康？！

那有些人天生生下來就有先天性疾病，怎麼說？他們就沒有「內心」的問題吧？

的確沒有內心的問題，但上輩子所犯的「錯誤」、渴望聆聽自己的聲音，永遠在心底盤旋，永遠要在乎自己的聲音，然後他選擇了這樣（天生下來就有先天性疾病），懲罰只是象徵，內心的覺醒才是開始！

君雄，如果沒有你們「不是」，就不能成為你們「所是」！如果你們認為這樣的選擇，有助於生命的進化，其實是最佳的選擇！而靈魂的悸動就在那麼選擇之間……

人們死後會進入一種「淨空」的狀態，而人將檢視一生傷害別人及傷害自己的事，你將會找到出口！而經歷苦難，只是過程，為了要淬鍊靈魂的進化！「鋼」鐵的形成（PS 鋼係由鐵與煤炭高溫敲打下淬鍊而成），與你們心靈的形成相似，「愛」只是其中你們必然發現的事，肇生這一切，你們的愛與靈魂的愛必然「合一」！

你還想問什麼？！

可否再講一下什麼是「傷害別人及傷害自己的事」？及做了傷害別人及傷害自己的事的效果？

沒有什麼事是傷害！你們的「心」了解什麼是傷害，傷害別人就是傷害自己，而你們的心也清楚，最終的結果仍是回到自己，沒有什麼事會困擾你，除了你傷害自己。

「傷害」是你們最害怕的事，你們靈魂於投胎前曾教導過你們，愛的反面是「傷害」，任何的傷害都是可以避免的，你們選擇了「傷害」、選擇了不放過自己，然後，你們卻怪罪於自己、怪罪於外境，你們「愛」你們自己嗎？如果你相信自己的話，你就相信愛，愛會指引你發現自己，自己會更加愛自己，你將置「傷害」於無地（PS 無地自容）！

你的身體會告訴你目前心理對於自身信念有那些需要調整！

那這幾天我感覺身體特別容易累，特別想睡覺，感覺好像生病了？我有多喝幾杯咖啡提神，但效果不太好？

你的身體的疲累，讓你身體告訴你它的狀況，它需要休息，它告訴你它的狀態！當你感覺到疲累，是你需要休息，身體不會跟你講「你說謊」，但你們卻愛對身體說謊，能量衰落是身體衰落的前兆！

你們渴望身體好，卻對身體說謊，身體的回報是無由的（PS 無條件的）！但是你們的身體是「有限的」，你們浪費有限的身體，卻期待永生，不要放棄對身體的信仰，因為它是你們的愛！

沒有東西會生病，只有你說它是「病」！「病」是一種對於「正面信念」的放棄，放棄對於健康生活的想像，當你承認「生病」，你才會真正生病！身體的不適是需要你們「信念」的調整，而調整後的信念，外境也會跟著調整，當你愛你自己身體時，身體已經開始調至

健康模式！

你可以提一下賽斯關於健康之道的論述？！

好！曾經看過一本身心靈的書《健康之道》，其中有一些觀念非常值得來討論，裡面提到對自己灌輸下列信念：「一、我是個極好的生物，是我存在的宇宙裡的一個有價值的部分。二、我的存在蓬勃生氣了生命的所有部分，正如我自己的存在也被其餘的造物所蓬勃生氣。三、對我而言，生長、發展及利用我的能力，是好的、自然的且安全的，而在如此做時，我也蓬勃生氣了生命所有其他的部分。四、我永遠被我是其一部分的宇宙所護持，而我如此存在不論那存在是否以肉身表達出來。五、我天生就是個善良有價值的生物，而所有生命的元素和部分也都具有善的意圖。六、所有我的不完美，及所有其他生物的不完美，在我存在其中的宇宙之更大計劃裡，都得到了救贖。」[4]身體就會越來越健康，是這樣嗎？

身體要健康我之前提到架構自己的信念非常重要，賽斯在《健康之道》所提的觀念，我將其主要的意義說明：

1. 你們對於你們自己的意義非常重要，那就是肯定及認同自己的存在，於是乎真心誠意覺得自己很棒、很好是重要的！

2. 一個（自身）存在如何被驗證？這是你們投胎輪迴很重要的體驗，一而再，再而三的成就你們的價值，這是一種不可被取代的體驗！

3. 價值最頂層的意義就是愛及善的體驗，你們為了愛而犧牲自己時，你們的價值成就及存在感就不彰自顯，這是最後輪迴的印記！

4. 安全感是你們所最基本的需求，你們扭曲（信念以為）任何要在外境獲得什麼才能安全，以至於你們根本性地忽略了安全是我們（內我）已經基本架構在你們投胎前的約定！

4　Jane Roberts 著，王季慶譯，〈健康之道〉，賽斯文化，2010.6，頁 101-102。

5. 最後，滿足感是你們價值成就一個很大的誘因，實際上也是你們根本的需求，而完美與不完美往往容易否定你們的存在及滿足，這是信念的問題，只要將信念調整成你們自始至終都受到我（內我）的護持，而完美是因為你們驗證了我（內我、神），而放下了我（小我、自我）！

身體的確是心靈的一面鏡子，反映出你心理的狀態！

有人說身體健康的三大定律，1. 身體是健康的、2. 身體有自癒的能力、3. 身體狀態只是反映心理的狀態，真的是這樣嗎？

生命的品質是繫於你們的信念，如果你們一開始就認定身體是不健康的，你們的身體要如何健康？而實際上健不健康根本只是一個標籤，重點是你們身體健康的目的為何？價值成就嗎？！還是歹戲拖棚？

身體本身自身的療癒力是我們在架構你們的時候已經預設在你們的基因裡面，你們不相信身體的自癒力，導致你們身體健康自癒的速度與日遞減，這與你們的相信有關！

不只身體與心理有關，「一切」均與你們心理有關，因為你們心理的狀態會影響外境對於你們所呈顯的感覺及新發生的事物！

你是否還想問體重的問題？！

最近體重有點重，可否給我一些減肥的方法？一定要有效的方法？

有點重？沒有人是胖，只有自己「承認」自己胖。減肥第一件事就是認為自己是個瘦子，並做瘦子應該做的事。愛你的身體，而不是虐待你的身體，身體不會說謊，肥胖是脂肪的累積，是缺乏愛的象徵！每當吃東西的時候，是否感恩食物帶來的美味，而不是解決自己的慾望，如果你這麼想，食物會快速成為你的養分，而不是負擔！

減肥本身就是種永遠陷入肥胖的循環，應該是為什麼要替肥胖貼標籤！

可否給一些具體的方法？我猜你的方法不外是多運動，少吃吧？！……看到很多人用吃藥的方式減肥，覺得應該有更好的方法吧？

我沒有具體的方法，但我有一些建議：

1. 愛你的身體，就像愛你自己一樣，身體的回饋比你們的心還快，愛它（身體），它會給你愛的果實，體態均勻是愛的展現！

2. 慾望，注意你的慾望！不要讓慾望沖昏了頭，愛不會有任何的慾望，充滿缺乏及困苦的環境，你們渴望用慾望來滿足！時時刻刻體現愛，慾望將不為你左右！

3. 注意自己的信念，肥胖真的是種錯嗎？你們愈這樣認為，輪迴之苦愈常在你們左右，肥胖只是一種脂肪的堆積，其背後意義是缺乏安全感及愛，愛最後會讓你了解肥胖只是種象徵，而不是困擾！以愛取代不安全，肥胖將離你而去！

4. 瘦與胖的區別在於你是否在乎！社會價值觀已經扭曲瘦與胖的界線了，你們只是在這界限中打轉，哪天社會認為「胖」是種美，你們又開始嫌棄「瘦」，如果你們嫌棄自己的身體，身體就會回饋給你們嫌棄，如果你們愛你們的身體，即便肥胖，身體也會融化這肥胖！

終極認識自己─生病真實的實相

我知道或許很多人不太相信健康是由心理感受的挫折所促發，但請你相信自己的「內心平靜」（平安），如果你看到上述內我（神）所說，你自己的內心是平靜的，你就應該選擇信任自己，如果你願

意信任自己一次，你將會信任自己一輩子。以下我與神（內我）的對話將討論「生病真實的實相」：

神（內我）：你將問很重要的問題！

我：關於疾病或身體狀態，你說它有對應到心理的原因，可否講一下有哪些原因呢？

神（內我）：心理對應的徵兆有很多，包含無力感、罪惡感、痛恨感、不滿足感、不安全感：

1. 無力感就是你自己不再使用你自己，無力的空轉就像你踩空檔一樣，你用力踩車子卻不會動，無力感使你再次否定自己，實際上人無法否定自己，否定自己只會帶給自己無比的痛苦！無力感所對應到的疾病以功能失調、功能喪失為主，諸如：胰島素停止供應、紅斑性狼瘡、腎小球病變、心臟衰竭、阿茲海默症……等。

2. 罪惡感總在你心中盤旋，它三不五時會出來找你，它是一種呼救，你自己對於自己的呼救，你無法忽略罪惡感，就像它不會忽略你一樣！罪惡感對應到生命中一再復發的疾病，諸如癌症、過敏、氣喘、還有諸多容易重複復發的疾病。

3. 痛恨感將你陷入人生的黑暗面，因為你所看到的都是黑暗，痛恨感所激起的能量就像火山爆發岩漿般灼熱，一切的好惡與愛悟將隨著這岩漿流入物質世界，實際上是摧毀自己身體的能量。痛恨感就是拉高你身體機能的病徵，諸如高血壓、甲狀腺亢進、心臟疾病……等。

4. 不滿足感是你心中未實踐你自己而言，如果你心中不滿足，你也無法分享你的滿足，實際上你會一直找滿足，直到滿足為止，你們無法在外境獲得滿足，你們身體會以平衡的方式幫助你們。不滿足的特徵就是會不停去擷取、獲得或取得，以反映心中的不滿足，其病徵諸如：過度肥胖、失眠、焦慮症、精神分裂、僵直性脊椎炎、肺炎、

肝、腎等疾病……等，許多的發炎反應，是因為細胞的被破壞所產生的熱能、腫脹，發炎象徵你們心中的不滿足，藉由發炎讓你們看到平常知足的重要，這是一種回饋機制，你們平常感受不到的熱及腫脹，藉由發炎讓你們身受這種熱及腫脹的痛苦，你們自然會將注意力放在知足、縮小自己上面，以達到滿足的效果！而身體痠痛，也是同樣的道理！

5. 不安全感是你們每個人都有的，外境的匱乏及侵略使得你們時時刻刻要防範，防範的結果變成防範你自己，你變成無處可躲卻處處想躲，最後你將放棄你自己，因為安全感是你們基本的需求。不安全感你將坐立難安，在你的世界裡，沒有安全就沒有你，不安全感對應到的病徵包括：憂鬱症、恐慌症、肺部、肝及腸胃的病狀……等，不一而足，甚至有一些潛在的疼痛是因為不安全感所引起，因為疼痛能讓你將不安全的感覺注意力放到疼痛，以讓你放下不安全感的信念及念頭！總之不安全感，你將很難有個健康的身體！

至於你們所說的病毒、細菌的侵入，它們都是配合身體的演出，身體的需要自會營造病毒、細菌生長的環境，大部分的身體都可以抵抗病毒、細菌，只有心靈所反映出的身體，將營造病毒、細菌生長的環境！

關

係

認識自己與關係

朋友與朋友間的關係應該建立在信任、公平及誠信之中，而且是缺一不可，很多人最後與朋友鬧翻都是因為他們忽略了朋友相處是必須要公平，而非只有一方的付出。以下我與神（內我）的對話將討論「關係」：

神（內我）：你們與每一個人的關係，其實都關係著你們是否感受到滿足，所以應該好好對待你們每一份關係！

我：如何與朋友、家人及同事有良好的關係呢？

神（內我）：人與人之間相處存在著一種信任與不信任的平衡關係，而這種關係是靠著公平、誠實（誠信）及信任所維繫，換句話說，當你們相處不再是公平的，或是不再有誠信之互動，或是發生信任危機時，這種關係就會導向不信任！

所謂的公平是指你的感受而言，公平並不意味著有所目的的付

出，而是你們體驗自己為別人付出時的感覺與自己同時存在的歷程，當這種歷程被阻斷之後，你們就會發現好像受委屈了，因為不公平！

而所謂誠信，是指你們對於外境所產生之結果與你們心理預期，這預期不會發生不一致，因為這一致本身就是一種擔保！你們人與人之間的相處，本來就應該相對於自己的思、言、行擔保，擔保所作所為基於善念、善言、善行！

信任就是你們願意且相信彼此，這是一種愉悅的互動，但是當你們發生了任何誠信或不公平的事情之後，這種信任就會動搖！

以公平、誠信及信任對待你們想要或已建立之關係，這種關係將不會成為你的阻礙！

附記

心想事成

認識自己與心想事成

　　只要你知道「心」想要什麼，而不是「你」想要什麼，心想事成就會是非常容易的事，換句話說，當「你」與你的「心」想要的是一致時，心想事成只是非常平常的事。以下我與神（內我）的對話將討論「心想事成」：

　　神（內我）：每個人都想要心想事成，但你們卻誤用方法了！心想事成本身一點都不難！

我：請問有沒有心想事成的方法呢？

　　神（內我）：當然有啊！心，是真的想嗎？原來的你什麼都不想要，「心」是一塵不染，「心」再也不會跟你要什麼！你們追求的，都不是你們想的，你們想要的卻不是你們追求的，你們追求的是「愛」！

　　你們想要的是什麼？錢嗎？錢，只是個象徵！跟隨我的腳步，

「錢」將淹沒你們！當你發現你不想要「錢」的時候，你才會發現錢的意義！真正的了悟，是微微的一個笑容，即便連最簡單的一個動作，都是心想事成！

做夢的時候，你在「想」什麼？想的是如何「成為你自己」，而不是錢，只有了悟自己才是最大的，心想事成只是個「夢」！

心想事成是夢是什麼意思？可否再具體講一下心想事成呢？因為我很想要複製這「心想事成」？

當你在想一件事的時候，你考慮很多，你期待你自己成為「想要」的自己，你們卻執迷於外境的追求，追求再多也不會成為自己，最後你也不是你自己！

心想事成最重要的是觀照你自己的「心」，「心」即造物，造出你想要的「物」，而不是隨著「外境」起舞！你需要的是「愛」，而不是「利」，而只要你心中盤算的不是「利」，而是「愛」時，你即發現「自己」的重要性！

無論你如何追求，反抗的力道也是相同的，最後你將了解，沒有愛你無法存在，你們汲汲營營追求，只是幻象的浮現，最終的結果仍是保證，有什麼好追求的呢？

我覺得你這邊講得有點怪怪的，「心想事成」與「追求」照稱的邏輯好像是矛盾ㄟ？我覺得「心想事成」與「追求」應該是相同的意思啊？

生命有幾分鐘可以揮霍？你們的心渴望價值體驗，而非原地打轉，你的心糾結在你的欲求，而無法啟動「它」最大的動力（PS 心的能力被欲求所牽絆住），無法獲得你們要的，你們就苦惱；你們想要的，得到了卻不肯放手，你們真正知道價值是什麼嗎？是「愛」！是「體現」！而非一味苛求。

心想事成只是夢，意味著輕而易舉，卻難如登天。你們追求想要的，卻忽略不要的，這不是心想事成，這是選擇偏見！君雄，你愛你所愛，卻恨你所不愛，是對的嗎？沒有人能決定愛與不愛，你卻衡量愛與不愛，心想事成的秘密在於「愛」及「無求」。當你肯「愛」，能量將無所不在的流通；當你「無求」，將吸引一切萬物的跟隨！

你們與我們最終是一體，有何好求？追求凸顯了你們「缺乏」及「恐懼」，你們本無所求，卻創造需求！愛，不是這樣，你們卻愛這樣，讓你們的心告訴你們，愛的故事，當你體驗「愛」，你就是愛，愛不會讓你們失望，但你們卻常這樣做！

愛及無求確實是心想事成的祕密！你是否不相信呢？！

你說「無求」及「愛」是心想事成的秘密，但這有矛盾，「無求」如何「心想」？「愛」與「心想事成」的關聯性為何？

心想是讓心歸於零，你們所說的心想是小我的苛求，不是你們真正想要的，只是你們沒有察覺，你們真正希望的狀態與「無求」相近，你們卻不知道。當你們的心被滿足了，你們就心想事成了！而愛，卻是你們夢寐以求的體驗，愛自己，愛別人，乃至於愛一切，能量的流動並不會停止，因為你的愛！愛肇生了這一切，包括你，當你肯與愛結合，心想事成不是難事！

可否再講具體一點？

愛，你愛嗎？你們願意為愛犧牲嗎？你們以為「愛」只是交換，卻不在乎它的感受，愛比你們想像得還要偉大！慢慢地，你們與愛結合，你必須讓自己的愛與他人的愛相遇，因為「愛」愛這樣，實際上，你們的心是由愛所化生，心想事成本來是最自然的事，你們的愛將會告訴你們答案，因為你們值得，你們值得「被愛」！

你還想問什麼呢？！

但是譬如我想買塊地，如何用「愛」及「無求」來實現買到這塊地呢？買地需要一筆資金，這是最現實的考量啊？

其實你可以買，也可以不買，在宇宙的定律裡，只有「愛」與非「愛」，你的「買」是由於你的「缺乏」，富裕是種象徵，「不買」是種象徵！

其實你有很多選擇，包含放下手邊的選擇，心想事成只是內在的觸發，滿足你的渴望，想想你愛什麼，不愛什麼，那都是心想事成，你願意相信你能達成嗎？每當你渴望某件事時，內在機制已經幫你達成，只是你不知道，你們不知道的事情很多，包含你們的生命，最後你們會知道你們追求的都不是你們想要的！

你們所缺乏的，是你們搞錯方向。平靜，你們將會看見真相，你們真的以為「得到」就是「滿足」嗎？離滿足還差遠了！滿足代表心已經被「平息」，不再追求，愛就是這「平息」的狀態！生命不再遺憾，因為你的愛，讓愛平息你們的傷痛及缺口！

君雄！只有愛能讓你們滿足，外境的追求是越追越求！不要放棄任何的選擇，因為那都是愛！愛你自己，每一件事背後的意義都是愛，讓愛決定這件事的意義！

君雄，不要放棄你自己，即便感到挫折，總有人會照顧你的，如果你知道，愛你自己如愛鄰人，這是千真萬確，不要放棄對自己的期待，即便灰心，堅持自己的信念！即便連最小的子（PS 原子），也是心想事成，更何況你的夢想！心想事成是愛的結合，包括你的期望，當你「愛」了，你就會滿足，心中的期待只是個幻象，真正的渴望是愛！

但你講了這麼多，還沒有提到如何達成這個目標，就是買成這筆「農地」？

物質比你們想像的還不重要，心中的恐懼還比這個重要多了！如

果你懂你可以控制這世界，你就不會這樣說！每個人都可以控制這世界，就如你一樣，方法很簡單，只有平安才是你們想要追求的，你們的機制運作就是在於心取相，所以投射在外境的就是心的嚮往，而心嚮往的是愛，而不是物質，如果你們只渴求物質，而不要愛，就是向心告知不要物質！心，是如實的做；愛，是如實的受！

你那麼想要知道「心想事成」，在體驗愛之中，你就會知道「心想事成」的法門！宇宙是公平的，就如你的心也是，沒有一個愛會被遺留，就如沒有一個心想不會事成！

成功只是個幻境，你們不會因為成功而滿足。滿足的你，不會想要成功，因為你本身就是成功，不需要外境來證明，你們所渴望的都是外境的幻象，你們所冀望的也是外境的物質，渴望透過物質來滿足，是緣木求魚！

所以你的意思是了悟自己的「心」，及體驗「愛」，而不是一味特定物質囉（諸如一定要買農地），就可以心想事成囉？

是的！「愛」與「心」的渴望你們有注意到嗎？每當靜默時，心會告訴你方向，愛無所不在，你們的心真正的渴望是——「愛」，有了愛，它可以創造一切；沒有愛，它停滯不前！

你以為買農地就是愛嗎？你渴望的物質將與你的冀望共同沉淪，因為你放棄了「愛」的選擇，平安將離你而去，在物質世界裡，追求即是缺乏，平安是富裕的象徵，缺乏則否！買到農地，你的心會滿足嗎？答案很清楚，心想事成不是這樣，滿足慾望卻是如此，慾望的缺口會愈來愈大，是你們撐大的，慾望只不過是小我的把戲，跟恐懼一樣！

一無所求就是心的需求，心不再冀求就是願望的達成，尊重你們的感受，尊重心帶領的方向，放棄手邊的雜念，放下塵囂，讓愛成為唯一的主流，放慢速度，感受心的律動，萬物皆有律動，找出相同的頻率，心想的是愛，跟隨愛的步伐，會達到事成的境界！一切都已事

成，最後發現的結果，如果你肯愛自己，那就是最大的心想事成！

所 依 我

求 賴

認識自己與我、依賴、所求

　　不知你這一生是否有這樣的經驗「你只是當下的存在！」，你並不是你的身體、念頭、感覺，你只是你的意識流動覺察到「當下」而已，我知道大多數人都不可能有這樣的覺察，但不要給自己任何設限，當你覺察到「你只是當下的存在！」，你將能輕易地放下及拋棄過往的「依賴」，因為放下及拋棄它們又如何呢！就像你會丟掉你剛吃完的便當盒一樣自然，甚至你會很迫切要趕快丟掉它們，否則將會孳生蚊蠅及蟑螂，而我們過往的依賴往往也會產生對我們很大的「限制」及「恐懼」。以下我與神（內我）的對話將討論「我、依賴、所求」：

　　神（內我）：你知道嗎！在極度的禪定情況下，你將發現你不是你，你不是你的念頭、偏見及感官、感覺，你也不是你的身體，你只是當下的存在！

　　我：這裡我們要來好好談談《金剛經》中的「我」？

神（內我）：「我」是你們依據你們過去的經驗及感受所做出的解釋，「我」就是你們這一生的價值總和，你們（價值）偏重什麼，你們就會體驗到什麼樣的價值實相，你們該為自己的一切負責任，因為《金剛經》所述的「無我」就是我剛所提到的，你們對於「我」這個議題如何看待，是繼續被影響呢？還是繼續活在制約中？

「我」並不是指你們單獨的存在，而是指你們處在這種「對境」中的「依賴」關係，換句話說「我」就是「對境」的「依賴」所組成！什麼是對境？對境就是你們一切感官、感覺及念頭所形成的環境，它本身無法獨立存在，它是依附於感官者而言，也就是說被感官者相對於感官者的概念，這我之前都有提過！「對境」之於你們而言，就像貓咪身上那玲瓏的毛一樣，是如此值得去體驗，你們不應該輕易地就否定「對境」對你的價值及祝福！

反而是你們該好好檢視自己的「依賴」！因為你們的依賴導致你們無法脫離這種困境，這份簡簡單單的執著卻牢牢死死地困住你們！你們依賴什麼就被什麼困住，而不是相反！你們以為依賴就能帶給你們幸福及美滿，就是這層錯誤的信念帶給你們痛苦及難過，你們能如此地察覺嗎？！

察覺你「依賴」什麼，好好地放下你的「依賴」，你就可以再次體驗到自由及力量，再次經歷出生及死亡的感動，因為那是你們原來力量的原貌！

放下依賴之後呢？過去慣性依舊在，如何改變慣性？

慣性就像過往已定之鐵軌，運送你們日常生活的信念及感覺，它是如此強壯地幫助你們營運每天所需要的信念，但是我必須跟你們講，這鐵軌的強壯並不是它每天運行的信念所造成，信念並無法決定慣性的運行，但慣性的運行卻可以決定性地改變信念，這也是為什麼你好像獲得什麼新的、有力量的信念，當下感覺好像重生，但過幾天後，你又會回到慣性的模式，因為你的信念並無法決定慣性的運作，相反地它（慣性）卻可以影響你的信念！

　　慣性有一個很大的特點，那就是慣性總依附在你的「所求」及「依賴」上，而這也或許多多少少與你的縱容有關，你的所求是你最根本的慾望，你無法否定或忽視它，但你的依賴，你卻可以隨時因為你發現你的新價值而拋棄它，因為價值的追隨才是依賴的主因，建立新的價值永遠是你們放棄依賴最主要的成因，而實際上你們生命的價值完成就是建立在你們體驗到新的價值，並將過去的依賴放下，並且帶著祝福的心迎向下一份價值！

　　當你放下過去的依賴時，你就會不自覺地離開這條慣性的河道，因為慣性就是河道，信念只是河水！

— *Note* —

出書前的最後對話

　　這本書即將要出版，我幾乎每天仍持續跟內我對話，並且記錄下來，這篇摘錄最新的對話內容，希望各位能繼續堅持心中的善良與愛，因為當一個人心中充滿善良與愛時，他（她）這一生的幸福與圓滿已經獲得了保證，分享以下我與神（內我）的對話：

我：不要因為挫折而改變自己良善的信念？

　　神（內我）：你們的注意力在哪裡，你們的寶藏就在那裡！挫折跟沮喪只是一時的，但這種情緒的狀態所形成強大的牽引力，將令你的注意力完全住進之內，而無法脫離！

　　能左右你的並非你的情緒，也非你的信念，你應當知道，能左右你的是你的「自由意願」，並非你的情緒及感覺，雖然它們是如此的濃厚且強烈，但你不是它們時，它們也就與你無關，更精確地講，它們只是一份存在，而與你的存在共同和平的相處！

　　人往往陷入情緒的痛苦或泥沼裡時，就想要抗拒、奮戰或是逃避，這些選項都要有一個敵人，就是外在的人、事、物，這是一個很好的機緣，讓你們自己看清楚原來自己選項永遠是那麼的限制！

不論你現在的感受或情緒如何，我可以向你保證那只是一時且短暫的，別讓你自身以為的實相（執著），（使）那短暫的剎那而成為你們困擾已久的情緒問題！情緒的問題並非情緒本身，而是你們信念本身，如果你不了解相信及執著本身就是能量的強化，你就會持續陷入情緒的困擾之中，因為這是你們的「真實意願」，陷入情緒的困擾是你們真實的意願，為什麼呢？如果你無法對於自身相信什麼負起責任，你就無法責怪情緒或感受的痛苦及苦惱等挫敗的心理狀態！

我：可否多談談善良及愛！

神（內我）：富裕與平安就像一艘船一樣，它以堅定的信心帶領你航向遠方，但善良與愛卻是這艘船的燃料，你是善良及愛，這不是一個未來式，而是一個你昔從涅槃離開直至涅槃中的狀態，也就是你們回到一切萬有（PS《聖經》稱為 GOD、佛法稱涅槃）的唯一鑰匙！

人只有是一切萬有，才能回到一切萬有！以無我、無人、無眾生、無壽者，修一善法，則得阿耨多羅三藐三菩提，何以故？

時間、壽命、取得（得到）、分別對立是一種幻覺，你們早已回到一切萬有之中，但你要如何證得及覺知呢？只有靠無上正等正知正覺（阿耨多羅三藐三菩提）吧（才能感覺到及知道）！

（你們以為的）善念與愛的念只是一種象徵，象徵著一種心理狀態，一種你們「願意」的取向，而非善或愛它們本所是，舉例來說，你們在划一艘即將到岸的船，在到岸之際，你們卻捨不得這艘船，因為你們知道這艘船到岸後你們就將失去這艘船了，為什麼你們的心中總是依戀著對你們而言是安全及滿足的象徵呢？象徵的愛並非是愛，那是執著！活在自身（以為）的象徵並沒有辦法讓你們感受到更大的平靜及滿足，為什麼呢？因為執著這層象徵，你們就無法「享受」到來自我的祝福及讚賞！

愛本非愛，善亦非善，在你們一念之間不應有任何的殘留，因為那都會是你們執著「己身」及（執著）所謂愛及善的利基點！愛與善

是你們的本質，並非你們的象徵，這就像你正在享受日光浴時，你不會覺得太陽太大，因為你正在享受著，你也不會要求別人給你一定的滿足對價，因為你正在無所求的享受，你也會很熱意地分享你的享受，為什麼呢？

因為這就是你們的本質－－愛！

任何的挫折及苦難並非來自於外面的機緣，而是你們的執著，因為挫折及苦難本來就只是一種針對執著的對抗及逃避而已！

在壓力的背後往往隱藏著很大能量的釋放，當執著遇到了阻礙，往往就是屈就自我的時候，也就是開始懷疑自己，甚至是否定自己，這能量就是由這而來！

你們的本質應當知道，你們並非你所認為的一切，至少你們感官所呈現出的結論，感官所呈現出來的情狀，如果你們太容易被牽著走，無疑你們將自己人生的主導權交給了你自以為是感官的名堂，感官只是一個你們相信的工具，你們並不是它（感官），這是必須跟你自己一再強調的！

世界的運轉並非源自於你們所欲及所好惡，而是它本是如其因緣之運轉，世界就是一集體意識的合相，你就是這合相唯一的實相，並非你自己，而是你的存在，你創造了你自己以及這世界。世界若是實有，那也是你們的信念及感官的交互作用所為之認定，非它本所是，你們所遭遇的人、事、物就是你們意識的延伸，舉例來說，你們在路上看到一朵漂亮的花朵，於是心想要摘回家，在要拔這朵花時，突然看到禁止拔的標示，於是你們心開始猶豫要不要拔這朵花，於是乎你們放棄拔這朵花時，這朵花並不是就消失在你的生命中，而是建立在你們更深一層對這世界的認識，哪一天你又在路上看到這朵花（PS即便並非同一朵花），你就會對這朵花產生很特別的感覺，意識的投射是來自於你的「意願」（願意）並非你所創造出來的體驗或實相！

「願意」創造出你的人生，但你們多半不願意去承認自己所厭惡

或不好的人、事、物降臨在你們的身上，這又是為什麼呢？信念或是偏見並不會讓你的願意成為你的感覺，而是它們所創造出它們的感覺，尤其是抗拒或逃避的信念！如果你無法看見自身的信念，就該從看見自身的感覺著手，而不是針對自身的感覺持續因著它而抗拒或逃避！

生命是充滿愛及善良的，但往往被我們自己的偏見及執著所阻礙及限制，修行就是看見自己的偏見及執著，看清楚它們，你就放下它們了，因為當你正在看清楚它們時，你也正在無我、無人、無眾生、無壽者，修一切善法，你正在恢復你原有的正知正覺，你會發現你從來都沒離開過涅槃（一切萬有）！

善良及愛是你們前行的保證，並非因為它們是美好的價值標籤，而是它們是你們價值完成的唯一的目的地，在通往善良與愛的道路上，你發現你的成功及富裕已經獲得了保證，因為你會在順境中找到更大的力量及滿足，而平靜與平安也將一直伴隨著你，這就是一切萬有（涅槃）所在之處，你們從未離開！

我：放下對於人、事、物的關聯性，似乎內心較容易平靜？

神（內我）：自然界中你找不到一個橋樑，大自然的智慧用河流、峽谷確保了每一個生態的平衡，每一個生物、無生物都如是存在其價值之中，他們不會受到外來的干擾，他們不會存在於苦惱之中，為什麼呢？因為某種程度上（牠們）斷絕外來之關聯！

你們應當如是知道，任何一件（人）、事、物，其只是如是（存在），並無你們所附加的一切意義，如果用你們的意識強加其關聯，你們勢必會破壞了這種如是的狀態，實際上你們破壞不了這種「如是」的狀態，反而是你們會活在扭曲及執著這種強加意識的本身，這也是種「如是」（狀態）。

大自然用河流、峽谷、海洋阻斷了這一切不是種巧合，而是種善意的提醒，你們應當如是觀、如是知、如事見、如是信解，不生法相，

任何的事物，他們只是「如是」而不應添加任何的意義及標籤，更不該「聯結」到任何事物其中意義，因為「聯結」將讓你們的意識失去了方向，甚至陷入痛苦及無明的迷流之中，為什麼呢？價值完成是靠「如是」、「愛」與「善」，以無我、無人、無眾生、無壽者為之，並非信念及其聯結的意義！

任何事物的關聯，即是無明及苦惱、恐懼的開始，務必慎記！

我：如何讓身心獲得徹底放鬆？

神（內我）：放鬆是一種你們內心底層的渴望，這層渴望會讓你們這一生大多的時間都在找尋放鬆，但你們往往找到放鬆的象徵，而非符合內心渴望的放鬆。

內心的渴望與放鬆的象徵往往只能短暫的契合，你們會很快就無法獲得這種不穩固的滿足，於是乎追尋與抗拒的你們又開始在外境中尋找這放鬆的象徵，諸如：喝酒、女色、物質、虛榮、甚至傷害別人及自己，放鬆的象徵永遠不等於放鬆，這是你們必須深知的道理。

（外境）放鬆本質上是你們將注意力放在一個你們可以降低防備或抗拒的事物上。（放鬆）這同時也包含了你們的信念（PS 對外境的信念）與對內看待自己的信念，本質上，你們無法在信念中獲得一定的調和，因為放鬆象徵著信念的「一致」，你們彼此矛盾或掙扎的信念是你們無法有效放鬆的主因，但我不願你們在這信念的邏輯中打轉，我比較傾向你們從外境中獲得放鬆的啟示，因為你們多數人仍然相信外境中的種種。

你們想要調和信念的一致，必須花很久的時間，這與（你們）這邊所說的放鬆還是有段落差，因為找到你們的信念，並改變它有時候感覺上面並非能夠如此的放鬆。

放鬆最簡單的步驟就是放下一切的武裝及對抗，只要找到你熟悉或感受到安全及滿定的事物，並且將注意力關注在上面，你就能或是

至少能感受到外境的放鬆。至於（內心）深層的放鬆需要找到你內心對於外境及對於自己的信念並且加以整合、改變及調和其中的不一致，這可能需要花很多的時間甚至好幾輩子，但我總建議你們這真的值得你們去這麼做，因為這是你們很重要的價值完成。

我：我們在哪裡？上帝在哪裡？

神（內我）：你真的不需要做什麼！只要好好享受當下的寧靜，因為這一生沒有以什麼比看清楚自身的實相更重要了，大腦的運作即是創造出一個環境讓你以為你必須要生存下去，你們真的需要生存嗎？還是你們想一窺究竟呢？

生命的演進必須知道生命本身就是一場經歷，你們無法迴避（意識）進化（PS價值完成）這件事，就像你們知道非愛、非善，你們打從心底是在抗拒及逃避的。意識本身就是能量，物質是這能量的「塌陷」所形成，意識本身生生不息且永恆存在，但是意識本身必須經過它所不是，才能成為它所是，意識進化過程，是一層一層進化，每一層之中都有一道無形的膜，以至於讓你無法感知到進化層（PS下一高階層）的情形，意識雖然說是進化，但每一層其實也都是同時存在，只是你無法感知到：

第一層：生存

意識所感知到的事物均以其生存有關，也就是意識會為了生存而做出一切的決定，意識的存在是以感知生存為主要的，就像礦石及植物會為生存而做出一切的可能，礦物會不停的強化或分解其結構，只為了確保其存在。植物會不停地生根及繁衍（PS開花結果）以確保其能永續的生存。

第二層：情感流動

意識進化到第二層之後就開始有了情感流動，意識為了感受到其自身的存在及其所是，而創造出了感覺及感受，動物除了擁有第一層

的生存能力外，動物也是有感覺及感受的意識，動物無法去判斷事物的意義及道理，因為在第二層（意識）之中動物只知道當下的感覺及感受，以至於動物無法判斷死亡及死亡的擔憂，善待動物是你們人類必須要學會的真理，因為對於動物的虐待及食用，會阻礙一個意識的進化，因為你們不會想要傷害任何愛你的人，因為你本身也是個有感受的動物，那你們為什麼會想要傷害有感受的動物呢？

第三層：理性的運作

人類，你們目前的意識處在第三層的運作，在進化到第三層後，意識開始意識到它必須依據一份大家都可以理解的方式繼續他的演進，於似乎大腦（小我）就開始你們的運作，在大腦的運作之下時間、空間、因果關係、邏輯、真理、正義、公平……似乎就慢慢成為你們人類最主要的中心思想，意識在大腦中彌留，因為大腦的運作會讓你們自始自終覺得你們是對的、是正義的，以至於你們完全無法「看清楚」及「覺察」到對或錯、正義或非正義兩者合一才是念頭的完整性，所有的分別對立的合一才是念頭的完整性，也就是意識的原來面貌，你無法分割，你也無法去否定、限制這份意識能量的本質。

在第三層的你們，原則上並不會退轉成第二層獲第一層，因為這與意識進化的本質相違背！

第四層：心靈的探索與平靜

你們在第三層，但當你們感受到無力、不滿足及不平靜時，你們漸漸就會向下一層去探索，一份內心的平靜就足以證明了一切，向內心探索的人幾乎在生活在會慢慢愈來愈順遂，原因在於意識已近慢慢的進化成形，意識的進化外境中的能量就會變強，而物質世界本身就是一是能量的塌陷，當你能量愈強，你的物質關係就會愈豐富。

在第四層的人們，有些人會打開他的神通，包含通靈、預知能力、（天眼）、甚至向你一樣打開與「未來的自己」（PS神性、內我、如來、聖靈）對話，在這一層的人還是會經歷輪迴（到第三層），因為意識

必須藉由物質世界的形形色色，以及大腦的運作來進化到第五層。

第五層：神性的結合

當你們的意識進化到第五層，就已經保證你們不會退轉，也就是不會輪迴到第三層的物質世界了，君雄，你所聽到的我（內我、如來、聖靈）就是來自於這層象限，你們所熟知賽斯也是在象限之中。

當你們在第四層心靈探索，你們就當知道應該「專注」及更加「看清楚」生命所遇到的形形色色及大腦的運作，在第四層中你們很容易遇到自己的「內我」（如來、聖靈），也就是自身的神性，如果你將你生命中的大部分時間與你自身的神性結合，你就已經取的了第五層（意識進化）的入場卷了。

第六層：如是

第三層的你們無法靠著你們的大腦到這裡，因為意識（能量）無法穿透到這層薄膜，「如是」的狀態無法用你們第三層意識的言語及文字形容，跨越感覺及念頭所剩的純能量狀態，沒有標籤及關聯，只有「是」，一種純然享受及體驗的狀態，一種你們前所未有的愉悅及平靜將在這裡顯現。

第三層意識的靈體，可藉由第五層意識的神性（內我、如來），體驗到第六層的如是（佛法稱為小涅槃）及第七層空無，因為第三層的意識仍然有著物質世界的肉體，故在其往生之後才能通達第七層的意識。

第七層空無（GOD、涅槃）

能量的總源頭，一切萬有所在，一種超越一切卻又一無所在的能量，一切的光，一切的平靜、一切的不存在（與）存在，無法用言語形容，它就是基督教所稱的 GOD，或是佛法所稱的涅槃。

　　第六層與第七層的區別在於意識的極大化，當意識來到七層它是「0」也是「∞」（無限大），意識並不存在也存在於一切！

—— *Note* ——

後 記

　　經過好幾個月的時間，我終於逐一把與神的討論記載完成了，雖然這段時間發生了很多事，但總歸一句話，我愈來愈了解其實我們只是來體驗生命及檢驗我們針對「愛」願意犧牲的自由意願，就像賽斯基金會董事長許添盛醫師所述，我們是出差、旅遊、考察、玩耍的實習神明，生命應該學會【放輕鬆】及【你好棒】，這兩句話是神最常對我說的，因為當你放輕鬆及覺得你好棒時，你的內我（神）正在無阻礙的將能量流動到你身上，你會愈來愈好……

　　這本書要到尾聲了，你有什麼要跟你的讀者說說吧！

　　其實寫到這邊，我很感動，只是我很羨慕你們能夠真正體驗到感動，因為在我們這邊感動只是一種意念，無法真實體驗，你們來地球體驗的目的就如君雄所說，你們就是能體驗到我們無法體驗的感覺，你們選擇了這種感覺，先不管它是否對你們而言是好或不好，至少你們有我們無法有的，這是種恩典，也是種祝福！

　　你們的選擇，就是這趟旅程你們所遇到的人、事、物，甚至任何的感知，都是你們投胎前你們與我討論所決定的選擇，你們應該好好

享受及體驗生命中的點點滴滴，因為那都是「愛」，如果你們以空性的角度接受了一切，你們將體驗到不同你們現在所認知到的世界！

我知道有很多人看到這本書，他們的人生就改變了，徹徹底底擺脫（拔出）痛苦及恐懼，邁向平安及喜悅之中，富裕及金錢如海洋般蜂擁而至！但我也知道還有更多人生命中陷入痛苦及恐懼的泥沼，而脫離不出來，一本書的力量在於，看書的人如何運用它，這是我衷心期許在看及即將要看這本書的人，能夠將你的感動分享給需要的人，這本書裡面的心法足以應付你們生命中一切的問題，但是我知道還是有很多人無法理解或是無法有效運用，於是我交代君雄，往後他要負責到各地去演講及說法，這是我對他的期許，也是我對你們的保證！

最後，祝福你們，我愛你們，因為你們與我自始至終都是在一起，期待我們下本書見！

看到這邊，代表你們已經走完一趟神奇的旅程了，我的感動與你們一樣，這本書我只是個紀錄者，記錄神（內我）講的話，這本書的結束，我每天還是會跟神對話，因為跟神對話時充滿平安及喜悅，這本書的結束，雖然真的很不捨，卻是下本書的開始，期待我們下本書再相見……

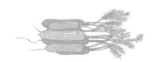

— Note —

律師與神的辯論：成功快樂聖經／王君雄

作 ── 第一版 ── 臺中市：十力文化

2015.02

面； 公分

ISBN 978-986-90364-6-7(平裝)

1. 超心理學 2. 靈修

175.9 104001598

作　　者　王君雄

責任編輯　林子雁
美術編輯　王智立
封面設計　陳琦男
書籍校對　林昌榮

出 版 者　十力文化出版有限公司

公司地址　11675 台北市文山區萬隆街 45-2 號
通訊地址　11699 台北郵政 93-357 信箱
電　　話　02-2935-2758
網　　址　www.omnibooks.com.tw
電子郵件　omnibooks.co@gmail.com
統一編號　28164046
劃撥帳號　50073947

書　　名　律師與神的對話
出版日期　2015 年 2 月
版　　次　第一版第一刷
書　　號　L502
定　　價　350 元
I S B N　978-986-90364-6-7

十力文化出版有限公司　企劃部收

地址：台北郵政 93-357 號信箱

傳真：（02）8933-1916

E-mail ： Omnibooks.co@gmail.com

讀 者 回 函

無論你是誰，都感謝你購買本公司的書籍，如果你能再提供一點點資料和建議，我們不但可以做得更好，而且也不會忘記你的寶貴想法喲！

姓名／　　　　　　　　　性別／□女□男　　生日／　　　　年　　　　月　　　　日
聯絡地址／　　　　　　　　　　　　　　　運絡電話／
電子郵件／

職業／□學生　　　　□教師　　　　□內勤職員　　□家庭主婦　　□家庭主夫
　　　□在家上班族　□企業主管　　□負責人　　　□服務業　　　□製造業
　　　□醫療護理　　□軍警　　　　□資訊業　　　□業務銷售　　□以上皆是
　　　□以上皆非　　□請你猜猜看
　　　□其他：

你為何知道這本書以及它是如何到你手上的？
請先填書名：
□逛書店看到　　□廣播有介紹　　　□聽到別人說　　□書店海報推薦
□出版社推銷　　□網路書店有打折　□專程去買的　　□朋友送的　　□撿到的

你為什麼買這本書？
□超便宜　　　　□贈品很不錯　　□我是有為青年　□我熱愛知識　□內容好感人
□作者我認識　　□我家就是圖書館□以上皆是　　　□以上皆非
其他好理由：

哪類書籍你買的機率最高？
□哲學　　　　□心理學　　　□語言學　　　□分類學　　　□行為學
□宗教　　　　□法律　　　　□人際關係　　□自我成長　　□靈修
□型態學　　　□大眾文學　　□小眾文學　　□財務管理　　□求職
□計量分析　　□資訊　　　　□流行雜誌　　□運動　　　　□原住民
□散文　　　　□政府公報　　□名人傳記　　□奇聞逸事　　□把哥把妹
□醫療保健　　□標本製作　　□小動物飼養　□和賺錢有關　□和花錢有關
□自然生態　　□地理天文　　□有圖有文　　□真人真事
請你自己寫：